내 시간
설계의 기술

Happier Hour

Copyright ⓒ 2022 by Cassie Mogilner Holmes. All rights reserved.
Korean Translation Copyright ⓒ 2025 by Chungrim Publishing Co., Ltd.
This Korean edition is published by arrangement with Brockman, Inc.

이 책의 한국어판 저작권은 Brockman, Inc.사와의 독점 계약으로 ㈜청림출판에 있습니다.
저작권법에 의해 한국 내에서 보호를 받는 저작물이므로 무단 전재와 무단 복제를 금합니다.

내 시간
설계의 기술

시간 도둑에게 빼앗긴 행복을 되찾고
시간 부자가 되는 법

캐시 홈스 지음 | 신솔잎 옮김

청림출판

한 그루의 나무가 모여 푸른 숲을 이루듯이
청림의 책들은 삶을 풍요롭게 합니다.

내 시간을 더욱 행복하게 만들어주는
롬과 레오, 리타에게 이 책을 바칩니다.

프롤로그

모든 일을
다 잘해내고 싶은
당신에게

이 순간은
다른 모든 순간들과
마찬가지로
매우 훌륭한 순간이다.
우리가 이 순간을
어떻게 활용해야 할지만
안다면 말이다.

랠프 월도 에머슨
Ralph Waldo Emerson

2013년, 나는 뉴욕에서 필라델피아로 향하는 야간열차에 앉아 모든 것을 그만둬야 하나 고민하고 있었다. 좋은 부모, 좋은 동반자가 되기 위한 노력, 새로운 책을 출간해야 하고 일터에서 성과를 내야 한다는 지속적인 압박감, 끝도 없이 쌓여 있는 온갖 잡다한 일들까지 정말 감당할 수가 없을 정도였다. 잘해내는 것은 고사하고 하루 안에 이것들을 해낼 시간조차 부족할 지경이었다. 여러 일을 조정하고 준비하며 실행하는 것이 마치 슈퍼히어로 수준의 엄청난 에너지가 필요한 일처럼 느껴졌지만, 나는 이미 완전히 소진된 상태였다. 나는 서늘한 차창에 이마를 기대고 휙휙 지나가는 어두운 나무와 집들의 흐릿한 형체를 바라봤다.

그날은 컬럼비아 비즈니스 스쿨에서 '나이가 들수록 행복의 질이 어떻게 달라지는가'[1]를 주제로 한 나의 최근 연구를 바탕으로 강연을 진행했다. 프레젠테이션은 알뜰하게도 점심시간에 딱 맞춰 진행했고, 이후로 회의가 연달아 이어졌으며, 동료들과 저녁 식사를 함께하며 재치 있는 농담과 맥주잔에 보조를 맞춰야 했다. 일정을 마치고 역까지 바삐 달리는 택시 안에서 나는 그저 집으로 가는 마지막 열차를 놓치지 않기만을 바랐다.

내 일상이 꼭 뉴욕의 호텔 방에서 시작되는 건 아니었지만, 뉴욕처럼 빡빡하고 정신없이 돌아갔다. 새벽에 눈을 떠 러닝을 하고 집에 돌아와 태어난 지 네 달 된 아들 레오와 잠시 몸을 부비고는 바쁘게 출근 준비를 한 뒤 사무실로 급히 간다. 북적이는 와튼의 복도를 오가며 세미나와 회의를 처리하고, 그 사이사이 내 일을 후딱 마치려 애를 쓴다. 저녁 6시가 되면 베이비시터의 퇴근에 맞춰 집으로 부리나케 퇴근해 장본 것들을 정리하고 저녁을 준비하고 집을 치운다. 그러고 있으면 레오가 잠들기 전 그 소중한 몇 시간이 매우 급하게 지나가는 듯 느껴졌다. 따로 떼어놓으면 시간이 얼마 걸리지 않는 일들이 합쳐지면 이것 하느라 몇 분, 또 저것 하느라 몇 분, 안 그래도 여유가 없는 와중에 시간을 너무도 많이 잡아먹었다.

이런 기분을 느낀 지 꽤 오래되었다. 속력을 높여 어둠 속을 달리는 열차 안에서 나는 담요처럼 코트를 끌어당겨 몸을 덮었다. 몹시 지쳐버린 나는 이 모든 것들을 다 해내는 생활을 지속할 수 있을지 진심으로 고민해봐야 한다는 생각이 들었다. 이런 생활을 지속하는 것이 타당한지 정확하게 평가하기 위해서는 모든 것을 고려해야 했다. 일상적으로 반복되는 일들 외에도 주기적으로 벌어지고 한꺼번에 몰려오는 예상치 못한 가외 '변수들(머리카락 자르기, 치과 가기, 레오 병원 가기, 선물 고르기, 자동차 수리, 배심원으로 참석하기 등)'까지 말이다.

일터와 집에서의 투 두 리스트*to do list*뿐만 아니라, 친구의 생일 저녁 식사 약속을 깨지 않겠다는 내 결심과 수요일 오전마다 레오를 데리고 어린이 음악 수업에 참석하겠다는 결정 또한 고려해야 했다. '이 모든 것들'에는 어느 정도의 운동과 적정한 수면 시간도 포함된다. 둘 중 하나라도 부족하면 좋은 사람으로 기능하기가 어려웠다. '이 모든 것들'에는 하루를 마치고 레오와 남편 롭과 함께하는 순간을 즐길 수 있는 에너지가 충분한지도 고려해야 했다.

그날 밤 열차 안에서 내가 고민했던 진짜 문제는 결국 내가 이 모든 것들을 다 해내고 싶어 한다는 것이었다. 나는 내 일을 사랑했다. 전부 다 사랑했던 것은 아니었지만, 그 위치에 도달하기까지 열심히 노력했고, 연구를 진행하고 강의를 통해 사람들과 소통하는 데 진정한 성취감을 느끼고 있었다. 내 아이와 남편을 진심으로 사랑했고, 또 이 둘 중 누구와의 관계도 피해를 입어서는 안 되었다. 내 건강을 지키면서도 친구들에게 좋은 친구가 되어주고 싶었다. 집안일은 싫어했지만, 가정과 사회가 잘 운용될 수 있도록 능력 있는 기여자로서 역할을 다하는 것도 내게는 중요했다.

바쁘다고 느낀 적이야 예전에도 있었다. 사실, 매시간마다 가능한 많은 것을 해내기 위해 시계와 경주를 벌이고 있다는 느낌을 받지 않았던 때를 떠올리기가 어려울 정도였다. 이런 사람이 비단 나뿐만은 아니다. 우리는 생산성을 지향하는 문화에 살고 있고, '바쁨'이 하나의 사회적 지위의 상징이 되어[2] 개인의 가치를 가리키는 수단이 되었다. 하지만 개인적으로, 혹은 내 연구를 통해서도 알게 된 점은 분주한 생활은 하나도 멋지게 느껴지지 않는다[3]는 것이었다.

물론 아이가 내 어깨에 짐을 더했던 것도 사실이다. 더는 내 자신과 내 커리어만 책임지면 되는 것이 아니었다. 또 다른 인간의 생존과 웰빙을 전적으로 책임져야 하는 상황이었다. 단순히 아이로 인해 해야 할 일이 늘어났다는 문제가 아니었다. 아들이 자라는 모습을 보며 시간이 얼마나 빠르게 흘러가는지를 깨닫게 된 것이다. 몇 개월 사이에 레오가 변화하는 것을 지켜보며 나는 모든 것들이 얼마나 쏜살같이 흘러가는지를 절실히 느끼게 되었다. 내가 여유가 없다는 이유로 무언가를 놓치고 싶지는 않았다. 아이의 유년 시절을 빨리 감기로 지나치고 싶지도, 내 삶을 후다닥 흘려 보내고 싶지도 않았다.

더 많은 시간을 원했지만 단순히 더 많은 일을 해낼 수 있는 시간을 원한 것은 아니었다. 더 많은 시간이 주어지기를, 그래서 속도를 늦추고 내가 살고 있는 시간들을 진정으로 경험할 수 있기를 바랐다. 내 삶을 들여다봤을 때 행복을 느끼고 싶었고 흐릿한 형상만 보는 것은 원치 않았다. 차가운 차창에 이마를 기대고 바깥세상이 빠르게 지나가는 모습을 바라보던 나는 갑자기 전부 다 그만두고, 쨍쨍한 태양 아래 삶이 느릿하게 흘러가는 섬 어딘가로 떠나는 것이 최상의 해결책인 것 같다는 생각이 들었다. 레오와 롭도 나와 함께 떠나는 것이다.

바쁘지 않으면 정말 행복할까

사회심리학자인 나는 무엇이든 해결해야 하는 문제가 있으면 답을 찾기 위해 항상 데이터를 들여다본다. 오래 꿈꿔오던 정년이 보장된 교수직을 그만두기로 결정했다는 이야기를 하러 상사의 사무실로 벌컥 찾아가기 전에도 지금보다 엄청나게 늘어나게 될 자유 시간이 나에게 잘 맞는지를 신중하게 고려해야 한다는 사실 역시 알고 있었다. 롭에게 커리어를 버리고 해변으로 떠나자고 부탁하기 전, 수많은 투 두 리스트를 텅 빈 리스트와 맞바꾸면 내가 정말 더욱 행복해질 수 있을지 알아야 했다. 하루에 여유로운 시간이 더 늘어난다면 실제로 내 삶에 더욱 만족할 수 있을까?

이 위기를 실증적으로 헤쳐나가기 위해 내가 가장 좋아하는 공동 연구자인 핼 허시필드 Hal Hershfield와 머리사 샤리프 Marissa Sharif를 고용했다. 우리는 수십만 명의 노동 및 비노동 미국인의 평소 일과는 물론 이들의 삶의 만족도를 담은 데이터 세트를 찾아냈다. 이 귀중한 데이터 자료 덕분에 그게 누구든 단 한 사람의 조언에 의존할 필요가 없어졌다. 도리어 우리는 훨씬 큰 집단을 관통하는 거대한 동향을 파악할 수 있었고, 따라서 더욱 믿을 만한 예측이 가능했다. 미국인의 시간 사용 조사 American Time Use Survey [4]의 데이터가 시급한 문제에 대한 답을 찾는 데 도움을 줄 터였다. 바로 '사람들이 일상에서 자유롭게 쓸 수 있는 시간량과 이들의 전반적인 행복도[5] 간에 어떠한 관계가 있는가?'라는 질문 말이다.

분석의 첫 단계로 우리는 사람들이 자유롭게 하는 활동들, 이들이 하고 싶어서 하는 일[6]에 할애할 수 있는 시간량을 계산했다. 여기에는 '아무것도 하지 않는 시간'과 휴식, TV 시청도 포함되었다. 또한 운동을 하거나 영화나 스포츠 경기를 보러 가는 등의 활동적인 여가 활동도 넣었다. 또한 친구 및 가족들과 함께 시간을 보내는 식의 순수한 사교 활동도 포함되었다. 중요한 것은 이 가용 시간을 계산하는 식에 의무적으로 해야 하는 일, 즉 해야만 하는 일에 쓴 시간은 포함시키지 않았다. 이를테면 업무와 집안일, 치과 및 병원 진료, 처리해야 하는 일들 등은 비재량적 활동으로 분류해 가용할 수 없는 시간으로 간주했다.

이후 우리는 이렇게 산출한 자유재량적 시간(자유롭게 쓸 수 있는 시간)과 삶의 만족도 간에 어떠한 연관이 있는지를 살폈다. 그 결과 한눈에 이해하기 쉬운 결과가 나왔다. 아래 등장하는 그래프는 호*arc* 또는 무지개처럼 뒤집어진 U자형 패턴을 보여준다. 이 형태가 흥미

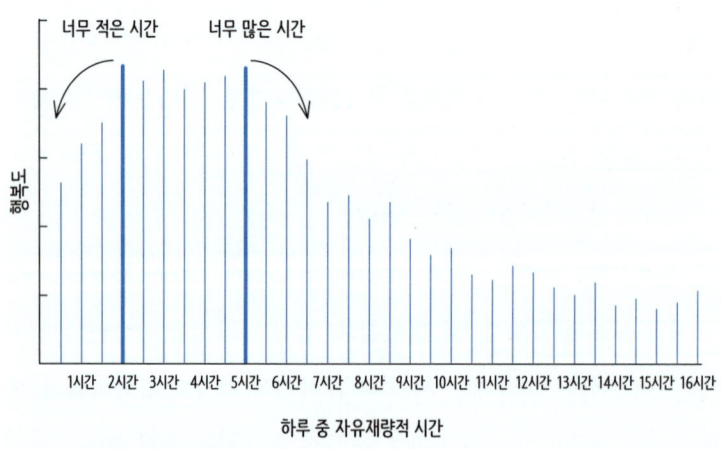

로운 것은 스펙트럼 양쪽 끝이 모두 불행을 향해 아래로 꺾인다는 점이다. 즉, 자유재량적 시간에서 걸림돌은 하나가 아니라 두 개라는 의미다. 하지만 먼저 그래프의 가장 왼쪽을 살펴보고자 한다. 바로, 내가 겪고 있는 불행을 반영하는 부분 말이다.

너무 적은 시간

그래프를 보면 하루 중 자유재량적 시간이 약 두 시간 미만일 때 행복도가 뚜렷하게 낮아진다는 점이 명확히 드러난다. 이는 실제로 내게 주어진 시간이 매우 부족하다는 사실을 보여주는 데이터이다.

나는 '타임 푸어 *time poor*'였다. 이 용어는 우리가 해야 할 일과 하고 싶은 모든 일을 할 시간이 너무 적다고 느끼는 상황을 의미한다. 알고 보니 시간 빈곤에 시달리는 것은 비단 나만의 문제가 아니었다.[7] 전국적으로 실시된 여론 조사에 따르면 미국인의 절반 가까이가 자신이 하고 싶은 일을 할 시간이 부족하다[8]고 답했다. 또 다른 여론 조사에서는 미국인의 절반 정도가 여유 시간이 거의 없다고 느끼며, 3분의 2는 항상 또는 때때로 시간에 쫓기는 듯한 느낌을 받는다[9]고 응답했다.

엄마들이 아빠들보다, 그리고 일을 하는 부모들이 그렇지 않은 부모들보다 타임 푸어라고 더 많이 느끼는 경향이 있지만 사실 유형을 불문하고 모든 사람이 시간 부족에 시달린다[10]. 이 현상은 미국인만의 문제가 아니다. 영국·노르웨이·독일·캐나다·호주·브라질·기니·러시아·중국·일본·한국 등 전 세계적으로 많은 이들이 시간에 쫓기며, 바쁘게 흘러가는 삶 속에서 부족한 시간[11] 때문에 고통받고 있다고 보고했다.

그날 밤, 열차 안에서 내가 느꼈던 고통을 입증하는 이 결과들은 타임 푸어로 사는 것이 왜 심각한 문제인지 보여준다. 시간이 너무 부족한 사람들은 삶의 행복도와 만족도가 눈에 띄게 낮다. 심리학·사회학·경제학 등 여러 학문 분야의 연구 결과 역시 타임 푸어로 살 때 사람들이 더욱 우울하고, 스트레스를 더 많이 받으며, 정서적으로도 더욱 소진된다[12]는 사실을 보여주었다.

한편, 우리 데이터가 들려주는 이야기에는 더 많은 것이 담겨 있었다. 그래프의 오른편은 예상치 못한 대조를 보여준다.

너무 많은 시간

시간이 너무 적어 벌어지는 불행에 더해 호의 반대편 하향곡선은 하루에 자유재량적 시간이 약 다섯 시간을 초과하는 것이 행복도가 낮아지는 현상[13]과 연관이 있음을 보여주었다. 즉, 시간이 너무 많아도 문제가 된다는 사실이다!

그 이유는 무엇일까? 자유 시간이 좀 더 많아지길 얼마나 간절히 바랐는데, 대단히 여유로운 날들을 보내는 것이 어떻게 나를 불행하게 만들 수 있을까? 이 질문을 고민하기 시작한 후, 캘리포니아 마린 카운티 산속에서 옻독으로 정신을 잃은 벤의 이야기에서 한 가지 단서를 찾을 수 있었다.

벤은 매우 똑똑하고 분석력이 뛰어나며 성실한 사람이었다. 그는 헤지펀드를 운용하며 맞닥뜨려야 하는 사내 정치의 고달픔이 아내와 네 아이들과의 시간을 빼앗을 만한 가치가 없다고 결론지었다. 또한 매일 퇴근 후 집까지 스트레스를 가져올 가치도 없었다. 다행히 경제적으로 여유가 있던 벤은 39세에 은퇴를 결심했다. 이제 그는 늘 하고 싶었지만 일이 바빠 미뤄두었던 모든 일들을 할 수 있었다. 가족과 한가로운 시간을 보내고, 휴가를 떠나고, 책을 읽으며, 충분한 운동을 하는 것 말이다.

하지만 벤은 목표 지향적인 사람이었다. 그는 한가하게 시간을 보내는 것을 좋아하지 않았고, 생산적으로 지내며 만족을 얻었다. 느긋하게 지내겠다고 결심했지만, 시간이 너무 많아지자 벤은 미칠 것만 같았다. 목표가 필요한 사람이었기에 그는 한 가지 목표를 설정했다.

벤은 다음에 열리는 딥시 *Dipsea* 러닝에 참가하기로 결심했다. 딥시는 미국에서 가장 오래된 트레일 레이스로 밀 밸리에서부터 마린 카운티의 곶과 만이 자리한 스틴슨 비치까지 이어지는 경로다. 멋진 경치로 유명할 뿐 아니라, 계단과 가파른 길 때문에 딥시는 매우 힘들고 위험한 레이스로 정평이 나 있다.

몇 달 동안 벤은 열심히 훈련했다. 추천받은 대로 산길 훈련, 장거리 달리기, 웨이트 트레이닝, 휴식, 식단 관리까지 엄격히 따랐다. 레이스 날, 가족들은 직접 그린 응원 플래카드들과 경기 후 먹을 간식들을 챙겨 결승선에 모였다. 하지만 그는 결승선에 도달하지 못했다.

벤은 자신이 세운 목표 시간 안에 결승점에 도달하려고 자기 자신을 시험하며 처음부터 전력을 다했다. 그러나 약 6.5km를 달렸을 때 벤은 호흡을 제대로 할 수가 없었다. 강도 높은 달리기와 탈수, 뜨거운 날씨가 그를 무너뜨리고 말았다. 어느새 옆에 선 응급대원들이 그를 어떻게 앰뷸런스에 실을지 방법을 의논하고 있었다. 풀 위에 누운 그는 온몸이 간지러웠다. 그가 쓰러질 때 쿠션 역할을 했던 옻나무의 독소가 문제를 일으키기 시작한 것이다.

겁에 질린 가족과 재회하고, 의사에게서 괜찮다는 확인을 받은 후에야 벤은 스스로 자초한 한심한 상황에 웃음을 터뜨릴 수 있었다. 성과에 집착했던 벤은 '아무것도 안 하며' 시간을 보내는 날들을 불편하게 여겼다. 자신이 무엇을 하며 시간을 보냈는지 '증명할 성과'가 없다는 데 불만을 느꼈던 그는, 즐거움을 느끼며 해야 할 활동조차 극단적인 목표 지향적 활동으로 바꾸고 만 것이다. 몸을 회복하는 동안 그는 그 레이스를 위해 자신을 몰아붙였던 일이 얼마나 어리석었는지 깨달았다.

벤이 여러 면에서 이례적인 사람인 것은 맞지만, 성취를 향한 욕구는 그만의 문제가 아니다. 헬과 머리사, 그리고 나는 후속 실험을 통해 가용 시간이 과도하게 많은 사람들이 자신의 삶에 만족감을 덜 느끼는 [14] 이유가 생산적으로 시간을 쓰는 느낌이 부족하기 때문임을 발견했다. 벤처럼 게으르게 시간을 보내는 것을 싫어하고 [15] 생산성을 지향하는 [16] 사람들이 많다. 적당히 바쁘게 지내는 삶에는 분명 가치가 있다. 그것이 우리의 일상에 목적의식 [17] 을 심어주기 때문이다.

꼭 보수를 받는 일이 아니어도 목적의식 [18] 을 느낄 수 있다는 점을 짚고 넘어가고 싶다. 예를 들어, 자원봉사(무보수로 하는 일)는 목표 의식을 제공할 때가 많다. 또한 아이들을 바르게 양육하고 가정을 문제없이 돌보는 일 역시 성취감이라는 감정을 경험할 수 있는데, 이런 일 역시 무보수로 진행된다 [19]. 마지막으로 명백하게 업무와 무관한 활동(취미 활동, 스포츠 활동 등)들도 생산적이고 목적의식이 담긴 일 [20] 로 여기는 사람들이 많다. 하지만 내 경우에는 일이야말로 내게 목적의식을 준다는 사실을 깨달았다.

데이터를 확인하고, 직장을 그만두기로 한 뒤 벤이 경험했던 일을 떠올린 나는 모든 것을 멈추고 휴식만 취하며 일상을 보내는 것이 내게는 해결책이 아니라는 확신이 생겼다.

행복을 지키는 가장 적당한 자유 시간은?

앞서 본 그래프의 패턴은 많은 사실을 알려준다. 하루에 자유재량적 시간이 꾸준하게 두 시간 미만이라면 실제로 시간이 너무 부족하다는 의미다. 이런 생활은 스트레스와 불행을 야기하며, 내가 너무도 잘 아는 현실이었다.

반대로, 데이터를 통해 하루에 자유재량적 시간이 꾸준히 다섯 시간을 초과하면 그 또한 지나치다는 것도 알게 되었다. 목표 의식을 약화시키기 때문이다. 우리가 조사한 바에 따르면, 내가 일을 그만둘 경우 불행을 느낄 확률이 컸다. 시간이 너무 많아지면 생산적인 기분을 느끼고 싶어 하는 내 욕구를 충족하기 위해 다른 할 일을 찾게 될 것이고, 이 활동 역시 결국에는 내게 스트레스를 안겨줄 터였다. 어떤 일을 찾아 하게 되든, 내가 진심으로 관심을 가진 분야에서 오랜 시간 발전시켜온 능력을 쓰지 못할 가능성이 컸다. 결국 자유재량적 시간은 하루에 두 시간에서 다섯 시간 정도가 적당해 보였다.

이 결론들은 단지 내가 느꼈던 감정들이 타당하다는 사실을 확인시켜준 것뿐만 아니라 내게 희망을 주었고, 궁극적으로 내 인생의 중요한 선택에서 길잡이가 되어주었다. 하루 이상적인 가용 시간이라는 최적의 범위는 내가 도저히 성취할 수 없는 수준은 아니었다. 내게 즐거움을 주는 무언가에 매일 두어 시간을 할애하겠다고 약속하는 것은 무리한 일이 아니었다. 또한 내가 보내는 평범한 하루를 솔직하게 따져보면, 이미 내가 누리는 자유 시간이 그 정도에 가깝기도 했다.

- 아침에 레오를 안고 뒹구는 15분
- 걸어서 집까지 가는 퇴근길에 친구와 전화 통화를 하는 25분
- 롭과 와인 한 잔을 나누며 저녁 식사를 하는 30분(좀 더 길게 갖는 것이 이상적이겠지만 레오가 떼를 쓰는 바람에 자리가 빨리 정리될 때가 많다)
- 레오에게 자장가를 불러주는 달콤하고도 편안한 20분

이 90분(한 시간 30분)은 내가 다른 일에 할애하고 싶지 않은 시간이었다. 물론, 통화보다는 친구와 함께 커피 한 잔을 나누며 대화하는 쪽을 더 선호하고, 정신을 어지럽히는 아기가 없이 롭과 단둘이 식사하는 시간도 좋아했을 것이다. 하지만 이런 사소한 결함들이 이 90분을 자유롭지 않게 만들거나, 심지어 즐기지 못하게 만드는 것은 아니었다. 자유재량적 시간을 만드는 것은 충분히 가능하고, 더구나 극단적인 삶의 변화를 취하지 않고도 가능하다는 사실을 깨닫자 정신이 번쩍 들었다. 물론 그 시간을 확보하기 위해서는 고민해야 할 일도 있었고, 스케줄에도 몇 가지 변화를 줘야 했다.

하지만 더욱 행복해질 수 있다면 사소한 몇 가지 변화쯤은 감행할 수 있었다. 일을 할 때는 낭비하거나 한눈을 팔지 않고, 그 시간 동안 목적의식을 느낄 수 있는 일을 더 많이 생산하고, 스케줄이 아니

라 나를 채우는 활동에 우선적으로 시간을 할애하며, 몇 가지 허드렛일은 외부에 맡겨 그 시간에 레오와 놀이를 하고, 내가 사랑하는 사람들과 함께하는 매일의 순간들을 음미하고 감사히 여긴다면…. 어쩌면 내가 정말 '이 모든 것들을' 다 해낼 수 있을지도 모를 일이었다. 남편이 훌쩍 떠나겠다는 나를 따라 급히 짐을 싸야 할 일은 무마된 셈이다.

왜 우리는 늘 시간이 부족하다고 말할까

내 행복에 관해서라면 내 생각이 옳았다. 시간이 가장 큰 문제였다. 예전에 나는 시간의 '양'이 문제일 거라고 생각했었다. 하루에 더 많은 시간이 주어지기만 한다면 내가 원하는 일들을 모두 할 수 있고, 전부 다 달성할 수 있으며, 행복해질 수 있을 거라고 말이다.

하지만 흥미롭게도, 그래프에서 두 시간과 다섯 시간 사이의 평평한 부분은 '어느 정도의 시간이 주어지느냐'가 행복과 무관하다는 사실을 보여주었다. 이것이 중요한 이유는, 아주 극단적인 상황을 제외하면 '삶에서 더 높은 만족감을 느끼는 것과 우리에게 주어지는 시간의 양은 관계가 없다'는 사실을 보여주기 때문이다. 중요한 것은 우리가 '어떻게 시간을 보내느냐'였다.

따라서 진짜 해결책은 시간이 많아야 한다는 게 아니라, '주어진 시간이 넉넉한 것처럼 느끼게 만드는 것'이다. 이 그래프는 지금껏 내 연구들이 내내 가리키고 있던 사실을 내게 분명하게 보여주고 있었다. 더 큰 행복을 얻는 데 시간은 장애물이자 동시에 해결책이 될 수 있다. 시간은 제대로만 투자한다면 좋은 삶, 어쩌면 훌륭한 삶을 이끌어낼 수 있는 유일한 자원이다. 자신의 시간에 어떻게 투자해야 하는지를 깨닫고, 실제로 시간에 투자한다면 더 행복해질 수 있다.

결국 자신에게 중요한 결과를 달성하기 위해, 훗날 자신의 하루하루를, 몇 년을, 삶을 되돌아봤을 때 만족감과 충만함을 느끼게 해줄 일을 달성하기 위해 시간을 어떻게 안배해야 하는지 그 방법을 깨달아야 한다. 그리고 그 일을 하는 동안 완전히 몰입해야 그 시간을 더욱 행복하게 만들 수 있다.

경영대학원 교수로 커리어를 쌓아온 내 입에서 돈이 아니라 시간에 투자해야 한다는 이야기가 나온다는 게 이상하게 느껴질 수 있다. MBA 강의에서 보통 성공은 수익으로 측정된다. 얼마를 벌었는지가 관건이고, 그 금액이 클수록 좋다. 내 학생들이 MBA 강의를 듣고 비즈니스에서 커리어를 쌓으려는 주된 이유는 돈을 벌기 위한 것이고, 가능한 더 많은 돈을 벌 수 있기를 바란다.

하지만 이는 비단 비즈니스직 사고방식을 지닌 내 학생들에게만 해당되는 이야기는 아니다. 내 연구팀이 진행한 설문 조사에서는 전국에 걸쳐 다양한 직업과 소득 수준을 지닌 수천 명의 사람들에게 더 많은 돈과 더 많은 시간 중 무엇을 택하겠는지 물었고, 다수가 돈을 택했다.[21] 다만 이것이 옳은 선택은 아닐지 모른다.

자동차 업계의 거물인 헨리 포드 Henry Ford는 이런 말을 남겼다.

"비즈니스는 이익을 남겨야 하고, 그러지 못하면 끝을 맞이하게 될 것이다. 하지만 이익만을 위해 비즈니스를 운영한다면…. 이런 비즈니스 또한 끝을 맞이하게 될 것인데, 더는 존재할 이유가 없기 때문이다."

비즈니스만큼이나 사람에게도 적용되는 말이다. 돈을 중시하는 경향이 널리 퍼져 있지만, 삶의 성공과 만족을 결정하는 진짜 요인은 벌어들인 돈이 아니라 소비한 시간이다. 어떠한 목적이 있었는가? 시간을 투자할 만한 가치가 있었는가?

지금껏 나는 우리의 중요한 자원으로 돈이 아니라 시간에 집중하는 것의 영향력을 실험하는 연구를 수십 건이나 진행했다. 연구 결과들은 늘 한결같았고 분명했다. 돈 또는 시간을 얼마나 보유하고 있는지와 무관하게, '시간에 얼마나 더 주의를 기울이느냐'가 고차원적인 행복을 예측하는 인자였다. 돈보다 시간에 많은 가치를 두는 사람들은 일상에서 더 긍정적인 감정을 느꼈고, 삶에서 더 큰 만족감을 느낀다고 보고했다.[22]

시간에 중점을 둘 때 더 즐겁고 의미 있는 일과 자신의 가치에 부합하는 활동에 의도적으로 시간을 투자할 수 있고, 이러한 투자에는 커다란 이점이 있다. 따라서 경영대학원에서 강의를 하고 있는 내 배경에서 대단히 벗어나지 않은 이 책은 '투자 안내서'다. 다만 돈이 아닌 당신의 가장 소중한 자원인 '시간'을 투자하는 방법에 관한 이야기일 뿐이다.

행복의 원리, 시간 설계의 기술

하루에 일을 하고 놀이를 할 수 있는 시간은 누구에게나 똑같이 주어진다. 최선을 다해 안배해야 할 24시간이 모두에게 주어졌고, 우리가 마주한 위험 부담은 크다. 우리의 시간과 하루가 모여 몇 년, 몇십 년이 되고, 궁극적으로는 우리의 인생을 만든다. 우리가 시간을 어떻게 쓰는지가 우리가 어떤 사람인지, 우리가 소중히 여기는 기억은 무엇인지, 훗날 남은 사람들에게 우리가 어떻게 기억될 것인지를 결정한다.

누구나 행복을 원한다. 전 세계적으로 많은 사람들이 행복을 자신의 가장 중요한 목표[23]로 꼽는다. 17세기 프랑스의 철학자이자 수학자인 블레즈 파스칼 *Blaise Pascal*은 이렇게 말했다.

"모든 사람은 행복을 추구한다. 예외는 없다. 어떠한 수단을 사용하든, 모두들 이 목적을 지향한다[24]."

행복은 무척이나 중요하다. 심리학 문헌에서 '주관적 웰빙'이라 칭하는 행복은 일상에서 느끼는 긍정적인 감정과 삶에 대한 전반적인 만족감[25]으로 정의된다. 행복을 추구하는 것은 방종하거나 경박한 행위가 아니다. 이기적인 것도 아니고, 억지로 얼굴에 미소를 지으며 모든 것이 다 잘 되어가는 척하는 것도 아니다.

이 기본적인 감정은 대단한 파급력을 지녔다. 당신의 회복력을 높이고, 일을 더 잘하게 만들며, 주변 사람들에게 더 많이 베풀도록 만들 수도 있다. 수십 년에 걸친 연구 결과에 따르면 행복은 일터에서도, 개인적·직업적 인간관계[26]에도 모두 유익하게 작용한다. 예를 들어 행복감은 동기 부여, 창의성, 적응 문제 해결 능력을 향상시키며, 이러한 자질들은 업무뿐 아니라 어려운 시기를[27] 극복하는 데도 도움이 된다. 행복은 타인을 더 좋아하게 만들고, 사람들이 나를 더 좋아하게 만든다. 행복은 우리를 더 친절한 사람으로 만들어 친절한 말과 행동을 자주 하게 하고, 타인을 도와주도록 이끈다.

행복은 우리 자신에게도 좋은 영향을 미친다. 면역 기능을 강화하고, 통증에 대한 역치를 높이며, 신체가 생리적 스트레스 요인에 더 잘 반응하도록 돕고, 장수의 중요한 예측 인자가 된다. 종합적으로 이 연구들은 행복이 더 오래 사는 삶, 더 나은 삶을 사는 열쇠임을 입증하는 명백한 실증적 증거를 제시한다. 따라서 우리는 단순히 행복해지고 싶은 것이 아니라, 적극적으로 행복해지기를 원해야 한다.

시간과 행복의 상호 작용은 내가 10년 넘게 연구와 강의를 이어오고, 이 책까지 집필하게 된 동력이었다. 나는 인간의 근본적인 질문, '어떻게 해야 각자가 주어진 시간을 최대한 활용할 수 있을까?'에 대한 답을 찾고자 한다.

그 기차에서의 운명적인 밤 이후로 나는 연구를 계속해왔고, 그 연구 결과들을 내 생각과 시간 투자 방식에 적용해왔다. 내 하루는 여전히 일정이 빼곡하지만, 마침내 어떻게 해야 충만한 하루를 보낼 수 있는지 그 방법을 찾았다. 결과적으로 나는 와튼을 떠나기로 결정했지만, 학계에서의 커리어를 완전히 떠난 것은 아니었다. 와튼의 동료들과 학교의 활기찬 분위기를 좋아했지만, 나는 연구에서 깨달은 바를 마음에 새기고 행복을 선택했다. 결국 더 나은 미래를 위해 롭에게 이사를 가자고 했고, 근처에 해변이 있는 곳으로 집을 옮겼다. 하지만 휴가 때를 제외하고는 해변에서 온종일 쉬는 하루를 보내지는 못한다.

지금은 캘리포니아로 돌아와 레오와 딸 리타를 키우고 있다. 그리고 UCLA의 앤더슨 경영대학원에서 교수로 재직 중이다. 내 시간을 좀 더 목적에 부합하게 사용하기로 결심한 나는 강의 내용을 바꿔 이제는 행복에 대해 가르치고 있다. 예일 대학 로리 산토스 *Laurie Santos*의 강의 '심리학과 좋은 삶 *Psychology and the Good Life* [28]'과 스탠퍼드 디자인 스쿨의 빌 버넷 *Bill Burnett*, 데이브 에번스 *Dave Evans*의 '당신의 인생을 디자인하라 *Designing Your Life*' 강의[29]에 영감을 얻어, 나는 '행복의 과학을 인생 설계에 적용하기 *Applying the Science of Happiness to Life De-*

sign'라는 강의를 개설했다. 이 강의에서 MBA 학생들에게 개인적·직업적 삶을 최적화하는 방법을 알리고 있다. 내 연구는 물론 심리학·행동경제학·마케팅·조직행동학 분야의 여러 동료의 연구에서 얻은 통찰을 바탕으로, 학생들이 매일의 일상과 전반적인 삶을 더욱 행복하게 설계하도록 돕는다.

이 책은 이 강의 내용을 전하기 위해 집필했다. 수십만 개의 데이터 포인트에 기반한 연구가 당신과 당신의 삶에 어떻게 연계될 수 있는지를 보여주기 위해 학생들과 친구들의 이야기, 내 일화들을 다수 공유할 예정이다. 각자의 시간이 개인적이기 때문에 이 이야기들 또한 개인적일 수밖에 없다. 사실, 일상의 본질은 지극히 사적이다. 이 세상 어떤 경험도 당신의 경험과는 다르겠지만, 우리의 이야기에서 당신 인생 경험의 한 측면을 발견할 수 있으리라 생각한다.

이 책을 계속 읽으며 여정을 함께해주길 바란다. 학생들에게 과제를 내듯 당신에게도 과제를 줄 예정인데, 더욱 도움이 될 것이다. 또한 이 책에는 시간 설계를 위한 여러 훈련이 등장하는데, 이 훈련을 곧장 실천에 옮겨 입증된 효과를 직접 경험해보기를 강력히 권한다. 이 훈련을 하면 실제로 내 강의를 듣는 것이나 다름없고, 결국 삶에서 [30] 더 큰 행복과 의미, 연결감을 느낄 수 있을 것이다.

앞으로 등장할 챕터에서는 먼저 희소성의 사고방식에서 벗어나도록 도울 예정이다. 1장에서는 시간이 부족하다는 느낌에도 불구하고, 사실 중요한 일에 시간을 할애하는 데 필요한 모든 것을 당신이 이미 갖추고 있음을 깨닫게 해줄 것이다. 당신의 인식을 개선하고 여유로운 시간을 더욱 늘릴 수 있도록 도울 것이다. 당신의 시간을 어떻게 쓸 것인지 결정하는 과정에서, 단순히 효율성을 따지는 것이 아니라 가치 있는 일에 시간을 쓸 수 있도록 자신감을 심어주는 것이 목표이다.

2장에서는 '시간 추적 훈련 Time Tracking Exercise'을 소개할 예정이다. 어떠한 활동이 당신에게 가장 큰 기쁨을 주는지, 어떤 일에 시간을 쓸 때 가치가 없는지를 판단하게 해주는 훈련으로, 이를 통해 시간에 더욱 현명하게 투자하는 법을 배울 수 있다. 딱히 즐겁지 않은 일들도(집안일, 업무, 통근 등) 필연적으로 해야 하는 이상, 3장에서는 낭비처럼 느껴지기 쉬운 이런 시간들을 더욱 만족스럽게 보낼 수 있는 전략을 소개할 예정이다.

한편, 시간을 최대한으로 활용한다는 개념은 단순히 어떤 활동에 시간을 쏟느냐의 문제가 아니다. '그 시간을 당신이 어떤 태도로 임하느냐'의 문제이기도 하다. 어떤 활동을 어떻게 접근하고, 또 그 일을 하는 동안 어떤 마인드셋을 갖는지가 중요하다. 예컨대, 사랑하는 사람과 치즈버거를 먹고 피노 품종의 와인을 마시며 대화하는 것은 내게 큰 기쁨을 주는 활동 중 하나이다. 하지만 톰과의 저녁 식사기 너무나 일상이어서 그 특별함을 인식하지 못하거나, 머릿속을 가득 채운 투 두 리스트에 정신이 분산되어 남편의 말을 듣지 못한다면 나는 내 시간을(그리고 남편의 시간도) 낭비한 셈이 된다. 따라서 4장에서는 더욱 의식을 기울이는 전략을, 5장에서는 방해가 되는 것들을 없애는 테크닉을 소개해 당신의 모든 시간이 최대한 의미를 지니도록 도울 것이다.

당신에게는 행복한 삶을 살 수 있는 시간이 충분하지만, 이는 당신이 시간을 의도적으로 써야 하고, 자신의 시간을 무의미한 일로 채우지 않아야만 가능한 일이다. 당신의 일상을 채우는 시간은 유한하다. 6장에서는 '시간을 어떻게 쓸 것인가' 하는 문제에 반응적이 아니라 선제적인 태도로 임하는 것이 중요함을 설명하고, 당신에게 가장 중요한 일들을 우선시하며 기쁨을 안겨주는 방식으로 시간을 써야 한다는 사실을 알려줄 것이다.

중요한 사실은, 각 시간은 따로 존재하는 것이 아니라는 점이다. 다양한 시간을 모두 더한다고 해서 만족스러운 한 주가 완성되는 것은 아니다. 한 주의 활동을 어떤 식으로 조합하고 배치하는지에 따라 전반적인 만족도가 크게 달라질 수 있다. 7장에서는 당신의 일정을 하나의 아름답고 다채로운 모자이크 작품으로 보고, 당신이 이 작품을 완성하는 아티스트로서 시간에 접근할 수 있는 방식을 소개할 것이다. 이상적인 한 주를 설계하기 위해 타일 조각들을 선택하고 배치하며 순서를 정하는 방법을 자세히 알려줄 것이다. 이를 통해 좋은 시간의 긍정적인 영향력은 높이고, 지루한 일은 최소화할 수 있을 것이다. 또한 주어진 시간 내에 모든 일을 다 할 수 없고 모든 순간에 존재할 수도 없지만, 몇 주, 몇 달, 몇 년에 걸쳐 크게 본다면 당신이 원하는 일을 모두 할 수 있고 모든 순간에 존재할 수 있다.

마지막으로 8장에서는 시간에만 집중하는 데서 벗어나, 시각을 넓혀 몇 년, 그리고 삶 전체를 살펴볼 것이다. 조감하는 시각을 가질 때 당신의 가치가 무엇인지, 진정으로 마음을 쓰는 일이 무엇인지, 또 가장 중요한 일이 무엇인지를 명확하게 파악할 수 있다. 이렇듯 폭넓은 시각은 오늘 하루의 시간을 어떻게 보내야 할지 지침이 되어주고 당신의 일상을 충만한 일들로 채워서, 훗날 되돌아봤을 때 당신의 삶이 더욱 의미 있고 아무런 후회도 남지 않게 해준다.

경험을 바탕으로 한 지혜를 통해 당신은 인생이라는 시간을 설계하는 법을 배우게 될 것이다. 이 모든 여정은 더욱 행복해진 시간으로부터 시작된다.

차례

Happier Hour

프롤로그
모든 일을 다 잘해내고 싶은 당신에게

바쁘지 않으면 정말 행복할까　012
왜 우리는 늘 시간이 부족하다고 말할까　022
행복의 원리, 시간 설계의 기술　025

1장
시간 빈곤에서 탈출하기 위한 워밍업

타임 푸어가 삶에서 놓치는 것들　041
자기 효능감이 커지면 시간은 풍족해진다　053
시간, 무조건 아끼지 말고 제대로 써라　064

2장
시간을 현명하게 소비하는 방법

진짜 행복을 찾는 시간 추적법 074
나의 시간 추적 데이터 분석하기 085
가까운 관계가 주는 최고의 행복 091
야외에 나가는 것만으로도 행복이 커진다 099
내가 가장 불행한 시간 분석하기 101
기분 촉진제를 찾아라 107
가치 있는 시간에 집중할수록 더 행복해진다 112

3장
시간을 낭비하지 않는 작은 습관

힘든 일을 꼭 힘들게 할 필요는 없다 119
일도 재미있을 수 있다 125
출퇴근길에 당신이 좋아하는 일을 하라 140

4장
우리의 삶에 여유가 필요한 이유

매일을 새롭게 인식하라 150
삶의 사소한 즐거움을 음미하는 방법 156
평범함을 특별하게 만드는 리추얼의 힘 175
리추얼에도 휴지기가 필요하다 178
일상과 관계에 새로움을 더하라 181

5장
순간에 집중하기 위한 마인드셋

현재에 집중하게 만드는 네 가지 전략 186
주말을 휴가처럼 대한다 189
마음챙김을 위해 명상을 한다 194
몰입할 수 있는 환경을 만든다 198
디지털 디톡스를 시도한다 203

6장
시간이라는 유리병을 알차게 채우기

빼앗긴 시간을 관리하는 법 214
당신에게 가장 중요한 일은 무엇인가 223
우선순위에 먼저 시간을 쏟아라 228

7장

모자이크처럼 시간을 설계하는 방법

행복한 시간부터 우선순위로 둘 것   236

1단계: 고정 시간을 파악하라   238

2단계: 당신에게 기쁨을 주는 일을 파악하라   242

3단계: 여유를 즐길 시간을 남겨라   255

4단계: 모든 일정을 배열, 분산, 통합하라   260

모자이크식 시간 설계법의 효과   268

8장

앞으로 살아갈 날들을 위한 시간의 힘

인생의 큰 그림을 완성하는 법   276

인생을 되돌아보는 추도사 쓰기 훈련   284

존경하는 사람으로부터 지혜를 배우는 훈련   289

삶은 선택으로 이루어져 있다   300

주   306

1장

시간 빈곤에서 탈출하기 위한 워밍업

어떤 일을
할 시간은 결코
'찾을 수' 없을 것이다.
시간을 원하면
반드시 '만들어야'만
한다.

찰스 벅스턴
Charles Buxton

짧은 사고 실험을 하나 해보자. 시간이 충분하지 않을 때 스케줄에서 가장 먼저 빼는 것은 무엇인가?

나는 아침에 러닝하는 것을 좋아한다. 러닝은 생각할 공간과 시간을 마련해준다. 뿐만 아니라, 내가 사랑해 마지않는 치즈버거와 초콜릿이 녹진하게 들어간 디저트를 죄책감 없이 먹을 수 있게 해준다. 하지만 밤이 되어 잘 준비를 하고 알람을 맞출 때면 어쩔 수 없이 머릿속으로 다음날 강의 전에 해야 할 일들을 정리한다.

아이들을 깨워 등원 준비를 시키고, 도시락과 책가방을 챙기고, 레오의 스펠링 시험도 준비시켜야 한다. 학생들이 보낸 수십 통의 메일에도 답장을 해야 하고, 강의 내용을 손보고 연습도 해야 한다. 아침 식사도 해야 한다. 강의가 있는 날에는 헤어스타일을 다듬고 좀 더 깔끔한 옷과 그에 맞는 주얼리를 고르느라 준비 시간이 더 든다. 또한 잠도 충분히 자야 한다(연구를 통해[1], 그리고 개인적인 경험을 통해 여덟 시간의 수면 시간을 채우지 못하면 내 두뇌는 곤죽이 된다는 것을 알고 있다). 실망스럽지만 러닝을 할 시간이 없다는 명백한 사실을 받아들여야만 한다.

당신의 경우는 어떤가? 일상에서 시간 제약 때문에 가장 먼저 포기하는 일은 무엇인가? 나는 친구들에게 "나는 ○○을 할 시간이 없어"라는 문장을 완성해보라고 요청했다.

"나는 운동할 시간이 없어."

"나는 잠을 잘 시간이 없어."

"나는 독서를 하거나 글을 쓰거나 생각할 시간이 없고…. 코로나 19 기간에는 머리를 감을 시간이 없었어."

"나는 치실질을 할 시간이 없어."

"나는 음악을 공부하고 연주할 시간, 책을 읽을 시간, 친구들과 가족을 만나러 갈 시간이 없어."

"나는 운동을 하거나 아들과 축구를 할 시간이 없어."

"나는 아이들, 배우자와 깊은 유대감을 나눌 시간이(또는 에너지가) 없어."

"나 혼자만의 시간이 없어. 그 시간 동안 무엇을 하냐고? 뭐, 길게 산책을 다녀오고, 한심한 TV 프로그램도 보고, 간식도 먹고, 낮잠도 자고, 사람들에게 전화해 근황을 나눌 수 있겠지."

"나는 명상할 시간이 없어."

"나는 호화스럽고 맛있는 요리를 할 시간이 없어."

"내 꿈의 정원을 만들 시간이 없어."

"나는 모든 일을 다 잘해낼 시간이 없어."

이 리스트에는 우리가 하고 싶지만 단지 시간이 부족해서 할 수 없는, 건강하고도 충만한 일들이 가득하다. 시간이 충분하지 않으면 운동을 하거나 샤워를 할 8분, 또는 치실을 할 1분을 만들지 못해서 우리의 몸을 돌보지 못하는 현실이 고스란히 드러나 있다. 자기 자신을 위한 시간, 휴식, 독서, 생각, 무언가를 만들 시간을 내지 못한다. 우리가 흥미를 갖고 있는 대상을, 우리를 흥미로운 인간으로 만들어 주는 무언가를 뒷전으로 미룬다. 새로운 관계에 투자하는 것은 고사하고 소중한 관계를 구축하는 것도 멈춘다. 아이러니하게도, 우리의 삶을 가능하게 하는 가장 중요한 자원인 시간이 오히려 우리의 삶을 제한하는 것처럼 보인다.

미국 인구의 절반과 세계 인구 수백만 명이 이런 기분을 경험하고 있다. 작가이자 동기 부여 연사인 브레네 브라운 Brené Brown은 현대 문화를 결핍의 사회, 불충분한 소유 또는 존재[2]의 사회로 설명한다. 행동경제학자 센딜 멀레이너선 Sendhil Mullainathan과 엘다 샤퍼 Eldar Shafir는 부족한 자원으로 살아가는 위험을 주제로 책을 출간하기도 했다[3]. 나는 무한한 접근성과 대단한 기대감으로 가득한 이 시대에서 우리는 명백하게 부족한 시간으로 고통받고 있다고 말하고 싶다. 충분한 시간이 주어지지 않으면 우리는 최선을 다해도, 자신의 최고의 모습으로 존재하는 데 제한을 받는다. 시간이 부족하면 우리는 불행해진다[4]. 타임 푸어는 삶의 질을 제한한다.

타임 푸어가 삶에서 놓치는 것들

친구들을 대상으로 설문 조사를 마친 나는 좀 더 넓고 대표적인 인구 집단을 대상으로 타임 푸어의 영향력을 살펴보기로 결심했다. 학술 문헌을 찾아보고 직접 몇 가지 실험을 진행하기도 했다. 그러자 위에 등장한 리스트만큼이나 실망스러운 결과가 나왔다. 결과적으로, 부족한 시간은 우리 모두를 더욱 초라하게 만들었다.

　이제부터 이 결과들을 보기에 앞서 마음의 준비를 하길 바란다. 처음에는 좌절감을 느낄지도 모른다. 하지만 우리가 어떤 식으로 초라해지는지를 알게 되면 우리를 제한하는 영향력에 맞서 싸울 준비를 더욱 단단히 할 수 있을 것이다. 또한 이 챕터를 마치기 전에 당신의 시간을 통제하고 확장하는 방법, 그리고 당신과 당신의 삶에 더 많은 시간을 확보할 수 있는 실천 가능한 방법들을 배우게 될 거라고 약속할 수 있다.

건강을 잃다

시간을 아끼려 드는 태도는 비단 나만의 문제가 아니라, 흔히들 겪는 문제였다. 시간이 너무 적은 탓에 사람들은 밖에 나가 러닝을 하거나, 헬스장에 가거나, 요가 수업에 참여하거나, 스피닝 세션을 신청하는 등의 일을 희생시킨다. 몸을 움직이는 방법과 무관하게, 시간 스트레스는 대체로 사람들의 운동 시간을 줄이고, 이는 신체적·정서적 웰빙[5]에 직접적으로 부정적인 영향을 미친다. 간단히 말하자면, 운동을 건너뛰는 것으로 우리 자신을 더 불행하게 만든다.

시간 빈곤은 건강과 관련한 다른 행동들에도 부정적인 영향을 끼친다. 신선한 음식을 섭취하거나 밤에 잠을 푹 자거나 병원에 갈 시간이 없을 정도로 너무 바쁜, 타임 푸어에 시달리는 사람들은 과체중[6]일 확률이 높고, 고혈압[7]에 시달리며, 전반적으로 덜 건강할[8] 가능성이 크다. 이 연구 결과들을 읽으며 점을 칠 때 쓰는 소름 끼치는 수정구슬을 들여다보는 것 같은 기분이 든다면, 걱정할 것 없다. 나도 마찬가지다.

앞서 고백했듯, 나도 아침 러닝을 할 시간이 너무 부족하다고 느낄 때가 많다. 또한 캔 라테 음료와 도넛이 샐러드와 계란 흰자보다 출근길에 먹기에 더욱 쉽고 빠른 음식이라는 것도 체감하고 있다. 레오나 리타의 검진이 잡혀 있거나, 아이들이 아주 조금이라도 아픈 기미를 보이면 시간을 만들어 병원에 가지만, 내 컨디션이 별로일 때는 그러지 않는다.

대단히 행복한 연구 결과들은 아니지만, 알고 있는 편이 낫다. 이 연구 결과에도 배울 점이 있기 때문이다.

친절함을 잃다

타임 푸어의 삶이 우리가 스스로를 대하는 방식에만 영향을 미치는 것은 아니다. 시간이 부족하다고 느껴질 때면 우리는 시간에 인색해지고, 타인에게 시간을 덜 쓰게 된다. 마음이 바쁠 때면 얼마 전 이직

한 친구들에게 전화를 걸거나, 뒤에서 느릿느릿하게 걸어오는 낯선 사람을 위해 문을 잠시 잡아줄 시간조차 내지 못한다. 이런 인색함은 타인에게 깊은 공감을 발휘하는 사람들에게서도 찾아볼 수 있었다. 신학대학을 다니는 학생들 말이다.

 1970년대 존 달리 John Darley와 대니얼 뱃슨 Daniel Batson이 진행한 고전 실험에서는 신학대학생 집단에게 착한 사마리아인 이야기를 주제로 발표를 하라는 과제를 주었다. 성경에서 한 낯선 이가 강도를 당하고 얻어맞은 채 길가에 속수무책으로 쓰러져 있는 여행자를 돕기 위해 걸음을 멈춘 이야기이다. 이때 한 가지 장치가 있었다. 학생들이 한 명씩 나와 발표하기에 앞서, 몇몇 학생들에게는 늦게 도착한 탓에 발표 시간이 넉넉하지 않다고 알렸다. 다른 학생들에게는 이런 이야기를 하지 않았다. 발표하러 가는 복도에서 각 학생들은 몸을 숙인 채 기침을 하는 한 남성을 맞닥뜨렸다. 누가 봐도 도움이 필요해 보이는 사람이었다(사실 이 남성은 연구를 위해 고용된 연기자였다). 연구진은 신학대학생 중 누가 자신의 시간을 희생해 걸음을 멈추고 이 남성을 돕는지 살폈다. 시간이 부족하다는 이야기를 들은 학생들은 타인을 돕기 위해 시간을 소비하려는 경향이 대단히 낮았다.[9]

 나 역시 대학생들을 대상으로 진행한 간단한 실험을 통해 이러한 행동 양식을 발견했다. 연구 참여자 절반에게는 정신없이 바쁘고 조급하게 느껴졌던 하루를 글로 써보게 하여 시간이 부족하다는 기분에 빠지도록 유도했다. 나머지 절반에게는 여유 시간이 굉장히 많은 하루에 대해 글을 쓰도록 했다. 잠시 후, 나는 모든 학생들에게 15분을 더 머물며 도움이 필요한 고등학생의 대학 지원 에세이를 수정해줄 의향이 있는지 물었다. 시간이 여유로운 하루를 떠올렸던 학생들에 비해, 마음이 조급했던 때를 떠올린 학생들은 자신의 시간을 내주려는 의사가 훨씬 적었다[10].

어떠한 패턴이 보이는가? 시간이 너무 적다고 느낄 때 우리는 더욱 편협한 삶을 살게 된다. 하지만 장담하건대, 다른 선택지도 있다. 타임 푸어라고 느낄 때 찾아오는 부정적인 영향력을 한 가지만 더 다룬 뒤 몇 가지 해결책을 소개할 예정이다.

자신감을 잃다

타임 푸어라고 느낄 때, 우리는 무언가를 덜 할 뿐만 아니라 자신에 대한 확신도 떨어진다. 한 연구진은 중간고사 2주 전에 학생들에게 시험을 본 다음 어느 정도 점수를 받을 것 같은지, 그리고 자신감은 어느 정도인지 물었다. 이후 시험 당일 아침, 학생들은 또 한 번 시험을 잘 치를 수 있을지 대답해야 했다. 연구 결과, 학생들이 시험을 준비할 시간이 많았을 때는 시간이 적을 때[11]보다 성적에 훨씬 더 자신감 넘치는 모습을 보였다. 안타깝게도 이 영향력은 시험을 훨씬 넘어서까지 적용된다. 시간 희소성은 어떤 목표든 달성하고자 하는 우리의 자신감을 꺾는다.

사회심리학자 토리 히긴스 Tory Higgins가 제안한 널리 입증된 이론에 따르면 우리에게는 두 가지 유형의 기본적인 동기가 있다. 즉 긍정적인 결과를 성취하는 데 초점을 맞추는 동기(성취 지향 promotion focus)와 부정적인 결과를 피하는 데 초점을 맞추는 동기(예방 지향 prevention focus)이다.[12] 개인에 따라 대체로 성취에 초점을 맞추거나 예방에 초점을 맞추는 경향이 다르지만, 특히 시간 여유는 사람들이 목표에 접근하는 방식에 영향을 미칠 수 있다.

시간이 많을 때 우리는 좀 더 성취 지향적으로 변하는 경향이 있다. 특히 시간 여유가 있을 때는 우리의 자신감이 높아지고, 성취할 수 있다는 낙관적인 생각과 기대감에 들뜬다. 시간이 충분하다면 무엇이든 해낼 수 있다! 하지만 시간이 제한적일 때 우리는 대체로 비관적인 태세로 예방 지향적[13] 경향을 보인다. 시간이 아주 적게 남으면 실패의 가능성에 시달리고 낮아진 자신감에 맞춰 기대치를 낮춘다. 시간이 부족하면 그저 해치우기에 급급하다.

동료 연구자인 제니퍼 에이커 Jennifer Aaker, 진저 페닝턴 Ginger Pennington과 나는 소비 영역에서도 이와 같은 역학이 존재한다는 증거를 찾아냈다. 우리는 쇼핑객들 가운데 물건을 구매하는 데 시간이 아직 충분한 이들은 '최고의' 경험을 제공하는 상품과 '최고의' 거래를 약속하는 광고에 크게 이끌린다는 사실을 발견했다. 하지만 시간이 촉박한 상황에서는 쇼핑객들이 그저 괜찮은 정도의, 그다지 비싸지 않은 상품에 만족했다.

시간 제한으로 기대치가 낮아지는 현상은 '1월 초에는 밸런타인데이 선물을 줄 상대를 기쁘게 하기 위해 최고의 선물을 하겠다'는 허황된 생각을 품는 이유를 설명해준다. 시간이 충분할 때는 목표가 낭만적으로 높게 설정된다. 하지만 2월 13일에 쇼핑을 하고 있는 처지가 되면 그 포부는 쪼그라들어 있다. 사고 회로 속에는 낭만보다는 효율성이 자리하고, 단순히 상대의 원망을 사지 않을 정도의 선물을 찾게 된다.

시간의 상대성을 떠올려라

이제 드디어 좋은 소식을 들을 때가 되었다! 지금껏 연구 결과들이 보여준 암울한 그림이 전부는 아니다. 바쁘고 시간이 부족해도 여전히 자신감 있고, 건강하며, 친절한 삶을 유지하는 사람들도 있기 때문이다.

노터리어스 R.B.G *Notorious Ruth Bader Ginsburg* (루스 베이더 긴즈버그를 인기 래퍼 '노터리어스 B.I.G'에 빗댄 애칭-옮긴이)가 좋은 사례다. 미국 대법원의 과중한 공판 일정과 미국 여성의 권리, 헬스케어 시스템 방향을 정립한 판결문 작성 업무에 시달려도, 루스 베이더 긴즈버그 대법관은 계속 규칙적으로 운동했다. 여든이 훌쩍 넘은 나이에도 퍼스널 트레이너와 함께 일주일에 몇 차례나 한 시간을 꽉 채워 운동했다.

또 다른 사례로는 내 영웅이자 친구인 샤오리가 있다. 그녀는 가장 역할을 하는 여성들이 외식업계에서 안정적인 직장을 구할 수 있도록 교육시키고 일자리를 소개하는 뉴욕의 비영리 기관을 운영하며, 이 여성들이 가족의 생계를 책임질 수 있도록 돕는다. 과중한 업무 시간 외에도 그녀는 금융업계에서 바쁘게 일하는 남편 스캇과 각각 다섯 살, 일곱 살인 두 아이들을 양육하는 의무를 나눈다. 짬이 거의 나지 않음에도 샤오리는 가족과 기관, 기관이 돕는 수많은 여성들 외에도 다른 사람들을 위해 사려 깊은 무언가를 할 시간을 계속 낸다.

우리와 마찬가지로 이들에게도 하루에 24시간이 주어질 뿐이다. 이들에게 실제로 더 많은 시간이 주어지는 것은 아니다. 하지만 이 여성들은 자신이 보람을 느끼는 활동들을 일상에서 도려내지 않는다. 그렇다면 도대체 어떻게 그 많은 일을 하는 걸까?

현실은 이렇다. 모두에게 객관적으로 한 시간이 60분인 하루 24시간이 주어진다. 한편, 우리가 시간의 양을 인식하는 방식은 놀라울 정도로 주관적이다. 하루와 시간을 경험하는 방식은 사람마다 매우 다르다. 객관적인 단위의 시간의 양(한 시간, 하루, 1년)이 아주 많게 느껴질 수도 있고, 하나도 없는 것처럼 느껴질 수도 있다. "계속 지켜보는 냄비는 끓지 않는다"는 속담이 나온 이유는 단 10분이라도 기대를 하며 시간을 보내면 그 시간이 영원처럼 느껴지기 때문이다. 하지만 사랑하는 사람과 포옹하며 작별을 나누는 10분은 마음이 저밀 정도로 짧다. 실로 즐거울 때는 시간이 훨씬 빨리 지나가는데, 이 현상을 입증하는 연구 논문[14]까지 있을 정도다.

이러한 상대성이 중요한 까닭은 1분, 한 시간, 하루, 10년이란 시간을 어떻게 인식하는지가 스스로 시간이 '충분하다'고 여기는지에 영향을 미치기 때문이다. 시간 빈곤은 해야 하거나 하고 싶은 모든 일들을 할 시간이 충분하지 않다는 느낌으로 정의된다는 것을 명심하길 바란다. 하지만 이 정의를 구성하는 두 가지 요소 모두 주관적이라는 점을 주목해야 한다. 첫째, 자신이 하고 싶고 또 해야 한다고 여기는 일이다. 둘째, 자신에게 주어진 자원으로 모든 것을 해낼 수 있다는 자신감이다.

당신이 시간 재산을 지배하는 방법을 깨달을 수 있도록 이 주관적인 요인 두 가지에 대해 좀 더 자세하게 알아보겠다.

디지털 시대, 나만의 시간 리스트를 만들어라

이 퍼즐의 첫 조각은 하루 동안 할 수 있고 해야 한다고 생각하는 일의 리스트와 관련이 있다. 리스트의 내용과 길이는 우리가 만드는 것이며, 따라서 변형이 가능하다는 점에 주목해야 한다. 리스트의 틀을 좌우하는 핵심 도구는 바로 과학 기술이다. 기술의 발전은 우리에게 여러모로 이점을 준다. 주머니에 쏙 들어가 어디서나 항상 소지할 수 있는 스마트폰은 실로 대단히 똑똑한 기기다. 우리의 손끝으로 세상을 가져다준다. 더 많은 것을 알고, 더 많은 것을 할 수 있는 가능성을 높여준다. 전반적으로는 좋은 현상이다. 다만 이 기기가 우리가 할 수 있고 또 해야 한다고 생각하는 일들의 리스트에 어떤 영향을 미치는지 알아야 한다.

소셜 미디어. 우리가 맺고 있는 관계 내에서 지속적으로 연결되기 위해 소셜 미디어를 사용하는 것이 웰빙을 향상시킨다는 연구 결과가 있다. 하지만 소셜 미디어를 사용하는 시간 중 대부분은 사랑하는 사람들에게 메시지를 보내는 데 쓰이지 않는다. 대부분은 먼 지인과 유명 인사들의 세심하게 엄선된 삶의 모습, 웃음 가득한 삶의 모습을 지켜보는 데 할애되고 있다. 우리는 타인과의 비교를 통해 자신을 평가하고자 하는 만큼, 소셜 미디어의 사용은 외로움, 우울, 소외되는 두려움[15]이라는 감정을 지속시킨다.

소셜 미디어가 정서적 웰빙에 영향을 미친다는 널리 입증된 사실 외에도, 나는 소셜 미디어 노출이 시간 빈곤을 더욱 악화시킨다고 생각한다. 소셜 미디어는 다른 사람들이 하고 있고 또 우리가 할 수 있는 수많은 멋진 일들을 지속적으로 보여주며 우리의 일상도 이런 활동들로 채울 수 있다고 비합리적인 리스트를 만들어낸다.

이런 특성을 고려하면, 가용 시간을 늘릴 한 가지 방법은 스마트폰을 스크롤하는 시간을 줄이는 것이다. 스마트폰 사용 시간을 줄이면, 다른 이들이 시간을 보내는 온갖 멋진(그리고 엄격히 선별된) 방식들을 부러워하고 떠올리는 정도가 줄어들 것이다. 또한 실제로 시간을 확보할 수도 있다. 많은 이들의 경우, 이런 시간을 합치면 한 주에 몇 시간은 될 것이다.

온디맨드 On-Demand 세상. 사람들이 무엇을 하는지 널리 알 수 있을 뿐만 아니라, 스마트폰은 더 많은 일들을 할 수 있는 접근성을 끊임없이 제공한다. 뉴스 기사, TV 쇼, 노래, 테드 토크 TED Talk, 음악 수업, 공연, 교육 세미나, 박물관 투어 등 언제든지 손쉽게 닿을 수 있는 매력적인 일들이 너무도 많다. 당연하게도 이 모든 일들을 다 하기에는 하루에 주어진 시간이 충분치 않고, 심지어 평생을 다 바쳐도 시간이 부족하다! 이런 점에서 자신의 기대치를 조정하는 것이 당신이 경험하는 시간의 풍족함을 향상시켜줄 것이다.

우리가 할 수 있고 또 하고 싶은 일들에 과다하게 노출되는 것 외에도 기술로 가능해진 효율성은 어떤 일을 '해야만 한다'는 기대치를 높인다. 스마트폰을 늘 소지하다 보면 우리 또한 항상 '전원이 켜진' 상태인 것처럼 느껴진다. 어떤 일에 매달려 있는 중일 때도, 또는 잠시나마 휴식을 취하는 중일 때도 스마트폰을 켜서 집안일 중 무엇을 해치웠는지 일정을 체크해야 한다는 압박감에 시달린다. 집안일 리스트를 챙기고 여기에 적힌 대부분의 일을 완수하는 것은 주로 엄마들의 책임이 되는 만큼, 엄마들이 아빠들에 비해 시간 빈곤에 더욱 시달리는[16] 이유 중 하나가 바로 여기에 있다.

여기서 중요한 점은 자신이 할 수 있고 또 해야 한다고 생각하는 모든 일들은 그저 '생각'일 뿐이라는 사실이다. 모든 가능성을 포함시키겠다는 것은 불합리한 생각이다. 당신이 어떤 일을 할지에 대해서는 놀라울 정도로 큰 통제력을 발휘할 수 있다.

2장의 시간 추적 훈련을 마치고 나면 현재 자신의 시간을 채우고 있는 일들이 무엇인지, 어떤 일이 시간을 쓸 만한 가치가 있고, 어떤 일을 외부에 맡길 수 있으며, 어떤 일이 시간 낭비나 다름없으니 무시하는 편이 나은지를 정확하게 파악할 수 있을 것이다.

자신감을 확장하라

이제부터 시간 빈곤의 두 번째 요소인 '자신감'에 대해 이야기해보겠다. 자신감은 자신이 하고자 하는 일들을 모두 달성할 수 있다는 믿음과 관련이 있다. 요즘 가장 좋아하는 책 중 한 권인 클레어 시프먼 Claire Shipman과 캐티 케이 Katty Kay의 《나는 오늘부터 나를 믿기로 했다 The Confidence Code》(위너스북, 2014)에는 자신감의 정도를 결정하는(안타깝게도 여성들의 경우, 자신감을 저하시키는) 다양한 요인이 등장한다. 이 책의 핵심 메시지는 자신감이란 고정된 것이 아니라는 점이다. 자신감 역시 외부의 영향을 받지만, 그중에서도 가장 큰 영향력은 바로 자기 자신에게서 나온다. 따라서 그날 해야 할 일들을 두고 스스로 제한이 없다고 느껴야 나에게 주어진 시간도 제한적이지 않다고 느낀다.

평생을 과학자로 산 나는 당연히 이 사실을 뒷받침할 데이터를 가지고 있다. 자신이 하고 싶고 또 해야 한다고 여기는 모든 일들을 해낼 능력이 있다고 믿는 자신감을 '자기 효능감[17]'이라는 용어로 설명한다. 한 연구에서 우리는 자기 효능감이 높은 사람들은 '시간이 더 많다[18]'고 느낀다는 사실을 발견했다. 이 결과가 의미 있는 이유는 의식적, 또는 실질적으로 '시간이 풍족하다'는 느낌을 조작할 수 있다는 뜻이기 때문이다. 놀랍게도 자신감을 향상시키는 방법을 실천하면 타임 푸어에서 벗어나는 데 도움이 된다.

자신감을 확장시키고, 시간이 풍족해졌다고 느낄 수 있는 몇 가지 입증된 전략을 이제부터 소개하겠다.

자기 효능감이 커지면 시간은 풍족해진다

운동이 만드는 자신감과 시간의 여유

해가 떠오르고 있었고, 스니커즈가 도로를 박차고 나가는 박자에 맞춰 들숨과 날숨이 이어졌다. 헤드폰에서 흘러나오는 노래 가사처럼 묵묵히 나아가고 있었다. 이 해방감을 만끽했다. 기분이 좋았고, 정신이 맑아진 것 같았으며 오늘 하루 어떤 일이 닥치든 잘 헤쳐나갈 준비가 되어 있었다. 해낼 수 있다. 전부 다.

러닝을 하러 갈 시간이 없다는 명백한 사실은 이미 받아들였지만, 어쨌든 러닝을 하러 나와서 다행이었다. 사실, 상황이 크게 달라진 것은 아니었다. 그저 러닝은 시간을 따로 낼 만큼 중요한 일이라고 내가 결정한 것뿐이었다. 아이들이 깨기 전에 집에 돌아오기 위해 기상 알람을 30분 일찍 맞췄다. 그렇다고 수면 시간을 크게 줄여야 했던 것도 아니었다. 알람을 맞추며 의지를 다잡은 후 곧장 불을 끄고 잠이 들었기 때문이다. 자기 전에 TV를 보거나 메일을 더 뒤적거리며 시간을 낭비하지 않았다.

현관으로 이어지는 계단을 뛰어올라 스니커즈를 벗을 즈음 기분이 상당히 좋았고, 당장이라도 오늘 하루와 맞붙고 싶은 심정이었다. 이런 시간을 보내며 나는 하루를 시작하는 기존의 방식에서 벗어났다. 예전처럼 억지로 침대에서 몸을 일으켜 곧장 정신없이 바쁘게 허둥거리며 하루를 마주하는 방식이 아니었다. 밖에서 러닝을 한 덕분에 내 한계에 대한 믿음도 조금 누그러졌다. 자신감이 커진 나는 쉽고 빠르게 모든 일을 해낼 수 있다고 느꼈다. 집에 도착한 후 마음 편히 여유를 누릴 수 있었고, 아침 식사 자리에서 아이들도, 강의실에서 학생들도 더욱 준비된 모습으로 대할 수 있었다.

시간이 부족하다는 이유로 사람들이 가장 많이 포기하는 일 중 하나이지만, 운동은 자기 효능감을 높이는[19] 효율적인 수단으로 입증되었다. 내 연구 결과까지 고려하면 운동에 시간을 할애하는 것은 신체 건강에만 좋은 것이 아니라, 자신이 느끼는 시간의 양도 증가시킬 수 있다.

내가 몸소 경험한 바에 따라 건강과 행복, 시간 풍족함을 높이기 위해 학생들에게 일주일 동안 꾸준히 운동을 하도록 시켰다. 이제, 당신에게도 더욱 건강하고, 행복하며, 시간이 풍족하다고 느낄 수 있도록 첫 번째 훈련 과제를 내줄 예정이다.

 HAPPIER HOUR

몸 움직이기 훈련

이번 한 주 동안 하루도 빠짐없이 최소 30분 운동을 해보자. 어떻게든 시간을 내고 의지를 다지기 위해 일정표에 운동 시간을 표시하고 반드시 이 시간을 지켜야 한다.

중요한 점은, 운동을 엄청 힘들게 할 필요는 없다는 것이다. 올림픽에 출전할 정도의 훈련법을 시작하며 스스로를 괴로움에 밀어 넣지 않아도 된다. 그저 자리에서 일어나 움직이면 된다. 밖으로 나가 조깅을 하거나, 스피닝 수업에 참여하거나, 요가를 해도 된다. 심지어 운전 대신 걸어서 일터로 가거나, 음악 볼륨을 높이고 댄스파티 시간을 갖는 것만으로도 충분하다. 학생들에게는 딱 일주일만 해보라고 하지만, 당신은 최소 2주를 지속하길 권한다. 그래야 처음의 힘든 단계를 이겨낸 후에 찾아오는 이점을 진심으로 즐기기 시작할 수 있고, 운동을 규칙적인 루틴의 일부로 만들 수 있다. 유난히 활력을 수는 운동을 한 직후 기분이 어떤지 자기 자신에게 음성 메시지를 남기거나 글로 써보기를 제안한다. 시간이 없다는 생각이 들 때 이 기록이 몸을 움직여야 할 계기로 작용할 것이며, 사실은 운동할 시간을 만들 수 있고, 운동은 시간을 들일 만큼 가치 있는 일임을 떠올리게 될 것이다.

타인에게 시간을 내면, 내 시간도 늘어난다

앞서 말했듯, 타임 푸어인 것처럼 느낄 때 우리가 보통 시간을 할애하지 못하는 일 중 하나가 타인에게 시간을 쓰는 것이다. 하지만 타인을 돕는 행위는 자신의 유능함을 느낄 수 있는 아주 효율적인 방법이다. 따라서 나는 동료인 조이 챈스 *Zoë Chance*, 마이클 노턴 *Michael Norton*과 함께, 타인에게 시간을 할애할 때 우리에게 더 많은 시간이 주어지는 것 같은 기분이 드는지를 실험했다.

우선 우리는 평범한 토요일에 평범한 사람들 다수를 대상으로 한 가지 실험을 진행했다. 아침에 100명의 참여자에게 무작위로 지침을 전달했다. 어떤 참여자들에게는 "오늘 밤 10시가 되기 전에 미리 계획하지 않은 일을 타인을 위해 30분간 해주세요"라고 말했고 다른 참여자들에게는 "오늘 밤 10시가 되기 전에 미리 계획하지 않은 일을 자기 자신을 위해 30분간 해보세요"라고 지시했다.

그날 밤, 이들이 30분이란 시간을 어떻게 썼고, 또 현재 시간의 풍족함 정도를 어떻게 경험하고 있는지 확인했다. 자신의 시간을 타인에게 내어준 사람들 가운데 어떤 이들은 자신이 아는 타인에게 무언가를 해주기 위해(배우자를 위한 특별 저녁 요리를 만들고, 이웃집 현관에 쌓인 눈을 삽으로 퍼내고, 욕실 타일을 제거하는 친구를 돕고, 할머니에게 편지를 쓰는 등) 시간을 할애했고, 또 다른 이들은 전혀 모르는 낯선 사람을 위해(이웃 동네 공원에서 쓰레기를 줍는 등) 시간을 썼다.

시간을 남에게 내어주지 않은 사람들 중 어떤 이들은 자기 자신을 돌보는 데 이 시간을 썼고(뜨거운 거품 목욕을 하고, 페디큐어를 하는 등), 또 어떤 이들은 편안히 휴식을 취했다(소설 한 챕터를 읽고, TV를 시청하는 등). 특히 특별한 음식을 요리하는 데는 30분 이상의 시간이 소요되는데, 대부분의 TV 프로그램도 방영 시간이 30분을 넘겼다. 실제로 양쪽 모두에서 참여자들은 우리가 지시한 것보다 타인, 또는 자신에게 친절한 행위를 하는 시간을 길게 할애했다.

다만, 우리의 주된 관심사는 다들 얼마의 시간을 소비했는지가 아니라 '행위 이후 이들이 느끼는 시간적 여유가 어떻게 달라졌는지'였다. 이를 파악하기 위해 우리는 이들의 시간이 얼마나 한정적인지 또는 얼마나 확장적인지 7점 척도로 평가해 달라고 요청했다. 자신의 시간을 타인에게 내어준 사람들은 그렇지 않은 사람들에 비해 시간이 더 많았다고 보고했고, 이는 실제로 사용한 시간과는 무관한 결과였다. 놀랍지 않은가?

또 다른 연구에서는 시간을 타인에게 제공할 때 더욱 시간을 여유롭게 느낀다는 사실을 더욱 엄격한 기준으로 실험했다. 예상치 못하게 '뜻밖의' 자유 시간이 생기는 조건이었다. 한 시간의 실험실 수업에서 몇몇 참가 학생들은 남아서 힌 고등학생이 대학 지원 에세이를 수정하는 일을 도왔고, 다른 학생들은 일찍 실험실을 나서도 된다고 허락받으며 그날 하루 '15분의 보너스'를 받았다. 타인을 도왔던 학생들은 15분이란 뜻밖의 자유 시간을 얻은 학생들보다 더 많은

'시간 여유'가 있었다고 이후 보고했다.

직관적으로 생각하면 우리 자신을 위해 시간을 쓰거나 뜻밖의 자유 시간이 생기면 시간이 더 많아진 것처럼 느껴야 할 것이다. 하지만 시간 빈곤을 느끼는 데 자신감이 어떠한 역할을 하는지에 대한 결과와 함께, 조이와 마이크, 내가 타인에게 수집한 '시간을 할애할 때 자기 효능감이 높아진다는 사실을 입증하는 추가 데이터'를 바탕으로 살펴보자. 타인에게 시간을 할애할 때 시간을 더욱 여유롭게 느낀다는 결과는 타당할 뿐 아니라, 우리가 시간 빈곤이라는 느낌을 이겨낼 수 있도록 힘을 주는 도구가 될 수 있다.

이 결과들에 더불어 친절한 행위[20]가 행복에 직접적인 영향을 미친다는 소냐 류보머스키 *Sonja Lyubomirsky*의 연구는 당신이 해야 할 다음 과제로 소개하겠다.

 HAPPIER HOUR

무작위적인 선행 연습

선행을 하면 실제로 기분이 좋아질 수 있다. 이번 주에는 친구나 지인을 위한 선행 한 가지와 낯선 타인을 위한 선행 한 가지, 이렇게 두 가지의 무작위적인 선행을 실천해보길 바란다. 크거나 작을 수도 있고, 남몰래 하거나 드러내도 되며, 계획하거나 즉흥적으로 해도 되고, 돈이나 시간을 들여도 괜찮다. 이러한 선행은 상대에 따라 달라질 수 있다.

어떤 선행을 할 것인지는 온전히 당신에게 달려 있지만, 당신의 상상력을 자극할 만한 몇 가지를 소개하고자 한다. 예를 들면 커피숍에서 상대의 음료를 대신 결제해주기, 칭찬하기, 누군가 일을 완수하는 데 (일반적으로 예상 가능한 선을 넘어) 도움 주기, 묻지 말고 먼저 맛있는 음료나 간식 제공하기, 꽃이나 따뜻한 메시지를 적은 메모 전하기, 깜짝 파티 열기 등이 있다. 어떤 선행이든, 타인을 이롭게 하겠다는 단 하나의 목적으로 실천해야 한다. 당신의 선행에 대한 보답으로 감사나 인정의 표현을 듣겠다거나, 나중에 상대에게 부탁을 하나 하겠다는 등 무언가를 기대해서는 안 된다. 아무런 보상도 기대하지 말고 당신의 시간을 조금만 내어주길 바란다.

자신의 시간을 전부 다 타인에게 조금씩 나누기 전에, 한 가지 중요한 주의 사항을 명심하길 바란다. 너무 많은 시간을 내준 나머지 자신의 삶에서 효율성을 발휘하지 못하는 일은 없어야 한다. 이 점을 주의해야 한다는 것을 보여주는 후속 연구 한 편이 있다. 타인에게 '지나치게 많은 시간'을 써서 자신이 해야 할 일을 다 하지 못했던 경험을 떠올리게 했더니, 타인에게 '적당한 시간'을 썼던 경우보다 오히려 더 심하게 시간이 부족하다고 느꼈다. 이들은 '시간을 낭비'[21]했던 경험담을 말한 사람들만큼이나 타인 푸어를 경험했다.

이러한 결과들은 장기간 돌봄 제공자로서 지속적인 의무[22]감을 가지고 시간을 타인에게 할애하는 사람들이 경험하는 고갈 효과를 뒷받침한다. 분명하게 정리하자면, 타인에게 시간을 할애해 시간 여유를 얻고 싶다면, 자신에게 아무것도 남지 않을 정도로 너무 많은 시간을 쏟아서는 안 된다. 또한 자발적으로 시간을 할애한다고 느껴야 하며, 강요받는 것처럼 느껴져서도 안 된다. 따라서 타인에게 시간을 많이 쏟기 전에 솔직하게 자신의 마음을 들여다보며 어느 쪽인지 묻길 바란다. 좋은 마음으로 당신의 시간을 할애하는 것인가, 아니면 시간을 빼앗기는 것인가?

지금까지 우리가 배운 것은 타임 푸어처럼 느낄 때 시간에 인색해지는 일반적인 경향이 있지만, 쫓기는 마음을 버리고 30분만 시간을 내어 친구가 새 직장에서 잘 적응하고 있는지 안부 전화를 하거나, 단 몇 초라도 타인을 위해 문을 잡아주고 인사를 건네는 것만으로도 더 행복해질 뿐 아니라 시간도 더욱 풍족해진 듯한 느낌을 받는다[23]는 사실이다.

경외감이 시간을 풍요롭게 한다

언제나 바다는 내게 굉장한 영향을 미쳤다. 태평양을 바라보면 경이로운 연결감을 느낀다. 별개의 존재로 나를 구분 짓는 경계가 사라지는 듯하다. 단지 타인에게만 연결되는 것이 아니라 다른 모든 이들에게, 그리고 모든 것들과 연결되는 느낌이다. 이런 영적인 경험을 털어놓는 이유는 이런 기분이 내게 '경외감'을 불러일으키기 때문이다. 이런 감정을 느끼는 방법을 찾는다면 시간 감각을 확장시킬 수 있다. 경외심이 생기는 이런 순간에는 어떤 것에도 한계가 있는 것처럼 느껴지지 않고, 오늘 하루의 사소한 일정조차도 제한적으로 느껴지지 않는다.

멜라니 러드 Melanie Rudd, 캐슬린 보스 Kathleen Vohs, 제니퍼 에이커는 이러한 현상을 연구하며 경외심이란 감정이 시간의 풍족함에 미치는 영향을 실험했다. 이들이 진행한 한 연구에서는 행복했던 일을 떠올리는 것과 비교해 경외감을 일으켰던 일을 떠올린 사람들이 조급함을 덜 느꼈다는 사실이 드러났다. 뿐만 아니라, 시간이 더욱 많아진 것처럼 행동했고, 자선 활동에도 더욱 자발적으로 시간을 할애하는 모습을 보였다.

경외감이 다소 어려운 감정이라는 점은 인정한다. 그럼에도 이 단어에는 분명한 정의가 있다. 적어도 그 순간만이라도[24] 세상에 대한 이해가 달라질 정도로, 지각적으로 압도적인 무언가에 노출되었을 때 일어나는 감정이다. 앞서 언급한 연구에 따르면, 누구나 충분히 경험할 수 있는 감정이다. 연구에서는 살면서 경외감을 느꼈던 경험을 떠올려 달라는 요청을 받은 참가자의 98%가 아무 문제 없이 해당 기억을 되살렸다. 또한 이들이 떠올린 경험을 통해 어디서 경외감을 찾을 수 있는지도 참고할 수 있었다.

1 사회적 교류

연결감이라는 전반적인 감정이 경외심을 불러오는 만큼 다른 사람과 깊은 연결감을 형성하는 것은 좋은 시작점이다. 애정 어린 신체적 친밀감, 눈이 번쩍 뜨이는 대화, 갓 태어난 아기를 안는 것 등 타인과의 관계는 자신 이상으로 우리를 확장시켜주고, 다른 사람의 마음과 생각에 연결시켜준다.

2 자연

바다의 수평선 너머를 바라보거나, 별이 반짝이는 밤하늘을 올려보거나, 쌀쌀한 가을날 나뭇잎들이 따뜻한 색으로 변하는 모습을 바라보는 등 자연의 위대함은 일상의 스트레스를 더 큰 시각에서 바라볼 수 있게 해준다. 자연 속에 있는 것만으로도 더 행복해진다[25]. 더 길고 깊게 호흡할 여유를 마련해준다.

따라서 근처에 국립공원이 없거나 해변까지 차로 갈 수 없는 곳에 산다 해도 야외로 나갈 방법을 찾아야 한다. 이웃 동네의 공원을 거닐어도 좋다. 달을 바라볼 수도 있다. 새벽 또는 해질녘의 금빛이 도는 핑크빛 하늘을 포착한다면 조급함을 덜 느끼게 될 것이다.

3 예술

인간의 창의성으로 표현된 놀라운 세상을 탐험하는 것도 좋다. 컬럼비아 대학 신입생 시절, 뉴욕현대미술관 MoMA에 전시된 반 고흐 Van Gogh의 〈아를의 별이 빛나는 밤 Starry Night〉을 보고 경이로움을 느꼈던 때가 생생하게 기억난다. 월요일까지 제출해야 하는 에세이에 필요한 내용을 필기할 생각에 마음이 바빴던 나는 급히 미술관에 도착해 그림 앞으로 향했다.

하지만 그 순간, 그림 앞에 서서 고흐의 소용돌이치는 시선을 바라보다 넋을 잃고 말았다. 시간이 부족하다는 걱정이 잊힐 정도로 감동을 받은 시간이었다. 에세이 제출일과 다가오는 다른 세 가지 과제의 마감 기한은 내 머릿속에서 사라졌다.

최근에는 할리우드 볼 Hollywood Bowl 에서 베토벤 교향곡 9번을 이끄는 장셴 Zhang Xian 의 멋진 지휘를 보며 그때와 비슷한 광대한 감정을 느꼈다. 퇴근 후 LA의 혼잡한 교통을 뚫고 달려간 나는 잔뜩 지친 채로 연주회장에서 친구를 만났다. 지휘자가 무대에 오를 때만 해도 나는 내일 아침 미팅을 준비하려면 늦지 않게 집에 도착해야 하는데 연주회가 끝난 뒤 이 인파를 헤치고 먼저 나가려면 어떻게 해야 할지 걱정하며 계획을 세우고 있었다. 하지만 오케스트라가 연주를 시작하고 음악이 여름 공기를 가득 채우는 순간, 이런 부담스러운 걱정들에서 해방되었다. 마지막 음이 울려 퍼지자 관중들은 폭발적인 반응을 보였고, 나 또한 감격에 겨워 벌떡 자리에서 일어나 환호를 보냈다. 정말 대단한 공연이었다.

4 성취

한 개인이 이룬 성취에서 엄청난 영감을 얻을 수 있다. 운동선수의 뛰어난 성과, 깨달음을 주는 놀라운 발견 등에서 인간의 천재성과 헌신이 얼마나 큰 가능성을 만들어내는지 새삼 깨닫게 된다. UCLA 동료인 앤드리아 게즈*Andrea Ghez*가 은하 중심부의 초대질량 블랙홀을 발견해 노벨상을 수상한 이야기를 들으며 나는 경탄에 빠졌다. 사람들이 무엇을 성취해내는지를 보면 진심으로 놀랍다. 조금만 시간을 들여 자신의 몸을 움직이거나, 타인을 돕는 행위를 통해 당신 역시 자신이 생각했던 것보다 훨씬 많은 것을 성취할 수 있다는 사실을 깨달을 수 있음을 명심하길 바란다.

이 세상 속에서, 그리고 주변 사람들에게서 경외감을 찾는다면 결핍된 듯한 느낌은 줄고 풍족하다는 느낌은 더욱 커질 것이다. 이후 챕터들에서는 이러한 충만한 경험들을 당신의 일정에 포함시킬 구체적인 전략들이 등장할 것이다. 이런 경험들은 시간을 내어 해볼 만한 가치가 충분하며, 즉각적·지속적인 효과를 약속한다. 경외감을 느끼는 경험들은 당신의 마음에 오래도록 깊이 남기 때문에 쫓기는 듯하고 스트레스를 받고 시간이 더 많았으면 좋겠다고 느낄 때마다 언제든 다시 떠올릴 수 있다.

시간, 무조건 아끼지 말고 제대로 써라

돈과 마찬가지로 시간 역시 희소한 자원이다. 하지만 돈과는 달리,

모두가 같은 잔고로 시작한다. 하루가 끝날 때까지 소비할 수 있는 분과 시간이 모두에게 동등하게 주어진다. 그럼에도 많은 이들은 이것이 충분하지 않다고 느낀다. 우리가 정말 원하는 대로 삶을 살아갈 시간이 충분하지 않은 것처럼 느껴지는 것이다. 우리가 최고의 모습으로 존재하고, 건강하게 살고, 가족들과 지역 사회, 우리 자신에게 친절하게 대하며, 관심 있는 대상에 충실하고 충만함을 느끼며, 모든 일을 잘 해내기에 충분치 않다고 여긴다.

하지만 이번 장을 통해, 타임 푸어란 결국 '인식의 문제'라는 것을 알게 되었다. 어떤 일이 자신의 투 두 리스트에 올라야 한다고 생각하는지는 물론, 그 일들을 전부 해낼 자신감이 있다고 느꼈는지는 온전히 자신에게 달려 있다. 이러한 자기 효능감은 단지 자신이 무엇을 성취할 수 있다고 믿는지에 대한 문제만이 아니라, '실제로 무엇을 성취할 수 있는지'에 직접적인 영향을 미친다. 자신이 어떤 일에 시간을 쏟을지 결정하는 과정이, 결국 자기 효능감과 당신이 느끼는 행복에 영향을 미치는 선순환을 만든다. 자신의 몸을 움직이거나, 다른 사람과 연결되거나, 전반적으로 더 큰 연결감을 느낄 수 있는 일에 시간을 소비하는 것이 '무언가를 할 수 있을 것 같다'는 자신감을 확장하는 데 놀라울 성도의 효과를 발휘한다.

물론 운동을 하거나, 타인을 돕거나, 자연에 머무는 일이 여러 면에서 이롭다는 생각은 해봤을 것이다. 하지만 이런 활동들이 당신 자신을 인식하는 방식, 그리고 시간을 인식하는 방식에 어떤 영향을 미치는지는 깨닫지 못했을 것이다. 당신에게 주어진 시간에 당신 자신이 어느 정도의 통제력을 지니고 있는지도 이해하지 못했을 수 있다. 이제 이러한 요인들을 배웠고, 이것들을 어떻게 활용해야 시간의 풍족함을 늘릴 수 있는지도 알게 된 이상, 스스로를 더욱 부유하게 만들 수 있다. 희한하게도 절약이 아니라 소비를 함으로써 당신이 경험하는 풍족함의 정도가 의미 있게 높아질 수 있다.

이제껏 시간 빈곤과의 전쟁을 위한 조언은 '덜 하라'는 것이었다. 하지만 삶에서 더 적은 것이 아니라 더 많은 것을 원하는 사람에게는 이 조언이 딱히 도움이 되지 않았다. 다행히 내가 이곳에 공유한 연구는 "그럭저럭 하고자 하는 일을 달성하는 것이 아니라 꿈을 크게 가져도 된다"고 말한다. 이 메시지와 마찬가지로 우리에게 힘을 북돋워주는 한 가지 사실은 많은 것을 얻기 위해 반드시 많이 소비할 필요가 없다는 것이다. 작고도 영리한 투자가 큰 결실을 가져올 수 있다.

2장

시간을 현명하게 소비하는 방법

사람들은
마음먹은 만큼
행복해질 수
있다.

에이브러햄 링컨
Abraham Lincoln

자라는 동안 나는 '리틀 미스 해피니스Little Miss Happiness'로 불렸다. 실제로 나는 항상 흥이 넘치는 아이였고, 너무 순진해 보이기까지 했다. 하지만 실로 내가 행복해 할 거리가 넘쳐났었다. 나는 거의 모든 면에서 행운아였다. 타고난 기질은 물론 내가 처한 환경까지 모두 그랬고, 여기에는 나만의 행복한 동화도 포함되어 있었다.

스물일곱 번째 생일을 갓 지난 후 백마 탄 왕자님이 내게 청혼했을 때는 기쁨에 눈물을 흘렸다. 영국, 런던의 한 놀이터에서 서로를 향해 수줍은 미소를 보냈던 열두 살 때부터 시작된 인연이었다. 우리 가족의 해외에서 살아보기 모험이 막을 내렸을 때 우리의 뜨거웠던 마음도 그렇게 끝났을 수 있었다. 하지만 10년 후, 이메일을 열어본 나는 그의 이름을 발견했다. 나를 기억하고 있던 것이었다! 페이스북Facebook으로 사전 조사를 한 그가 나를 찾아냈다.

나는 곧장 그의 메일에 답장을 보냈고 몇 달간 가슴 뛰는 이메일을 주고받은 후 우리는 직접 만나기로 결정했다. 그는 버지니아에서 다섯 시간이나 운전해서 올라왔고, 나는 그리니치 빌리지에서 몇 블록을 걸어 10년 만에 재회했다. 우리는 소호 교차로를 사이에 두고 서로를 향해 수줍게 미소 지었다. 몇 주 지나지 않아 그가 뉴욕으로 이사 왔고, 이후 우리는 대학원에 다니기 위해 베이 에어리어로 함께 이주했다.

나는 팰로앨토의 진입로에서 후진 기어를 넣을 때까지만 해도 미소를 짓고 있었다. 차에는 주말에 진행되는 예식 때 입을 하얀 드레스와 신혼여행 때 입을 수영복이 실려 있었다. 결혼식의 최종 준비를 위해 일주일 전에 미리 샌디에이고로 향하려던 참이었다. 차를 빼는데 스마트폰이 울렸다.

"캐시, 난 결혼할 준비가 안 된 것 같아."

그 순간, 늘 밝기만 했던 성격과 더불어 완벽하게 펼쳐진 미래가 산산이 부서졌다. 나만의 동화는 그렇게 갑작스럽고도 전혀 행복하지 않게 끝나버렸다. 나는 순식간에 상처와 모욕감에 휩싸인 채, 빈틈없이 준비해온 꿈의 결혼식을 무너뜨려야 한다는 슬픈(그리고 값비싼) 짐을 짊어진 처지가 되었다. 달리 무엇을 해야 할지 알 수 없었던 나는 진입로에서 빠져나와 샌디에이고까지 일곱 시간 동안 차를 몰았다. 몸을 가누지 못할 정도로 울면서 차에 기름을 넣으러 주유소에 들렀을 때 내가 도움이 필요한 것은 아닌지 어쩔 줄 몰라 하는 구경꾼들을 보는 것이 괴로웠다. 쏟아지는 눈물 사이로 나는 괜찮다고 이들을 안심시키려 했다. 태어나서 처음으로 나는 괜찮지 않았다. 대단히 불행했다.

행복을 연구하는 박사 과정을 시작했을 때만 해도 내 행복만큼은 진심으로 의심했던 적이 없었다. 하지만 이후 이어진 몇 달간의 우울함 속에서 나는 새로운 시각으로 기존 연구 자료들을 다시 살폈다. 인간을 행복하게 하는 것이 무엇인지 이해하고 싶었고, 행복을 되찾기 위해 내가 할 수 있는 일이 있는지 알고 싶었다. 나는 소냐 류보머스키의 《하우 투 비 해피 *The How of Happiness*》(지식노마드, 2007)[1]에서 내 질문에 대한 답변과 가능성을 찾았다. 행복에 대한 그간의 연구들을 모두 분석한 그녀는 우리가 일상과 삶 속에서 얼마나 행복을 느끼는지를 결정하는 세 가지 주요 요인을 정리했다.

첫째, 행복의 가장 큰 부분은 성격의 영향을 받는다. 수년간 다양한 성격의 사람들과 상호 작용을 하며 이 사실을 이미 짐작했을 수도 있지만, 쌍둥이들을 대상으로 한 연구가 그 증거가 되었다. 같은 DNA를 공유하는 여러 쌍의 사람들을 분석한 연구에 따르면 우리는 긍정성[2]의 정도를 결정하는 타고난 기질을 갖고 태어난다. 어떤 사람들은 물이 얼마나 담겼든 잔의 빈 공간에 초점을 맞추는 성향을 타고난 반면, 또 어떤 사람들은 선천적으로 물이 반이나 차 있다고 인식하는 능력을 지녔다. 유전자 제비뽑기에서 운이 좋았던 나는 이 세상이 아름다울 정도로 물이 가득 차 있다고 보는 쪽이었다. 하지만 약혼자에게 버림받은 후, 내 잔은 텅 비어버렸다. 내가 아무리 밝은 성격을 지녔다 해도 그것으로는 이 관계를 구할 수 없었다. 깊은 불행을 느끼고 있던 나는 앞으로 행복을 얻기 위해 내 타고난 성향에만 의존해서는 안 된다는 사실을 마주하게 되었다.

나는 불행한 일들이 벌어질 수도 있다는 가혹한 현실에 직면했다. 누구에게나 닥칠 수 있는 일이었다. 결혼을 앞두고 버림받은 일로 이 사실을 깨닫게 되었다는 점이 좀 아이러니하기도 하다. 댄 길버트*Dan Gilbert*가 《행복에 걸려 비틀거리다 *Stumbling on Happiness*》(김영사, 2006)에서 우리가 예상할 수 있는 사건이 우리에게 큰 고통을 안겨주는 끔찍한 사례로 소개했던 일이 내게 벌어진 것이었다. 물론 이 사건은 안타까운 사례 중 하나일 뿐이다. 세상에는 그리고 삶에는 이런 일들이 끝도 없이 펼쳐진다. 누구든 무릎이 꺾이는 사건을 겪었고, 마주했을 것이며, 또는 앞으로 겪게 될 것이다.

다행히 운이란 우리에게 나쁜 일만 안겨주는 것은 아니다. 우리가 처한 상황이 다행스럽게 작용할 수도 있다. 류보머스키의 분석에 따르면 소득 수준, 신체적 매력의 정도, 혼인 여부 등과 같은 변수들을 포함한 삶의 환경은 어느 정도의 영향력을 발휘한다고 한다. 하지만 돈이 많고 외모가 화려하고 결혼을 하는 것이 '평생 행복하게' 사는 비결일 것이라는 통념과는 달리, 이러한 상황적 요인들은 놀라울 정도로 사람들의 행복에 미치는 영향력이 적다.[3] 실제로 내 수업의 초반 두 세션은 복권에 당첨되거나 결혼을 하는 등 환경을 크게 변화시키는 사건들이 전반적인 행복감에 미치는 영향은 사람들이 기대하는 것보다[4] 상당히 작고, 또 짧게 지속된다는 사실을 입증하는 여러 연구 자료들을 소개하는 데 할애한다.

갑작스럽게 결혼을 하지 못하게 되는 사건이 미치는 정서적 영향력이 영원히 지속되지 않는다는 이야기를 접하며 위안을 느꼈지만, 그럼에도 불만스러웠다. 이런 사실들은 우리가 삶에서 느끼는 행복이 너무도 쉽게 운에 좌우되기 너무도 쉽다고 말하고 있었으니까. 물론, 나는 긍정적인 기질을 타고난 운이 있었지만 말이다. 하지만 모두가 나처럼 운이 좋은 것은 아니고, 타고난 성격으로도 이겨낼 수 없는 상황을 경험하고 나니 어떤 사람들은 태생적으로 이런 기분을 느껴야만 한다는 사실을 인정하고 싶지 않았다. 또한, 누구에게나 그렇듯 내 상황이 항상 기쁘기만 할 수는 없다. 하지만 다행스럽게도 류보머스키의 분석을 통해 행복에 영향을 미치는 요인이 또 하나 밝혀졌다.

큰 영향을 미치는 개인의 성격과 놀라울 정도로 작은 영향을 미치는 개인의 환경 외에도, 우리의 행복에 큰 부분은 개인의 의식적인 생각과 행동[5]에 의해 결정된다. 즉, 우리가 의도적으로 어떻게 생각하고 행동하는지가 행복에 지대한 영향을 미친다는 뜻이다. 행운이나 불운과 관계없이, 우리가 일상에서 느끼는 행복과 삶에서 느끼는 만족감의 정도를 높이는 방향으로 의도적으로 시간을 활용할 수 있다. 우리에게 어느 정도의 통제력이 있다는 뜻이다. 뿐만 아니라 '무엇을 해야 하는지'를 알고, 이를 반복적으로 훈련한다면 태생적으로 불만이 많은 사람들도 일상에서 즐거움을 덜 느끼는 현실을 극복할 수 있을 뿐 아니라, 누구나 가장 힘겨운 상황도 무사히 이겨낼 힘을 얻을 수 있다.

내 행복이 시험대에 올랐을 때, 나는 의도적으로 생각하고 행동하면서 선보다 너욱 행복해질 수 있었다. 내 변치 않는 긍정성이 한낱 복 받은 순진함이 아니라는 확신이 있었다. 내가 삶을 경험하는 방식이 그저 우연한 사건에 의해 좌우되는 것만은 아니라는 사실도 배웠다. 명백하게 불행한 사건을 겪는 동안 나는 행복하기 위해 타고난 성격에 의존하거나, 삶의 어떠한 사건이나 상황이 내게 행복을 가져다주기를 기대하기보다는 '내가 행복을 실천할 수 있다'는 사실을 깨달았다. 나는 내 자신을 행복하게 만들었다. 당신도 할 수 있다.

행복은 선택할 수 있다. 우리가 시간에 어떻게 접근할 것인지, 우리의 날들을 어떻게 보내기로 선택할 것인지가 우리가 삶에서 경험하는 행복을 결정한다. 따라서 질문은, '더욱 나은 삶, 행복한 삶, 충만한 삶을 살기 위해 깨어 있는 시간을 어떻게 써야 하는가?'이다.

진짜 행복을 찾는 시간 추적법

일상에서 하는 일들 중 무엇이 가장 즐거운지 묻는 질문에 당신이 "TV 앞에서 편히 휴식을 취할 때"라고 대답해도 나는 그리 놀라지 않을 것이다. 완전히 맞는 말이기 때문이다. 혼돈의 하루 끝에 와인을 가득 따른 잔을 손에 쥐는 저녁 시간, 넷플릭스를 재생하는 보상의 시간을 간절히 고대하고 있을 테니까.

하지만 취침 시간을 30분이나 넘긴 밤 10시 30분, 넷플릭스 드라마의 세 번째 에피소드가 끝나갈 때(고대하던 소파에 늘어져 휴식한 지 두 시간 반이 되어가는 때) 내가 연락을 했다면, 당신은 짜증을 내며 알람을 무시했을 것이다. 당신은 피곤한 상태고, TV를 계속 보고 싶은 마음에 신경질을 내거나, TV 앞에서 또 저녁 시간을 낭비했다는 데 죄책감을 느꼈을지도 모른다. 우리를 행복하게 해줄 거라고 예상했던 일과 그 일을 하는 순간에 우리가 느끼는 감정이 일치하지 않을 때가 가끔, 심지어 자주 있다.

사실, 자신에게 즐거움이나 만족감을 주는 일을 계획하는 법을 잘 알고 있다고 믿는다고 해서 항상 원하는 결과를 얻을 수 있는 것은 아니다. 진정으로 가장 행복한 활동이 무엇인지 정확하게 파악하는 가장 좋은 방법은 일주일 또는 2주일간 매일 자신이 시간을 어떻게 보내는지, 그 시간 동안 어떤 감정을 느끼는지 추적하는 것이다. 이 훈련은 자신을 행복하게 해줄 거라고 생각하는 일이 실제로 행복을 전해주는지 파악하는 데 필요한 정보를 제공한다.

시간 추적 훈련   PART. 01

시간을 추적하라

시간을 추적하려면, 먼저 종이 한 장에 깨어 있는 시간을 30분 단위로 나눈 시간표를 그려야 한다. 아니면 내 웹사이트에 올려놓은 스프레드시트를 출력해도 좋다. 하루 동안 이 스프레드시드에 30분마다 무엇을 했고 어떤 기분을 느꼈는지 기록한다. 다음 페이지에 실린 예시를 참고하길 바란다.

이 훈련을 효과적으로 하려면 자신이 한 일을 최대한 구체적으로 기록하는 것이 좋다. 자세히 적으면 자신의 데이터를 분석할 때 더 많은 정보를 얻을 수 있고, 추후 활동별로 그룹으로 묶는 것이 그렇지 않은 것보다 훨씬 데이터를 파악하기 편리하다. 예컨대, '일'이라는 광범위한 카테고리로 기록하는 대신 '이메일 회신', '프레젠테이션 초안 작성', '직원 회의'처럼 구체적으로 적는다. 당신이 하는 업무를 구체적으로 파악해야 한다. 또는 '가족과 함께하는 시간' 대신, 함께한 가족 구성원은 누구였고 이들과 어떤 일을 했는지까지 기록한다.

시간을 어떻게 보냈는지에 더해, 그 시간 동안 '어떤 감정을 느꼈는지'도 기록하는 것이 좋다. 스프레드시트에는 세로 열을 추가해 자신의 감정을 정량화할 공간을 마련했다. 다양한 활동을 하며 느끼는 정서적 경험을 정확히 포착하기 위해 각 활동마다 어느 정도의 행복을 느끼는지(또는 느꼈는지) 10점 만점으로 평가한다(1=전혀 행복하지 않다, 10=매우 행복하다).

점수를 매길 때는 '행복'을 아주 넓은 의미로 접근해 흥분할 정도로 기운이 넘치거나 더없는 행복감에 젖어 평온해진 감정 **6** 상태까지 포함시켜야 한다. 해당 활동이 몰입감을 주는 정도, 또는 다른 누군가나 공동체, 더 나아가 세상에 깊이 연결되고 있다는 느낌을 제공하는 정도도 고려한다. 혹은 그 활동이 성취감이나 자신감을 안겨주는 것일 수도 있다.

긍정심리학자인 마틴 셀리그먼 *Martin Seligman*에 따르면 긍정적인 감정, 몰입, 관계, 의미, 성취감이라는 다섯 가지 요소 전부가 진정한 행복 또는 '플로리싱*flourishing*(긍정적인 감정, 행동, 생각과 더불어 능력과 잠재력을 활짝 꽃피우는 것-옮긴이)' **7**를 가능케 하는 요소이고, 각 활동마다 자신의 행복을 평가할 때 이런 요소들을 모두 고려해야 한다.

행복 평가는 행복의 스펙트럼 반대편도 동시에 모니터링해준다. 어떤 활동이 당신을 불행하게 하는지도 밝혀준다. 이러한 부정적인 감정들은 불안이나 좌절, 슬픔, 소진, 죄책감, 자기 비하 등의 다양한 형태로 나타날 수 있다. 행복 점수를 낮게 주는 상황을 경험한다고 좌절할 필요는 없다. 누구나 그리 즐겁지 않은 일들을 해야 하기 마련이다.

하지만 자신에게 즐거움을 주지 않는 일들이 무엇인지를 배우는 것은 시간을 더욱 행복하

	월요일		화요일		수요일		목요일		금요일	
	활동	☺	활동	☺	활동	☺	활동	☺	활동	☺
AM 5:30	수면		수면							
AM 6:00	러닝	8								
AM 6:30										
AM 7:00	출근 준비	4	출근 준비	2						
AM 7:30										
AM 8:00	출근	3	출근	2						
AM 8:30	이메일	4	이메일	3						
AM 9:00										
AM 9:30			고객 미팅	5						
AM 10:00	슬라이드 덱 작업	6								
AM 10:30										
AM 11:00										
AM 11:30										
PM 12:00	동료들과 점심	6	사무실 데스크에서 점심	4						
PM 12:30			전략계획서 작성	3						
PM 1:00	동료 회의	5	동료 회의	4						
PM 1:30										
PM 2:00										
PM 2:30										
PM 3:00	슬라이드 덱 작업	6								
PM 3:30										
PM 4:00			슬라이드 덱 작업	5						
PM 4:30	이메일	5								
PM 5:00										
PM 5:30	퇴근	3								
PM 6:00	장보기&볼일	6	퇴근	4						
PM 6:30			TV	7						
PM 7:00	저녁 준비	7	친구와 저녁 식사	9						
PM 7:30	식사	7								
PM 8:00	식사 정리	5								
PM 8:30	TV	8								
PM 9:00		7	TV	5						
PM 9:30		6								
PM 10:00		5								
PM 10:30	취침 준비	4	취침 준비	4						
PM 11:00	취침		취침							
PM 11:30										
AM 12:00										
AM 12:30										
AM 1:00										
AM 1:30										

시간을 현명하게 소비하는 방법

게 채워가는 방향으로 나아가는 중요한 한 걸음이 된다. 어떤 일이 즐겁지 않은지 알면 그 부정적인 경험 뒤에 자리한 요인들을 파악하고 그 일들을 더욱 즐겁게 개선해 나갈 수 있다. 또한 향후 시간을 어떻게 쓸지 결정하는 데도 도움이 된다. 어쩌면 그런 일들을 완벽히 배제하는 선택을 할 수도 있다. 행복을 평가할 때 가장 중요한 것은 '솔직한 태도'이다. 그 일을 할 때 어떠한 감정을 느낄 것이라는 자신의 기대치나 그 활동을 '좋아할' 것이라는 보편적인 판단이 아니라, '그 활동을 실제로 어떻게 경험했는지'를 반드시 반영해서 평가해야 한다. 더욱 정확한 평가를 위해서는 하루 동안 하는 일들을 실시간으로 기록하는 것이 가장 이상적이다. 다만, 몇 시간 동안 기록하지 못하는 상황이 생긴다고 해서 조바심을 낼 필요는 없다. 지난 시간을 곱씹으며 무엇을 하며 시간을 보냈고 어떤 기분을 느꼈는지 최대한 빨리 기록하면 된다. 하지만 기록이 늦어질수록, 그때 실제로 느꼈던 감정이 아니라 그 활동에 대한 보편적인 판단이 개입될 수 있다는 점을 명심하길 바란다.

시간 추적과 행복의 상관관계

일일 기록을 통해 가장 행복한 일들을 파악하는 방법은 내 수업에서만 사용하는 것이 아니다. 학술 연구자들 역시 이 방법을 채택했다. 그중 한 명이 노벨상을 수상한 행동경제학자 대니얼 카너먼 Daniel Kahneman이다. 그와 그의 팀은 900여 명의 여성[8] 근로자들을 대상으로 진행한 한 유명 연구를 통해 사람들이 일상에서 경험하는 정서 주기를 추적한 최초의 연구진 중 하나가 되었다. 이 연구 결과는 현대의 소셜 미디어 사용을 제외하고, 일상생활을 구성하는 열여섯 가지의 활동 리스트와 각 활동이 전해주는 평균적인 즐거움의 정도를 보여준다.

이 결과는 뒤에 등장하는 도표로 확인할 수 있다. 도표에는 활동 리스트와 각 활동마다 상대적으로 얼마나 시간을 소비하는지(원의 크기로 표시), 각 활동이 전해주는 상대적인 즐거움의 정도가 담겨 있다('즐거움'이라고 적힌 세로축을 기준으로 한 위치로 표시). 이것이 귀중한 정보인 이유는 사람들이 실제로 어떤 행동을 할 때 즐거움을 느끼는지 알 수 있고, 당신이 시간을 어떻게 사용해야 하는지에 대한 통찰을 얻을 수 있기 때문이다.

그렇다면 가장 큰 즐거움을 주는 활동은 무엇일까? 가장 긍정적인 감정을 불러일으키는 것은 사회적으로 유대하는 활동들이다. 데이터를 보면, 평균적으로 사람들이 육체적으로 친밀한 시간을 보내고 친구나 가족과 사교 활동을 할 때 가장 행복을 느낀다는 점이 명확히 드러난다. 이 사실은 보다 최근에 더 크고 광범위한 인구(남성과 일을 하지 않는 인구까지 포함한)[9]를 대표하는 표본을 대상으로 한 시간 추적 연구로도 입증되었다.

앞으로 사회적 유대감이 주는 큰 기쁨(나 같은 내성적인 사람들도 느끼는)에 대해 좀 더 깊이 있게 이야기하고 이 유대감을 함양할 방법에 관해 몇 가지 조언할 것이다. 하지만 우선 지금은, 한 가지 중요하고 분명한 사실에 집중해야 한다. 사랑하는 사람과 함께 시간을 보내는 활동이 우리를 가장 행복하게 한다는 점이다.

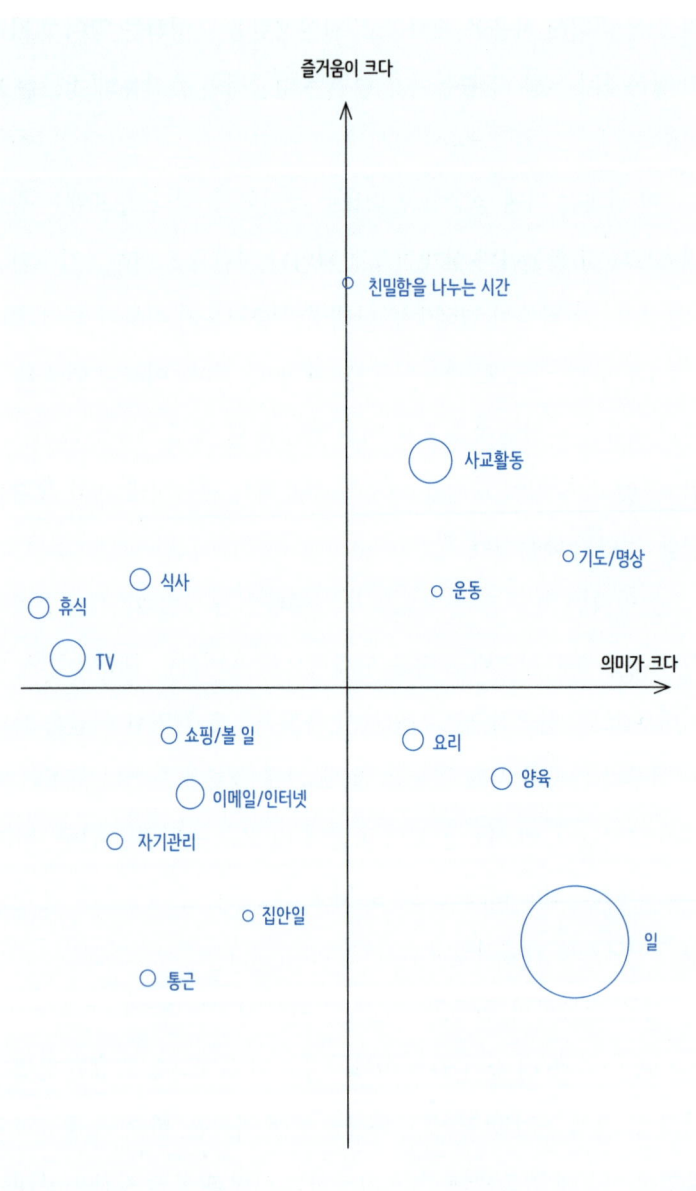

행복 스펙트럼의 반대쪽 끝을 이해하는 것도 마찬가지로 중요하다. 일상 활동 중 무엇이 가장 즐겁지 않은지를 파악하는 것이다. 카너먼의 연구에 따르면, 안타깝게도 가장 부정적인 활동들을 모두 합쳐보면 하루의 대부분을 차지한다. 즐거움의 관점에서 볼 때 최악의 활동들은 통근, 일, 집안일이다. 이 결과는 900여 명의 근로 여성들이라는 카너먼의 표본에만 해당되는 것이 아니다. 다양한 인구에 걸쳐 평균적으로 사람들은 출퇴근 때, 일터에 있을 때, 퇴근 후 집안일을 할 때 행복을 가장 적게 느낀다고 보고하고 있다.

지금까지는 그래프의 한 요소, 즉 즐거움을 나타내는 세로축만 이야기했다. 카너먼의 데이터가 즐거움만을 다뤘기 때문인데, 즐거움은 행복의 한 부분일 뿐이다. 앞서 소개한 시간 추적 훈련에서는 해당 활동이 얼마나 깊은 의미를 지니는지를 포함해 행복의 여러 차원을 아우르는 전반적인 긍정성을 고려하는 것이 좋다고 설명했다. 이미 자신의 경험을 통해 이미 깨달았을 수도 있지만, 행복은 즉각적인 즐거움만을 의미하지 않는다. 어떤 활동을 하는 모든 순간이 즐겁지는 않아도, 그 일을 하며 무언가를 성취하는 것에서 기쁨을 느낄 수 있다.

예를 들어 등산하는 사람들은 산 정상에 오르는 것[10]을 그런 사례로 꼽는다. 비슷한 맥락으로 실내 활동을 예로 들자면 프레젠테이션을 열심히 준비하는 것이 딱히 즐겁지는 않지만, 오로지 즐거움만을 위해 그 일을 하는 것은 아니다. 향후 청중들 앞에서 바보처럼 보이지 않기 위해 시간을 들이는 것이다. 짙은 다홍색 새 자전거에 탄 딸아이를 경사로 위로 수천 번 밀어주는 일은 즐거움보다는 고생에 가깝지만, 아이가 마침내 균형을 잡고 미끄러지듯 나아가 안전하게 멈추는 모습을 지켜볼 때는 아이뿐 아니라 나 역시 진심 어린 미소를 짓게 된다.

목표 지향적인 종인 인간은 단순히 즐거움만으로는 동기를 얻지 못한다. 우리는 성취를 통해 만족감[11]도 느낀다. 분명한 목적에 부합하는 활동을 의미 있다고 여기고, 의미 있는 경험을 할 때 행복을 느낀다. 의미와 행복은 실로 우리의 경험에 깊이 연관된 요소들이다[12]. 예를 들어 우리 팀이 진행한 연구에서 사람들에게 더욱 큰 의미를 느끼게 하자, 이들은 더 행복해졌다고 소감을 말했다.

그렇다면 전반적으로 더 큰 행복감을 느끼고 싶다면, 즉 더 즐겁고 더 의미 있는 방향으로 시간을 보내고 싶다면 우리는 어떻게 시간을 써야 하는 걸까? 이 질문에 대한 답을 파헤치기 위해 유럽의 두 연구자, 매튜 화이트 Mathew White와 폴 돌런 Paul Dolan은 성인 625명(남성과 여성, 노동 인구가 아닌 사람들을 모두 포함해)을 대상으로 또 다른 시간 추적 연구를 진행했다. 각 활동에서 느끼는 즐거움뿐 아니라 연구진은 그 활동이 어느 정도의 보람을 안겨주는지[13]도 별개로 측정했다.

나는 카너먼 팀의 연구 결과를 정리한 앞의 그래프에 '의미'라는 차원을 더해 해당 연구 결과를 포함시켰다. 그래프의 모든 점들이 대체로 위쪽으로 상승하는 패턴을 보인다는 점에서, 즐거운 활동을 더욱 의미 있는 경험으로 인식하는 경향과 의미 있는 활동을 더욱 즐거운 경험으로 인식하는 경향이 나타난다. 실제로 사교 활동은 즐거움과 의미를 모두 충족하고, 통근은 재미도 의미도 없다.

한편, 몇 가지 예외도 주목할 만하다. 일은 재미없는 경험으로 느끼는 반면, 평균적으로 그 의미는 매우 큰 활동으로 분류된다. 또한 TV 시청은 기본적으로 대단히 즐거운 활동이지만 의미는 거의 없는 경험으로 인식되었다(편안한 소파에서 두 시간 째 TV를 보는 당신에게 내가 연락을 했을 때 당신은 죄책감을 심하게 느끼고 있는 상태였을 것이다). 이 두 가지 연구 데이터는 스마트폰이 등장하기 전에 수집된 것임을 명심하자.

그래서 소셜 미디어를 스크롤하는 시간은 그래프에 포함되어 있지 않다. 하지만 소셜 미디어 사용이 현대 사회를 잠식하고 있는 만큼, 그 활동과 관련한 감정 상태를 이해하는 게 도움이 될 것이라고 생각했다. 그래서 나는 학생들이 제출한 시간 추적 과제물의 결과를 모두 살폈다. 소셜 미디어 사용은 TV 시청과 유사하지만, TV 시청보다 덜 재밌고 의미도 더 적은 활동으로 나타났다. 이는 소셜 미디어 사용 시간과 자존감 사이에 유의미한 부적 관계성(한 변인의 값이 커질 때 다른 변인의 값이 작아지는 현상-옮긴이)이 존재한다는 연구와도 일치한다. 소셜 미디어에 더 많은 시간을 쓰는 사람은 자신에 대해, 그리고 세상 모든 것에 전반적으로 불만을 크게 느끼는 경향이 있

다.*14*

요약하자면, 시간 추적 연구에서는 활동을 크게 세 가지로 분류한다.

- **행복한 시간** = 즐겁고 의미도 있다(예: 사회적 유대감).
- **별로인 시간** = 재밌거나(예: TV 시청) 의미가 있지만(예: 일) 보통 둘 다 충족하지는 않는다.
- **낭비한 시간** = 재미도 의미도 없다(예: 통근, 아마도 소셜 미디어 사용).

이 연구는 우리에게 평균적인 사람이 어떤 활동을 할 때 평균적으로 어느 정도의 시간을 쓰고 평균적으로 어느 정도의 행복을 느끼는지 알려주는 매우 유용한 정보를 제공한다. 하지만 평균이라는 조건이 너무도 많고, 실제로는 개인 간 변동성과 개인 내 변동성*15*이 상당히 크다. 물론, 충분히 예상할 수 있는 일이다. 다른 사람들에 비해 어떤 활동을 더 즐겁게 경험하는 사람들이 있기 마련이다. 나는 운동을 좋아하고, 러닝이 내게는 불량 식품과도 같은 행복을 주지만, 내 아들은 러닝을 극히 싫어하고 그저 빨리 도착하기 위한 불쾌하고도 불편한 수단쯤으로 여긴다.

또한 어떠한 활동이 매번 같은 수준의 즐거움을 전해주는 것은 아니다. 예를 들어 수요일 저녁 가족들에게 서둘러 식사를 챙겨줄 때면 요리는 짜증스럽게 느껴진다. 하지만 금요일 저녁 6시, 음악을 틀어놓고 와인 한 잔을 손에 든 채로 배우자와 대화를 나누며 저녁을 준비하는 시간은 유쾌하게 느껴질 수 있다. 이것이 바로 시간 추적 훈련을 해야 하는 이유이다.

이 훈련은 당신이 하는 다양한 활동에서 어느 정도의 행복을 느끼는지 밝히는 데 도움을 줄 것이다. 자신이 현재 시간을 어떻게 소비하고 있는지 명확하게 보여줄 뿐 아니라, 각각의 활동에서 어떤 요소가 긍정적인 경험을 주거나 혹은 그렇지 않은지, 그 특징을 찾아낼 수 있을 것이다.

나의 시간 추적 데이터 분석하기

이제 당신의 시간 추적 훈련으로 돌아가 데이터를 분석하는 방법을 안내하려 한다. 그 전에 중요한 세 단계를 거쳐야 한다.

1. 행복감이 가장 큰 활동들을 밝힌다.
2. 행복감이 가장 적은 활동들을 밝힌다.
3. 이 두 가지 유형의 활동 이면에 자리한 특징을 찾아낸다.

행복감이 가장 큰 시간과 가장 적은 시간을 밝힌다.   PART. 02

시간 추적 훈련

자신의 데이터 분석을 시작하기 전에, 작성한 시간 추적 스프레드시트를 모두 모아야 한다. 이것이 바로 당신이 분석해야 할 데이터다.

첫 번째 단계에서는 데이터를 쭉 훑어보고 10점 만점의 행복 평가에서 가장 높은 점수를 준 활동 세 가지를 찾는다. 최고점이 동점인 활동이 세 개 이상이면 여러 개를 적어도 좋다. 다만, 다섯 개 이상을 적지 않는 것이 좋은데, 그 이상이 되면 자신이 진정으로 행복을 느끼는 요인을 정확히 찾는 것이 어렵기 때문이다.

✦ 가장 행복한 활동

1. _____
2. _____
3. _____

다음으로 가장 행복한 활동 리스트를 자세히 살피며 각각의 활동에서 특히 어떤 점이 자신에게 긍정적으로 작용하는지에 주목한다. 초등학교 1학년 때 선생님이 명사의 정의에 대해 설명했던 내용을 기억하는가? 명사는 사람이나 장소, 대상을 가리키는 단어다. 이를 역으로 이용해 당신의 가장 행복한 활동을 분석하는 프레임워크로 삼아 각 활동을 아래 기준에 따라 기록한다.

대상 어떠한 유형의 활동이었는가? 예를 들어 일과 관련된 활동인가, 개인적인 활동인가, 활동적인 일인가, 몸과 마음이 편안한 일이었는가?

장소 당신은 어디에 있었는가? 실외인가, 실내인가? 온도, 소음, 밝기, 청결, 자연 환경 등은 어땠는가?

사람 대인 관계나 사회적인 요소는 무엇이었는가? 혼자 했는가, 다른 사람과 했는가? 상대와의 관계, 상호 작용의 성격(공적/사적, 정보/감정 교류), 본인의 역할(리더, 참여자, 관찰자)은 무엇이었는가?

✦ **가장 행복한 활동 1**

대상

장소

사람

✦ **가장 행복한 활동 2**

대상

장소

사람

✦ **가장 행복한 활동 3**

대상

장소

사람
_____

이제 각 활동의 특징을 적은 리스트를 보고 공통점을 찾아본다. 당신이 가장 행복을 느끼는 활동들에서 반복적으로 등장하는 공통점은 무엇인가? 아래에 적어보길 바란다.

✦ **가장 행복한 활동들을 관통하는 공통점들**

_____
_____
_____
_____

가장 행복한 활동들을 분석한 후에는 가장 불행한 활동들도 같은 방식으로 분석한다. 자신의 시간 추적 데이터를 훑어보되, 이번에는 가장 부정적으로 평가한 활동을 세 가지에서 다섯 가지 적는다. 그런 뒤 각 활동의 대상, 장소, 사람 항목을 기록한다. 어떤 활동이었는가? 어디서, 누구와 했는가? 마지막으로 이 특징들을 살피며 공통점을 찾아 적는다.

✦ **가장 불행한 활동**

1. _____
2. _____
3. _____

✦ 가장 불행한 활동 1

대상 _____

장소 _____

사람 _____

✦ 가장 불행한 활동 2

대상 _____

장소 _____

사람 _____

✦ 가장 불행한 활동 3

대상 _____

장소 _____

사람 _____

✦ 가장 불행한 활동들을 관통하는 공통점들

_____

_____

_____

_____

언젠가 내 시간 추적 데이터를 분석하고는 두 가지 사실에 놀랐다. 첫째, 내 쾌활함이 밝은 환경에 좌우된다는 것이었다. 화창한 샌디에이고에서 자랐으니 놀라운 일은 아니지만, 필라델피아에서 살았을 때도 이러한 특징이 일관되게 나타났다는 것을 깨닫고는 놀라지 않을 수 없었다. 가장 행복했던 활동은 모두 탁 트인 야외 공간이나 커다란 창가 주변, 밝은 색의 그림이 있는 공간, 햇빛을 모방한 사무실 램프 아래서 이루어졌다. 이 사실은 펜실베이니아 대학교를 떠나 진짜 햇빛을 받을 수 있는 LA의 캘리포니아 대학교로 자리를 옮기기로 결정하는 데 일부 작용했다.

내가 가장 큰 행복을 느끼는 활동들에서 '사람' 요소를 분석한 결과는 더욱 흥미로웠다. 사람들과 함께 무언가를 하는 활동을 대단히 즐겼지만, 친구든, 동료든, 전혀 모르는 사람이든 일대일 대화가 포함될 때만 그 활동을 좋아하는 것으로 드러났다. 상대에게 질문을 하고, 그에 대해 깊이 배우는 기회가 있을 때 나는 해당 활동을 재미와 매력, 유대감, 의미, 가치가 있는 만점짜리 활동으로 여겼다. 반면, 인간미를 느낄 수 없는 잡담만 오가는 활동에는 최하의 평가를 내린다는 것을 깨달았다. 이런 분석을 통해 얻은 사실들은 내가 시간을 좀 더 행복하게 투자하는 데 매우 유용한 정보가 될 수 있다.

그러니 이런 분석을 통해 얻은 놀라운 사실들이 생생하게 떠오를 때는 곧장 기록하길 바란다. 자신에게 이렇게 물어보라. 발견한 사실 가운데 미처 깨닫지 못했지만 정말 그렇다고 크게 공감하는 것이 있었는가?

지난 몇 년간, 수많은 학생들을 대상으로 이 훈련을 진행했다. 나 또한 직접 경험했음에도 불구하고 때와 장소, 개인의 기질과 관계없이 학생들이 관찰을 통해 공통점을 찾아내는 모습을 지켜보며 놀라움을 느꼈다.

가까운 관계가 주는 최고의 행복

철학자, 과학자, 예술가들, 〈매트릭스 The Matrix〉와 같은 영화와 《어린 왕자 Le Petit Prince》 같은 책들은 모두 비슷한 결론을 말한다. 비틀즈가 노래한 것처럼, 바로 "당신에게 필요한 것은 사랑뿐이다"라고 말이다.

시간 추적 훈련도 같은 답을 제시할 때가 많다. 서로 다른 배경과 커리어 단계, 인생의 단계에도 불구하고 내 학생들의 가장 행복한 시간에서 발견된 가장 보편적인 공통점은 단연 '사랑하는 이들과 함께한 시간'이었다. 여기서 사랑하는 이들이란 가까운 친구들, 동반자, 아이들, 부모님, 반려동물을 말한다.

지난 2주를 되돌아보며 대단히 행복했던 순간을 떠올려본다면 그중 최소 하나는 당신이 진심으로 소중하게 여기는 누군가와 함께한 때였을 것이다. 지금 바로 잠시 멈추어 그 순간의 기억에 흠뻑 빠겨보길 바란다. 사회적 유대감을 나누는 활동에서 엄청난 행복이 탄생하는데 이러한 시간을 앞두었을 때는 행복을 예측할 수 있고, 유대감을 나누는 과정에서 그 행복을 경험하며, 후에도 기억의 형태로 행복이 새겨진다. 당신이 가장 최근 경험했던 그 순간을 떠올리며 그 행복을 다시 맛보길 바란다.

가까운 관계의 사람들에게 투자하는 것이 시간을 최상으로 보내는 방법임이 드러났다. 우리는 행복하기 위해 이런 관계를 원하고 심지어 필요로 한다. 초기 행복 연구 중 연구자인 에드 디너 Ed Diener 와 마틴 셀리그먼은 대학생 200명 이상을 한 학년 동안 추적하며 굉장히 행복한 이들(행복의 상위 10% 내에 꾸준히 드는 학생들)과 매우 불행한 이들(하위 10% 내에 꾸준히 드는 학생들)을 비교했다[16]. 그 결과, 행복한 학생들은 불행한 학생들과 인구학적으로 차이점이 없었고, 객관적으로 행복하다고 볼 수 있는 일을 더 많이 경험한 것도 아니었다.

하지만 이들은 사회적 유대감의 정도에서 큰 차이를 보였다. 가장 행복한 학생들은 가까운 친구들이 있었고 가족 관계도 더욱 끈끈했으며, 연애를 하는 경우도 많았다. 이러한 차이점은 학생들이 시간을 보내는 방식에서 비롯된 것이었다. 즉, 행복한 그룹은 친구, 가족, 연인과 더 많은 시간을 보냈고, 혼자 있는 시간은 적었다.

이 데이터가 중요한 이유는 단 하나의 변수가 행복의 충분조건이 되는 것은 아니지만, 가까운 관계가 '행복의 필요조건'이라는 점을 보여주기 때문이다. 다시 말해 친구들이 있다고 해서 반드시 행복해지는 것은 아니지만 행복하기 위해서는 친구가 필요하다는 뜻이다.

이러한 결과는 끈끈하고 진정성 있는 유대감이 웰빙에 필수적이라는 고전 심리학 이론과도 일치한다. 에이브러햄 매슬로 Abraham Maslow는 친구, 가족, 연인 간의 사랑이 인간의 가장 근본적인 심리적 욕구라고 주장했다. 유명한 매슬로의 욕구 단계에 따르면, 인간의 생존[17]에는 음식과 물, 안전한 주거지가 필수다. 그리고 우리가 소속감(사랑과 사랑받는 기분)을 느낀 뒤에야 개인의 성취와 자아실현을 향한

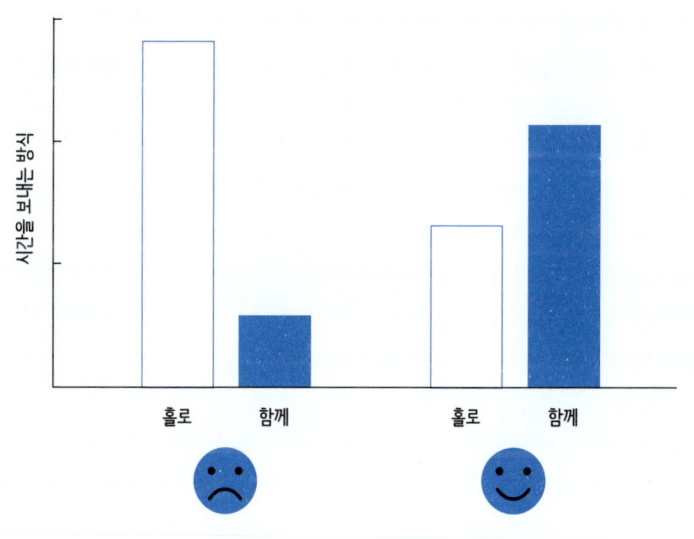

노력을 할 수 있다. 커리어 사다리에 오르는 것도 좋지만, 그 노력은 당신의 삶에 함께하는 모든 이들과의 유대 관계를 희생시키지 않는 범위 내에서만 이뤄져야 한다. 커리어 사다리의 가장 높은 단에 올랐을 때 그 기쁨을 함께 나눌 사람이 한 명도 없다면 그리 성취감을 느끼지 못할 것이다.

하나의 종으로서 우리는 삶을 살아가는 동안 사랑하는 이들의 지지와 보살핌에 의지한다. 연구에 따르면, 친밀한 사회적 유대 관계가 있는 사람들은 일찍 사망할 위험이 낮고, 질병을 이겨낼 가능성이 높으며, 극심한 생리적·재정적 스트레스에도 더 잘 대처한다[18]. 우리의 사회적 본능은 우리 안에 뿌리 깊이 자리하고 있어 대인 관계에서 거부당하는 경험을 실제 통증[19]처럼 느낀다. 사실이다. 실제로 사회적 고통은 두뇌 활동에서 신체적 고통과 똑같이 나타난다.

나 역시 결혼을 취소한 약혼자로 인해 상처받았을 때 친구들이 나와 함께 해주고 위로해준 덕분에 다시 일어설 수 있었다. 그로부터 14년 후에도 이 친구들과 온라인으로 시간을 함께 공유하며 코로나 시기에도 정서적으로 서로를 단단하게 지켜주었다. 그래서 나는 가까운 친구들과 삶의 만족도[20] 사이에 강력한 상관관계가 있다는 연구가 또 나온다 해도 결코 놀라지 않을 것이다.

한편, 이런 관계는 힘든 시기를 덜 힘들게 해줄 뿐 아니라 행복한 시기를 더욱 행복하게도 만들어준다. 프랜시스 베이컨 경 *Sir Francis Bacon*은 1625년에 집필한 에세이에서 우정에 대해 이렇게 썼다.

"우정은 기쁨은 늘리고 슬픔은 절반으로 줄인다."

명심하길 바란다. 연구자들과 학생들의 시간 추적 결과 모두 하루에서 가장 행복한 시간은 '사랑하는 사람들과 함께하는 시간[21]'으로 나타났다.

이 사실을 알고 나면 타인과 함께하는 시간이 왜 항상 즐겁지만은 않은 것인지 궁금할 수도 있다. 타인과 공유하는 시간이라는 점은 맞지만 여기에는 한 가지 중요한 차이가 있다. 단지 누군가와 함께한다고 해서 더 큰 소속감이나 우정, 연대감을 느낄 수 있는 것은 아니다. 앞서 밝혔듯, 내 '사회적 활동' 가운데 가장 높은 행복 점수를 받은 것도 있지만 상당히 부정적으로 평가한 활동들도 있고, 대다수는 중간 점수대를 받았다. 또한 학생들 중 친구나 동반자와 함께 한다 해도 'TV 시청'을 가장 행복한 활동으로 꼽은 경우는 한 명도 없었다. 대신, 상위 세 가지에는 보통 '아내와의 저녁 산책', '친구들과의 하이킹', '룸메이트와의 스플렌더 Splendor (보드게임)에서 승리하기', '딸과의 커피 데이트' 같은 활동이 포함되어 있었다.

이런 활동들의 핵심은 그저 타인과 함께한다는 것이 아니라, 상대와 시간을 '함께 보낸다'는 점이다. 이러한 사교적 시간 동안 나누는 유대감의 질에 따라 그 시간이 좋은 투자였는지가 결정된다는 것을 알게 된 이상, 행복할 가능성이 높은 이 시간을 더욱 행복하게 보내기 위해 어떻게 해야 할지 고민하게 될 것이다.

대화를 통해 친밀해져라

사교적 활동에서 유대감의 질을 높이는 한 가지 방법은 바로 깊이 있는 대화를 나누는 것이다. 친밀한 관계로 발전하는 과정에서 두드러진 특징은 상호 간 점진적인 자기 노출이다. 자신에 대한 정보(자신이 겪었던 일이나 지금 경험하는 생각과 감정)를 공유할 뿐 아니라, 상대의 경험을 배우고자 능동적으로 청취할 때 진정한 우정, 타인을 이해하고 또 이해받는 관계를 발전시킬 확률이 커진다.

나는 학생들이 새로운 친구를 사귈 수 있도록 강의 시간에 두 명씩 짝을 지어 파트너와 대화를 나누는 과제를 준다. 짝을 이룬 두 사람에게는 세 가지 유형의 질문을 서로 묻고 답하도록 한다.

두 사람이 2분간 나눌 첫 번째 질문은 "이름이 뭔가요?", "어디 출신인가요?"와 같은 기본적인 내용이다. 그다음 5분 동안 나누게 될 두 번째 질문은 자신의 관심사와 목표, 현재의 경험("취미는 무엇인가요?", "세계 어느 곳이든 상관없이 여행을 갈 수 있다면 어디로 가고 싶고, 또 그 이유는 무엇인가요?", "고치고 싶은 습관 한 가지는 무엇인가요?" 등)에 대한 내용이다. 마지막으로 8분 동안 "사람들을 만나는 것이 어려운가요, 쉬운가요? 그 이유는 무엇인가요?", "최근에 외롭다고 느꼈던 순간에 대해 들려주세요.", "당신이 가장 두려워 하는 것은 무엇인가요?", "최근에 한 일 중 스스로 자랑스러웠던 한 가지 일은 무엇인가요?"와 같이 좀 더 개인적인 질문들을 주고받는다.

고작 15분이지만, 이 대화를 통해 대부분 새로운 친구를 사귀게 된다. 짝을 이룬 사람들 중 서로 이미 알고 있던 동급생이나 친구였던 경우에도 이런 대화를 통해 훨씬 더 가까워진다. 이 방법은 '관계 친밀 유도 태스크 Relationship Closeness Induction Task'라는 도구로, 여러 실험을 통해 사람들이 훨씬 더 친밀감을 느끼도록 돕는다는 결과가 드러났다.[22]

몇 년 전, 내가 강의하는 반에 학생 수가 홀수여서 나 또한 직접 참여해 한 학생과 이 훈련을 함께했다. 얼마 지나지 않아 나는 거침없는 뉴요커라고 생각했던 내 파트너가 사회 불안으로 고통받으며 자랐다는 사실을 알게 되었다. 그녀의 이름은 게이비였는데, 한 캠프에서 생활하며 소속감을 느꼈고, 이후 여름마다 그 캠프에서 자원봉사를 하며 자신과 비슷하게 사춘기의 혼란을 겪고 있는 여학생들의 멘토로서 도움을 주었다. 게이비는 엔터테인먼트 분야에서 커리어를 쌓기 위해 UCLA에서 MBA 과정을 밟고 있었다. 그녀는 더 많은 사람들이 정서적으로 삶을 잘 헤쳐나갈 수 있도록 미디어를 통해 돕고 싶어 했다. 15분간의 짧은 대화로 나는 게이비를 애정 어린 마음으로 이해할 수 있게 되었다. 이후 한 미디어 기업에 그녀를 내 친구로 추천했고, 현재 그곳에서 재직 중이다.

그러니 다음 번 친구와의 약속이나 저녁 식사 자리에서는 개인적인 질문들을 서로 더 많이 나눌 준비를 하고 참석하길 바란다. 좋은 질문 아이디어가 필요하다면 대화 시작용 카드를 구매하는 것도 방법이다. 조금 작위적으로 느껴질 수는 있지만, 이런 카드가 모임의 질을 깊이 있게 만드는 효과가 있다고 경험으로 입증되었다.

나는 가족들과의 저녁 식사 자리에서 이 카드를 이용해 더욱 깊은 친밀감을 나눌 수 있어 좋았다. '가장 행복했던 어린 시절의 기억은 무엇인가?'와 같은 질문에 답하는 것을 들으며 가족들의 개인적 경험을 새롭게 이해할 수 있었다. 그 식사 시간은 우리 가족이 가장 큰 유대감을 느낀 자리였다.

결혼이 취소된 날로부터 약 6개월 후, 나는 삶을 변화시키는 대화의 힘을 경험했다. 소개팅 자리에 참석해 스탠퍼드 대학교의 로댕 조각 공원 Rodin Sculpture Garden에서 산 펠레그리노 San Pellegrino 두 병을 함께 마시던 중 상대 남성이 이런 질문으로 대화를 시작했다.

"충만한 삶을 사는 데 어떤 요소들이 필요하다고 생각해요?"

가장 어려운 질문이 처음으로 등장했다는 점에서 역순이었지만 마치 관계 친밀 유도 태스크를 함께 하는 것 같았다! 내가 가장 좋아하게 될 평생의 대화 파트너를 만난 것이었다. 10년도 더 지났지만 금요일 밤과 토요일 아침 러닝, 휴가에서 와인을 곁들인 점심 식사를 할 때, 레오와 리타가 뒷좌석에서 잠든 차 안에서 롭과 대화를 나누는 시간이 아직도 가장 행복하다. 우리의 관계는 조금도 동화 같지 않고 지극히 현실적이지만, 대단히 멋지다.

야외에 나가는 것만으로도 행복이 커진다

행복으로 한 걸음 더 나아가기 위해, 학생들이 꼽은 가장 행복한 활동들 중 한 가지 공통점을 살펴보겠다. 바로 야외 활동[23]이다. 탁 트인 하늘 아래 야외로 나가는 단순한 행위가 모든 학생들에게 웰빙의 요인으로 작용하는 것으로 드러났다. 물론 내 강의가 캘리포니아 남부에서 1월에 시작한다는 점을 생각하면 그리 놀라운 사실은 아닐 것이다. 학생들은 몇 주간 활동을 추적하는 동안 뉴스와 소셜 미디어를 통해 자신들이 얼마나 좋은 환경을 누리는지 지속적으로 인식한다. 이 데이터는 단순히 날씨에 관한 것만은 아니다. 같은 겨울, 뉴욕이나 뉴햄프셔 등 기온이 낮은 지역에 머물던 학생들 역시 야외 활동이 긍정적인 요소로 작용한다는 것이 드러났다(코로나19 시기에 수업을 원격으로 진행해 학생들이 다양한 지역에서 참여했다).

야외 활동은 단연코 기분 촉진제다. 야외에서 진행되는지 여부에 따라 운동은 가장 행복한 활동 리스트에 오르기도 하고, 가장 불행한 활동 리스트에 오르기도 한다. 야외 활동은 저녁 식사 이후의 시간이 행복 리스트에 포함될지(예: 아내와의 저녁 산책), 아닐지(예: 아내와의 TV 시청)를 예측하는 인자이기도 하다. 당시 콜로라도에 거주하고 있던 한 학생은 '자신이 가장 행복을 느끼는 활동이 세 가지 모두 스크린에서 멀어져 야외로 나가는 것'이었음을 깨달았다.

이 같은 학생들의 관찰 결과는 2만 명의 영국인들을 대상으로 한 '행복과 공간의 관계를 분석한 지리적 위치 연구'의 결과와도 일치한다. 스마트폰 앱을 이용해 연구진은 하루 동안 참가자들이 실내에 있는지, 실외나 차 안에 있는지를 파악했다. 이들은 또한 야외 환경의 조건에도 주목했다. 참가자들은 스마트폰 앱 알람이 울릴 때마다 그 당시 느끼는 행복의 정도와 하고 있는 일을 기록했다.

백만 건이 넘는 사례를 분석한 결과는 분명했다. 사람들은 야외에 있을 때 더 행복했다. 행복을 촉진하는 요인은 날씨(물론 해가 뜨고 따뜻할 때 사람들이 더 행복을 느끼기는 했지만), 당시 하고 있는 활동(다만 정원 가꾸기, 새 구경하기 등 데이터에서 특별히 행복한 활동으로 보고된 일들은 야외에서만 가능했지만), 환경(물론 도심 속 환경보다는 자연이나 녹지 공간에서 더욱 행복을 느꼈지만)에 의해 좌우되지 않았다. 그저 바깥으로 나가는 것만으로도 충분했다. 안타깝게도, 개인의 선택이든 의무 때문이든 사람들은 하루의 85%를 실내에서 보낸다.

내가 트레드밀에 열광하지 않는 이유도 바로 이것이다. 아침 러닝을 하러 밖에 나가는 것이 내게는 항상 중요했다. LA에 있든 필라델피아에 있든 마찬가지였다(필라델피아에 있을 때 유일한 차이점은 옷을 더 많이 껴입고 귀를 따뜻하게 하려 헤드밴드를 착용한다는 것뿐이다). 전 약혼자와 함께 지냈던 팰로앨토의 아파트를 나와 샌프란시스코의 임대료가 더 높은 아파트로 옮긴 것도 해변에서 몇 블록 떨어진 곳이었기 때문이다. 사랑하는 룸메이트와 함께하는 것 외에도, 매일 밖에 나가 금문교의 광활한 전망을 마주한 채로 운동할 수 있다는 점이 행복을 되찾는 데 가장 도움이 되었다.

    따라서 운동이든, 전화 통화든, 어떤 활동이든 야외에서 할 방법을 찾아보길 바란다. 기분이 좋아지고 신선한 공기를 마실 수 있을 것이다.

내가 가장 불행한 시간 분석하기

앞서 논의했듯, 가장 불행한 활동을 분석하면 시간을 더욱 현명하게 투자하는 데 훌륭한 통찰을 얻을 수 있다. 시간을 어디에 쏟지 말아야 하는지를 파악할 수 있기 때문이다. 슬픔에 빠졌을 때 우리는 혼자라고 생각할 때가 많지만, 불행의 근본 원인은 누구나 같다. 인간이란 예측 가능한 존재다. 어떤 활동이든 세 가지 기본적 욕구, 즉 관계성(다른 사람들과 연결되어 있다는 느낌), 자율성(개인의 통제감), 유능성(할 수 있다는 느낌) 중 하나라도 충족하지 못하면 불행하다고 느낄[24] 확률이 높다.

    이제부터 각 욕구들을 좀 더 깊이 살펴보면서 앞으로 당신이 어떤 활동을 피해야 할지 알아보고자 한다.

외로움

앞서 말했듯, 인간은 소속감과 타인과의 유대감을 느끼고 싶어 하는 욕구가 내재되어 있고, 사회적으로 타인과 연결되는 활동에서 가장 큰 행복을 느낀다. 반면, 홀로 하는 활동은 가장 불행한 활동[25]으로 꼽히는 경향이 있다. 나는 혼자 있거나 홀로 하는 활동들을 반드시 부정적으로만 경험해야 하는 것은 아니라는 점을 짚고 넘어가고 싶다(예를 들어 나는 아이들과 동료들의 지속적인 요구 속에서 드물게 찾아오는 혼자만의 시간을 소중히 음미한다). 하지만 소셜 미디어로 다른 사람들의 사교 생활을 지켜보는 등의 활동을 하며 외로움을 느끼면 정서적 타격을 입는다. 존 카치오포 *John Cacioppo*와 윌리엄 패트릭 *William Patrick*은 《인간은 왜 외로움을 느끼는가 *Loneliness*》(민음사, 2013)에서 '고립감은 우울증으로 향하는 최단 경로'[26]임을 밝혔다.

이 감정을 피하려면 매일 최소 한 가지 사회적 활동에 참여해야 한다. 쉽고 간단한 활동도 있다. 예를 들어 소셜 미디어 앱을 닫고 친구에게 전화를 걸어 실제로 대화하는 것이다. 아니면 사무실에서 동료와 삶에 대한 진심 어린 대화를 나누는 것도 좋다. 타인과 함께 일하지 않는다면, 그런 공간에 가서 사람들과 대화를 시작하는 것도 방법이다.

여러 연구에 따르면 낯선 사람과 대화를 시작하는 일은 우리의 예상보다 훨씬 덜 어색하다. 또한 이렇게 하면 결론적으로 당신 그리고 다른 사람들 모두 훨씬 더 유대감을 느끼고 더 행복해질 수 있다.[27] 수줍음이 많다면 이렇게 적극적으로 나서는 것이 두려울 수 있다는 것도 안다. 하지만 나 역시 내성적인 사람으로서 말하건대, 꼭 그렇게 느낄 필요는 없다. 이것이 더 큰 행복을 위한 작은 실천임을 명심하길 바란다.

집 근처에 있는 커피숍은 이 용감한 과제를 시도하기에 좋은 장소다. 커피를 집에서 내리기보다는 외투를 걸치고 나가 커피를 기다리며 누군가와 대화를 시작해보길 바란다. 전혀 모르는 사람과 대화를 시작할 때는 사적이고 심도 있는 질문으로 시작하는 롭의 방식은 추천하지 않는다. 즉, 관계 친밀 유도 태스크의 마지막 질문으로 대화를 시작해서는 안 된다는 뜻이다. 대신, 날씨나 옆에 지나가고 있는 귀여운 강아지처럼 두 사람이 함께 속한 환경에 대해 가볍게 언급하면서 시작하는 것이 좋다. 상투적인 이야기처럼 들릴지 몰라도 사람 사이의 유대감을 촉발하는 쉽고 편안한 방법이다.

의무감

우리는 삶에 대한 통제감을, 우리가 시간을 보내는 방식에서 선택권과 자유 의지가 있다는 기분을 느끼고 싶어 한다. 그래서 우리는 뭘 해야 한다고 지시받는 것을 싫어하고 우리가 해야만 하는 일에는 반감을 갖는다. 일과 집안일 같은 기본적인 의무가 사람들이 가장 불행하게 여기는 활동 리스트에서 대단히 큰 비중을 차지하는 이유도 여기 있다. 실제로 시간 추적 연구[28]에서 가장 불행한 세 가지 활동 중 두 가지가 바로 일과 집안일이었다.

내 학생들의 경우 일과 관련한 불행은 일 때문만은 것으로 드러났다. 대체로 다른 누군가의 통제를 받아야 하고 타인의 스케줄에 맞춰 일해야 한다는 점이 특히나 짜증스러운 요소로 작용했다. 예를 들어 가정에서는 끼니를 위해 요리를 해야만 한다는 부담감이 요리를 하기 싫은 일로 만들었다.

다음 장에서는 자신이 해야만 하는 활동들을 '하고 싶은 일'로 바꾸는 방법, 하기 싫은 일 중 외부에 맡길 수 있는 것은 무엇인지에 대해서도 살펴볼 예정이다.

낭비

우리는 생산적인 삶을 추구하고, 목표를 성취하거나 투 두 리스트에서 할 일을 지워나갈 때 만족감을 느낀다. 그래서 무의미한 활동에 시간을 쓸 때, 그 활동에서 아무런 가치도 파생되지 않고 즐겁지도 않으면, 이런 시간은 낭비처럼 느껴진다. 내 경험상, 수백 시간이나 매달려 준비한 결혼식이 결국 무산되었을 때 극심한 고통을 느꼈다. 더 가치 있는 일에 쓸 수 있었던 시간을 말도 안 되게 낭비한 것이다. 여러 연구에 따르면 누구나 시간 낭비를 끔찍하게 싫어하고, 심지어 돈을 낭비하는 것보다도[29] 시간 낭비를 더 싫어한다. 시간 낭비가 이토록 고통스러운 이유는 돈과 달리 잃어버린 시간은 결코 되돌릴 수 없기 때문이다.

학생들은 '불필요한 회의', '멍하니 둠 스크롤링(나쁜 뉴스를 강박적으로 확인하는 행동-옮긴이) 하는 시간', '통근'과 같은 일상적인 활동을 낭비라고 여겼고, 이것들을 가장 불행한 활동으로 꼽았다. 시간 추적 훈련을 통해 하루에 몇 시간이나 낭비되는지도 알 수 있다. 자신의 시간 추적 데이터를 분석할 때 다양한 활동에 자신이 얼마만큼의 시간을 소비하는지 합계를 낼 수 있다.

현재 소비 시간을 계산하라 PART. 03

시간 추적 훈련

시간 추적 워크시트에 기록된 모든 데이터를 활용해, 몇 주간 다양한 활동에 얼마만큼의 시간을 썼는지 정량화할 수 있다. 이를 위해서는 먼저 카테고리별로 소비 시간을 파악해야 한다. 가령 수면, 출퇴근, 업무, 친구와의 시간, 가족과의 시간, 운동, 개인 정비(오전 외출 준비, 저녁 취침 준비 등), 식료품 장보기, 식사 준비, TV 시청, 소셜 미디어, 독서 등이 있다. 우리의 목표는 자신이 시간을 쓰는 방식을 완벽히 파악하는 것이므로, 자신에게 의미 있는 방식으로 카테고리를 가능한 한 구체적으로 나누어야 한다. 예컨대, '업무'라고만 적으면 범주가 너무 넓어 해당 시간을 어떻게 보냈는지 유용한 정보를 파악하기가 어렵다.

따라서 더 작은 카테고리로 나누면, 일하는 시간 동안 어떤 다양한 유형의 업무를 했는지 반영할 수 있다. 내 경우, 내게 의미 있는 방식으로 범주를 나누자면 연구 관련 업무(저서 집필 포함), 강의 관련 업무(강의와 수업 준비 포함), 그 외 업무(셀 수 없이 많은 회의와 이메일 업무 포함)가 될 것이다. 각 카테고리에 따라 내가 경험하는 바가 달라지므로 이렇게 업무 유형을 나누는 것이 도움이 된다.

다음으로는 모든 활동들을 분류한 후, 각 활동 유형에 쓰는 시간의 총합을 낸다. 매일매일 합산해도 되고, 해당 훈련을 하는 몇 주간, 각 활동 시간의 평균을 내는 방식도 가능하다. 또한 매일 기상 시간과 취침 시간을 기록하면 깨어 있는 시간의 총합을 산출할 수 있다. 이 수치를 분모로 삼아 깨어 있는 시간 대비 각 활동에 소비하는 시간의 비율을 계산한다.

이렇게 계산한 값은 현재 자신이 실제로 어떻게 시간을 쓰고 있는지를 보여주는 명확한 그림을 제시한다. 이 유용한(그리고 때로는 놀라운) 정보와 각 활동에 대한 행복 평가 평균치를 함께 보면, 앞으로 어떤 활동에 더 많은 시간을 할애할지, 어떤 활동을 줄일지 결정할 수 있다.

시간을 계산한 후 결과를 보고 정신이 번쩍 들 수도 있다. 한 학생은 직장을 그만두고 2년간의 수익을 MBA 학비로 모두 쓴 후, 깨어 있는 시간 중 가장 큰 비율을 차지하는 활동이 TV 시청(20%)이라는 사실을 알고 크게 놀랐다. 학업과 강의에 쓰는 18%보다 많은 수치였다. 이 시간 낭비를 후회한 그녀는 이렇게 말했다.

"제가 TV를 보는 데 이렇게 많은 시간을 낭비하고 있었다니요! 제 동반자가 퇴근 후 TV를 시청하며 휴식하는 것을 가장 좋아한다는 것도 일부 이유로 작용했을 거예요. 그래도 한 주에 이렇게 많은 시간을 TV 앞에 앉아 있는 데 썼다니 충격적이고 안타까워요."

시간을 잡아먹는 것은 TV만이 아니다. 상용근로자로 일하며 MBA를 듣던 한 남성 학생 역시, 직장을 다니며 저녁 시간과 주말에는 수업을 듣느라 시간 여유가 거의 없었는데, 다음과 같은 후회 섞인 소감을 남겼다.

"2주 동안 스물다섯 시간 넘게 비디오 게임을 했습니다. 시간 추적을 실제로 해보기 전에는 이렇게 오래 게임을 하는 줄 몰랐어요. 게임을 하며 즐겁긴 했지만, 극도로 바쁜 스케줄에 시달리는 와중에 제가 원래 마음먹은 것보다 항상 더 오랜 시간 게임을 하다 보니 스트레스도 커졌습니다."

현재 자신이 몇 시간이나 낭비하는지 깨닫는 것만으로도, 앞으로 중요하지 않은 일에 쓰는 시간을 줄이고 진정으로 자신을 더 행복하게 해줄 일에 시간을 확보할 수 있다.

기분 촉진제를 찾아라

시간을 어떻게 보낼지 결정할 때 고려하면 좋을 활동 유형이 한 가지 더 있다. 해당 활동을 하는 동안에는 딱히 즐거움을 느끼지 않을 수도 있지만, 일상 속 다른 활동에 좋은 영향을 미칠 수 있는 일이다. 건강한 에너지를 불러일으키는 운동과 수면은 오랫동안 효과를 발휘하는 아주 강력한 기분 촉진제다. 1장에서 배웠듯, 이 두 가지는 시간 압박에 시달릴 때 사람들이 주로 배제하는 활동이므로, 의식적으로 운동과 수면을 위한 시간을 만드는 것이 더욱 중요하다. 이 두 가지 활동을 잘 챙길 때 다른 활동들을 더욱 즐길 수 있게 된다.

운동

앞서 말했듯이, 운동은 행복감을 높인다. 정신 건강 분야의 연구들을 검토한 여러 보고서에 따르면 운동은 불안과 우울, 부정적 정서를 낮추고 자존감[30]을 향상시킨다. 운동의 기분 촉진 효과가 얼마나 큰지, 한 연구에서는 우울증 치료[31]에 운동이 약물보다 효과적이라는 결과도 나왔다. 또한 운동은 인지와 집행 기능(계획, 멀티태스킹, 모호한 사안을 처리할 때 활용하는 기능)을 향상시켜 우리를 더 똑똑하게 만들어주고, 초등학교 저학년 어린이의 수학·읽기 성취도[32]와도 상관관계가 있다.

이처럼 여러 유익한 점에도 불구하고, 미국 성인의 74%가 매일 30분 이상 중강도 신체 활동을 권장량만큼 하지 못하고 있다. 운동의 이점을 직접 경험하도록 앞 장에서 '움직이기 훈련'을 소개했다. 학생 중 한 명은 이 훈련을 '인생이 변화하는 경험'이었다고 말했다.

"수차례 듣기도 해서 운동을 규칙적으로 해야 한다고는 알고 있었지만, 운동을 시작하고야 비로소 운동 덕분에 제가 하루를 대하는 방식이 달라졌다는 것을 깨달았어요."

그러니 나이키 Nike의 광고 슬로건처럼 말하고 싶다.

"저스트 두 잇 Just do it."

수면

수면은 우리를 더 행복하고 똑똑하게 만들어주며, 우리가 하고자 하는 다른 일들을 더욱 즐길 수 있게 해준다. 연구를 통해 수면 부족[33]의 부정적 영향에 대해 경고하고, 충분한 수면[34]이 활력을 가져다준다는 증거도 확인할 수 있다. 나와 비슷한 사람이라면 이 사실을 이해하는 데 과학적 근거까지 필요하지도 않을 것이다. 나는 하룻밤만 잠을 제대로 못 자도 몸의 기능이 크게 저하될 뿐 아니라 기분도, 주변 사람을 향한 예의도 곤두박질친다.

하지만 충분한 수면이 필요하다는 것을 알고 있어도 그 시간을 마련하지 못할 때가 많다. 우리에게 주어진 시간 안에 모든 것을 완벽하게 해내기 위해 늦게까지 깨어 있거나, 너무 일찍 일어날 때가 너무도 많다. 이런 이유로 나는 학생들에게 수면을 수업 과제로 내주어 충분한 수면에 필요한 시간을 마련하도록 한다. 성적에 일부 반영되는 만큼, 학생들은 수면에 더 의욕적으로 임한다. 학생들이 충분한 휴식의 경이로움을 몸소 경험한 후에는 규칙적으로 수면 시간을 지킬 확률도 높아진다.

HAPPIER HOUR

수면 훈련

현대 생활에 지쳐가는 이유 중 하나는 바로 지속적인 수면 부족 때문이다. 이 문제를 해결하기 위해 앞으로 한 주간 최소 나흘은 적어도 일곱 시간(다만 나는 여덟 시간 수면을 목표로 한다)씩 잠을 자보길 바란다. 물론, 지켜야 할 마감, 참석해야 할 약속, 해야 할 일들 등으로 굉장히 바쁜 한 주를 보내는 것도 안다. 내가 이해하지 못하는 것은 아니지만, 그럼에도 '저스트 두 잇!'

이번 주에 나흘을 정해 일정표에 표시한 뒤 그토록 필요했던 잠을 충분히 즐기길 바란다. 또한 좋은 수면 위생도 지켜야 한다. 잠들기 전 전자기기 사용을 금하고, 오후에는 카페인을, 저녁에는 알코올을 피하면 양질의 수면을 경험할 수 있을 것이다.

매년 나는 알론 아비단*Alon Avidan* 박사를 연사로 초청해 학생들이 숙면을 취하는 방법에 관한 유익한 조언을 듣는 자리를 마련한다. 수면 장애 분야 전문가인 그는 UCLA의 게펜 의과 대학의 신경학 부학부장이자 UCLA의 수면 장애 센터 *Sleep Disorder Center*의 책임자다. 그는 다음과 같은 조언을 전했다.

- 최소 연속 일곱 시간의 숙면을 규칙적으로 취한다.
- 침실은 수면과 섹스만을 위한 공간이다! 스크린을 위한 공간이 아니

다(블루 라이트는 멜라토닌 분비를 억제해 두뇌가 지금이 낮이라고 착각하게 만든다).
- 잠들기 전에 너무 자극적이거나 불안을 유발하는 글(뉴스나 탐정 소설 등)은 읽지 않는다.
- 오후 3시 이후에는 카페인을 피한다.
- 오후 3시 이후에는 운동을 삼간다.
- 저녁 시간에는 알코올을 피한다(알코올이 잠드는 데는 도움을 줄 수도 있지만 수면을 분절시켜 밤에 자주 깨고, 아침에는 푹 쉰 느낌이 들지 않는다).
- 잠이 오지 않으면 침대에서 일어나 다른 공간에서 따분한 글을 읽는다.
- 수면 사이클을 규칙적으로 만든다. 매일 같은 시간에 기상하고 아침에는 밝은 빛에 스스로를 노출시킨다.
- 침실을 서늘하고(약 18도), 어둡고, 조용하게 만든다.
- 멜라토닌, 타트 체리 주스, 따뜻한 우유, 칠면조, 바나나가 졸음을 유도하는 데 도움이 된다.
- 15분간의 낮잠은 카페인 200mg과 같은 효과를 낸다. 낮잠을 오후 시간(오후 1시에서 3시 사이)에 하고, 30분을 넘기지 않는다.
- 훈련으로 잠이 덜 필요하게 만들 수는 없다.

가치 있는 시간에 집중할수록 더 행복해진다

류보머스키의 모델은 타고난 기질이나 주어진 환경이라는 운(또는 불운)의 영향력을 넘어서, 우리가 어느 정도의 행복을 느낄지 스스로 선택할 수 있음을 보여준다. 의도적인 행위를 통해 우리는 일상에서 느끼는 행복과 삶에 대한 행복을 높일 수 있다. 행복을 전하는 활동에 시간을 더 쓰고, 그렇지 않은 활동에는 시간을 줄임으로써 우리는 더욱 행복한 시간을 누릴 수 있고, 이 시간들이 모여 더욱 밝고 충만한 삶이 된다.

이번 장에서는 행복을 전해주는 활동이 무엇인지 알아보는 시간을 가졌다. 더 나은 방향으로 시간을 소비하도록 자신을 이끄는 가장 쉬운 방법 중 하나는, 더욱 의식적으로 자신의 시간에 대해 생각하는 것이다. 우리의 가장 중요한 자원[35]으로 돈이 아니라 시간에 집중할 때 찾아오는 이점을 입증하는 연구도 많다.

한 연구에서 나는 더 넓은 표본을 대상으로 카너먼의 일상 활동 리스트를 제공하고, 참가자들에게 앞으로 24시간 동안 리스트에 있는 각 활동에 어느 정도의 시간을 소비할 생각인지 물었다. 하지만 이 질문에 답하기 전에 참가자들에게 표면적으로는 아무 연관도 없어 보이는 질문지를 제공했는데, 그 질문지에는 단어를 배열해 일련의 문장을 완성하는 문제가 포함되어 있었다.

이 문장을 통해 참가자들은 은연중에 시간 관련 단어들(시간, 시계 등)이나 돈 관련 단어들(달러, 지갑 등), 중립적인 단어들(식물, 우편물 등)에 노출되었다. 연구 결과, 시간에 초점을 맞춘 참가자들은 리스트상에서 가장 행복한 활동으로 알려진 항목들(친밀함 나누기, 사교 활동 등)에 더 많은 시간을 할애하겠다고 했고, 가장 불행한 활동으로 알려진 항목들(통근과 업무 등)에는 덜 시간을 쓰겠다는 계획을 세웠다.

또 다른 연구를 통해 시간에 초점을 맞출 때 그 영향이 개인의 의도뿐 아니라 실제 행동에도 미친다는 사실이 밝혀졌다. 이 연구에서는 커피숍을 찾은 고객들에게 입장과 동시에 질문지에 응답해 달라고 요청했고, 이 고객들도 은연중에 시간 관련 단어, 돈 관련 단어, 중립적인 단어에 노출되었다. 고객들은 자신도 모르는 사이 카페에서 어떻게 시간을 보내는지 관찰되었고, 카페를 나설 때 모두에게 어느 정도의 행복과 만족감을 느꼈는지 물었다. 카페에 들어올 당시 시간을 생각하도록 유도된 사람들은 카페를 나설 때 더 큰 행복을 느꼈고, 이는 이들이 사교 활동에 더 많은 시간을 할애한 덕분이었다. 반면, 돈에 대해 생각하도록 유도된 사람들은 카페에서 더 많은 시간을 일하며 보냈고 행복감을 덜 느꼈다.

이 연구들이 전하고자 하는 메시지를 명심해야 한다. 행복은 일을 하고 안 하고의 문제가 아니다. 우리도 알다시피, 일에서 의미를 경험할 수 있기 때문이다. 핵심은 '시간에 대해 생각하는 것만으로도 개인이 더 큰 성취감을 느끼는 방향으로 시간을 쓸 수 있다'는 점이다. 실제로 일에서 의미를 찾는 사람들을 대상으로 첫 번째 연구를 다시 진행해본 결과, 시간을 떠올리는 것이 일을 더 많이 하게 하는 동기로 작용했다.

이번 장에서 소개한 시간 추적 훈련은 시간과 행복에 관해 두 가지 중요한 이점을 제공한다. 첫째, 현재 시간을 어떻게 소비하고 있는지 추적하는 과정을 거치며 시간이라는 귀한 자원에 새삼 관심을 갖고, 이 자원을 어떻게 소비할 것인지 깊이 생각하게 된다. 자신의 시간을 추적해본 학생들은 시간 소비에 훨씬 더 신중해졌고, 시간을 더 나은 방향으로 투자하기 시작했다. 이에 더해 시간을 소비하는 동안 실제로 어떤 감정을 느꼈는지 평가하는 과정을 통해, 시간을 어떻게 투자하는 것이 더 나은지 파악할 수 있게 해준다.

그러니 일주일에서 2주일 동안 시간을 추적해보길 바란다. 시시해 보일 수 있지만 정말 해볼 가치가 있는 일이다. 이 활동을 통해 너무 많은 시간을 낭비하는 일은 피하고, 진정한 유대감에 더 많은 시간을 투자할 수 있으며, 그리하여 더 큰 즐거움과 충만함을 누릴 수 있을 것이다.

3장

시간을 낭비하지 않는 작은 습관

시간을
낭비하는 것보다
더 큰 손해는
없다.

미켈란젤로
Michelangelo

당신의 평범한 하루를 설명한다면 아마도 이런 식일 것이다. 알람이 울리면 피곤한 몸으로 일어나 준비를 하고 회사로 향한다. 운전을 한다면 차 안에서 이리저리 라디오 채널을 돌리며 시간을 보내고, 열차를 탄다면 스마트폰 화면을 넘기며 시간을 보낼 것이다. 회사에 도착해 자리에 앉으면 메일함부터 뒤적이며 해야 할 업무를 미룬다. 마침내 '진짜 일'을 시작하지만, 예상보다 업무 처리 시간이 오래 걸리자 점심도 거르고 일을 한다. 도로 정체가 시작되기 전에 퇴근하려면 어쩔 수 없다. 퇴근길에는 저녁 식사거리 장을 보고 드라이클리닝한 옷을 찾아온다. 저녁을 만들어 먹고 설거지를 마친 뒤, 세탁물을 정리하고 청소를 한다. 잡일을 모두 끝내고 나면 소파에 털썩 주저앉아 멍하니 TV 채널을 돌리거나 또 스마트폰을 만지작거린다. 이윽고 취침 시간이 지난 것을 깨닫고 소파에서 간신히 일어나 침대로 가서 알람을 맞추고, 내일도 같은 하루를 반복한다.

 깨어 있는 대부분의 시간은 통근과 일, 집안일로 채워진다. 이 활동들은 바로 앞에서 배운 것처럼 우리를 가장 불행하게 만드는 일들이다. 고된 일상인 만큼, 코로나19 이후 회사로 복귀하지 않겠다고 결심하는 노동 인구가 많았던 현상도 그리 놀라운 일이 아니다. 학생들의 시간 추적 분석에 따르면, 이 활동들이 고통스러운 이유는 '우리가 써야만 하는 시간'이기 때문이며, 그 시간을 들여 한 일이 '명확한 성과로 이어지지 않는 경우'가 많기 때문이다. 이 시간들은 의무적·낭비적이거나, 혹은 둘 다일 때도 있다.

물론 '대퇴사 *Great Resignation*(코로나 이후 자발적으로 퇴사하는 노동 인구가 급격히 증가하는 현상-옮긴이)' 물결에 합류해 이 모든 일들에서 완전히 벗어날 수도 있다. 하지만 그것은 현실적인 대안이 아니다. 우리에게는 직업이 필요하고, 집이 아닌 다른 곳에서 일하는 경우가 대부분이므로 일터를 오갈 수밖에 없다. 또한 집이 더러워지길 바라거나 함께 사는 사람을 화나게 하고 싶지 않다면, 누구나 어느 정도의 자질구레한 집안일들을 해야 한다. 하지만 지금 우리가 이야기하는 것은 당신의 삶을 이루는 시간이고, 현재처럼 천편일률적으로 그 시간을 써서는 안 된다. 무언가 바뀌어야만 한다.

좋은 소식은 바뀔 수 있다는 것이고, 당신이 바로 이 상황을 바꿀 수 있다는 점이다. 더 기쁜 것은, 퇴사나 이사 같은 극적인 변화가 필요하지도 않다는 점이다. 가장 불행한 일들을 더 가치 있는 일처럼 느끼고, 해야만 해서가 아니라 '하고 싶어서' 하는 일처럼 느끼게 만드는 쉽고도 입증된 방법이 있다. 이 장에서는 대체로 불행한 시간들을 훨씬 더 즐겁게 보내기 위해 당신이 적용해볼 수 있는 놀라울 정도로 단순한 전략들을 소개할 예정이다.

힘든 일을 꼭 힘들게 할 필요는 없다

돈을 주고 시간을 사라

남편의 주장에도 앤절라는 청소 도우미 고용을 거부했다. 한 달 도우미 비용 300달러면 그녀가 상점 진열창 너머로 본 예쁜 검정 점프 슈트를 살 수 있었다. 아니면 미래를 위해 또는 사고 싶은 물건이 생길 때를 대비해 계좌에 저축할 수도 있었다. 본인과 남편이 직접 청소를 하면 되고, 그 어떤 청소 도우미보다 자신이 훨씬 더 깔끔하게 집안을 정돈할 수 있다고 생각했다.

하지만 어느 일요일 늦은 오전, 공원에 있던 앤절라가 남편과 쌍둥이 아들에게 자신은 주방과 욕실을 청소해야 하고 남편은 바닥 청소를 해야 하니 이제 그만 집에 가자고 조바심을 내다 언쟁이 벌어졌다. 결국 그녀는 친구가 추천한 청소 업체에 연락했다. 친구는 실력이 좋은 업체라고 장담했다.

그렇게 계약이 성사되었다. 격주로 부부는 비용을 지불하고 청소를 맡겼다. 그 결과 그녀에게, 그리고 그녀의 결혼 생활에 찾아온 행복은 즉각적이고도 지속적인 효과를 발휘했다. 바로 그 다음 주 토요일 오후, 가족들과 농산물 직거래 장터에서 느긋한 오전을 보내고 공원에서 도시락을 먹으며 점심시간을 보낸 뒤, 갓 청소를 마친 깨끗한 집에 도착한 앤절라는 흐뭇한 기분을 느꼈다. 목재 바닥이 반짝였고 소파 쿠션들도 한 번 뒤집어 꺼진 곳 없이 정돈되어 있었고, TV 화면도 닦여 있었다. 무엇보다 좋은 점은 그녀와 남편이 남은 주말을 두 아들과 함께 즐길 수 있다는 것이었다.

자유 시간이 더 늘어났을 뿐 아니라, 그 시간 동안 또는 자유 시간을 갖기 위해 청소 걱정을 할 필요도 없었다. 남편에게 청소 이야기로 싫은 소리를 할 일도 없었고, 남편 또한 아내에게 압박을 받지 않아도 되어 마찬가지로 기뻤다. 이들은 계속 미뤄두던 친구들의 집 초대에 마침내 응해 바비큐를 먹고 일요일 밤 축구 경기를 함께 볼 수 있었다.

외부에 일을 맡기는 것이 꺼려지는 것도, 또 일을 맡겨 여러 장점을 경험하는 것도 비단 앤절라만의 일이 아니다. 연구자인 애슐리 윌랜스Ashley Whillans와 그녀의 팀은 미국, 덴마크, 캐나다의 수천 명에게 '그리 바쁘지도 한가하지도 않은 평범한 달에 돈을 지불하고 업무(집안일, 쇼핑 등)를 외부 인력에 맡기겠습니까?'라는 질문의 설문 조사를 진행했다. 3분의 1 미만만 그렇다고 답했고, 3분의 2 이상이 외부 인력을 전혀 쓰지 않겠다[1]고 답했다. 단순히 비용의 문제가 아니다. 백만장자들에게도 같은 질문을 했지만, 상당수는 외부 인력을 고용하지 않는다고 응답했다.

자신이 하기 싫어하는 일을 외부에 맡기기 위해 돈을 지출할지 여부는 개인의 선택이다. 하지만 외부 인력을 고용하는 것이 전반적인 행복에 어느 정도의 영향을 미치는지, 또 절약된 시간을 더 의미 있는 일에 쏟을 수 있다는 사실을 잘 모르는 경우도 많다. 실제로 애슐리 팀은 참가자들에게 삶의 만족도를 물었고, 소득 수준, 연령, 성별, 혼인 여부, 자녀 양육 여부 등 다른 요인을 통계적으로 통제한 후에도 일을 외부에 맡기는 사람들의 만족도가 더 높았다. 즉, 비용을 들여 자신의 시간을 아끼는 사람들이 그렇지 않은 사람들보다 더 행복했다.

그렇지만 소비할 수 있는 돈이 그리 많지 않은 사람들은 어떨까? 간신히 먹고살고 모든 지출이 기본적인 비용에만 쓰인다면, 앞서 말한 전략을 쓸 수 없을 것이다. 한편 지출 내역 중 약간이라도 재량을 발휘할 수 있다면, 더 많은 또는 더 나은 '무언가'를 사기 위해 지출하는 것보다 '더 나은 시간'을 위해 지출하는 쪽이 더 큰 이점을 준다는 연구 결과가 있다. 이 연구는 실제로 물질적 구매가 경험적 구매[2]에 비해 행복과 그 지속력이 낮다는 점도 경고했다. 또한 애슐리 팀의 연구 분석 결과, 외부 인력 고용의 긍정적 효과는 소득 수준과 무관하게 나타났다. 시간을 사기 위해 돈을 들이는 것은 거의 모든 사람들에게 이롭다. 지갑에 어느 정도의 돈이 있든 시간은 그와 동일한 가치를 지닌 귀중한 자원이다.

모든 일을 돈 주고 외부에 맡기고, 다른 사람들이 당신을 대신해 일을 처리하는 동안 사치스럽게 늘어져 있으라는 이야기가 아니다. 어쩌면 집을 직접 정돈하는 것쯤이야 괜찮지만, 2주에 한 번씩 하는 바닥 청소는 끔찍하게 힘들고 격주로 주말을 망치는 사건처럼 느낄 수도 있다. 이때는 바닥 청소 하나만 외부 인력에 맡겨도 대단한 차이를 경험할 수 있다. 또 앞 장에서 소개한 내 연구를 통해 아무 일도 하지 않고 시간을 보내는 생활이 가장 행복한 삶의 방식이 아니라는 사실[3]도 확인했다. 우리는 시간 속에서 어느 정도 생산적인 기분을 느끼고 싶어 한다. 목적의식이 생기기 때문이다.

연구에서 가장 주목해야 할 사실은 우리의 일상이 너무도 많은 허드렛일로 소모되어 진심으로 마음을 쏟는 대상에 쏠 시간이 하나도 남지 않을 때 삶이 불행하고 불만족스럽게 느껴진다는 것이다. 하루 여덟 시간의 업무에 통근 시간에, 집 청소, 빨래, 장보기, 요리, 가구 조립, 세차, 세탁소 다녀오기까지 하면 남는 시간이 하나도 없다. 그러나 약간의 돈을 들여 이 시간 중 얼마간을 확보할 수 있다면, 그 시간을 당신에게 정말 중요한 일에 쓸 수 있다. 당신이 현명하게 구매한 시간을 더 재밌고 의미 있는 활동에 쏟을 수 있게 된다.

실제로 애슐리 팀의 데이터에 따르면, 응답자들이 이렇게 절약한 시간을 친구, 가족들과 함께하는 데 썼을 때 행복이 더욱 커진다는 것이 드러났다[4]. 또 시간을 절약해주는 서비스에 돈을 쓴 커플들은 함께하는 소중한 시간이 늘고 관계 만족도[5]도 더욱 높았다. 따라서, 꺼려졌지만 집 청소를 해줄 사람을 고용하기로 한 앤절라의 결정은 현명했다. 정말 중요한 자원을 절약한 셈이다.

이제 한번 생각해보라. 어떤 일을 외부에 맡길 수 있는가? 스스로에게 더 나은 시간을 선물하기 위해 지출을 통해 덜어낼 수 있는 일이 있는가? 다행히 충분한 자원을 갖춘 기업인과 사업가들은 이

억눌린 니즈를 파악해 다양한 시간 절약 서비스와 상품을 제공하고 있다. 성실하게 외부 인력을 고용하는 나는(요리를 무척 싫어하고, 식탁에 세련된 입맛을 지닌 누군가가 있는 게 아니라면 냉동 콩과 냉동 부리토면 충분한 사람으로서)배달된 이번 주 식사 서비스 박스를 열어 메시지를 읽고 미소 짓는다.

"이 박스에는 세상에서 가장 소중한 선물이 담겨 있습니다. 바로 가족과의 시간, 혼자만의 시간, 놀이 시간…. 맛있는 식사 시간입니다."

평일에 요리하는 것이 내게는 고된 노동과도 같지만 디나에게는 그렇지 않다. 그녀에게 요리란 창의력을 발휘하는 창구이자 충만함을 느끼는 시간이다. 디나는 매주 초 가족의 식단을 짜고 아침마다 가장 좋아하는 식재료 전문매장 여러 곳에서 재료를 구매할 계획을 세운다. 오후에는 학교를 마친 후 다양한 활동을 하는 세 아이를 이곳저곳에 데려다 주느라 바쁘게 보내고, 5시에는 주방으로 도피한다. 그녀만의 시간이다. 그녀는 능숙한 솜씨로 요리에 새로운 풍미를 더해 저녁에 모인 가족이 풍성한 경험을 누릴 수 있게 한다. 그녀에게 요리는 명상과 비슷하다. 요리는 디나의 취미이지, 하기 싫은 집안일이 아니다.

그러니 자신에게 수고스러운 일이 무엇인지 신중히 판단하길 바란다. 친구들은 힘들어하지만 정작 당신은 즐겁게 하는 일은 외부에 맡기지 않아야 한다. 다만 당신에게 선택의 여지가 있다는 점을 인지하라. 돈보다 당신의 시간이 더 귀중하다는 사실을 이제 알게 되었으니 이를 기준으로 시간을 소비하는 방식을 선택할 수 있다.

귀찮은 일에 즐거운 일을 함께 하라

외부에 맡기지 않는 일들에는 '묶기 bundling 전략'을 적용해 그 일을 하는 시간을 덜 짜증스럽게 만들 수 있다.

펜실베이니아 대학교에서 진행한 연구를 통해 케이티 밀크먼 Katy Milkman 과 그녀의 팀은 '유혹 묶기 temptation bundling'[6]라는 전략의 효과를 입증했다. 이 단순하지만 강력한 전략은 좋아하지 않는 활동을 하고 싶게 만든다. 구미가 당기는 일과 함께 묶기만 하면 된다. 펜실베이니아 대학생들에게 헬스장 트레드밀 운동은 즐겁지 않은 행위였다. 한 연구에서 케이티의 팀은 트레드밀 러닝과 학생이 선택한 오디오북을 한데 묶었다. 당시 대학생들이 가장 좋아하는 도서는 《헝거 게임 The Hunger Games》(북폴리오, 2009)이었다. 운동과 캐트니스 Katniss (헝거 게임의 여주인공-옮긴이)가 다음 모험을 어떻게 헤쳐나갈 것인지 알아가는 시간을 한데 묶자 학생들의 헬스장 방문율이 51%나 상승했고, 트레드밀 위에서 달리는 시간도 크게 늘었다. 자발적으로 말이다.

이 개념을 귀찮은 일에 적용하려면 '해야 하는 일에 즐거운 일을 연결시키기'만 하면 된다. 예를 들어 빨래를 개는 일을 생각해보자. 건조기에 깨끗해진 옷들이 가득 찬 상태라면 이를 요즘 듣고 있는 오디오북이나 팟캐스트를 듣는 기회로 삼거나, 친구에게 전화를 걸어 스피커로 통화를 하며 손으로는 빨래를 갤 수 있다. 아니면, 세탁물을 소파 앞에 던져놓고는 가장 좋아하는 프로그램의 최신 에피소드를 틀 수도 있다. 어느새 세탁물 더미는 완벽하게 정리되어 있고, 프로그램이 너무 재밌어서 옷가지를 서랍에 넣으러 가기가 어려울 정도일 것이다. 이 전략을 배운 뒤 내 학생 중 한 명은 식료품점에 갈 때마다 새로운 상품 하나를 사기로 결심했다. 장보기를 '새로운 발견'과 묶으니 그 일은 더는 귀찮지 않고 행복한 요리 모험이 되었다.

일도 재미있을 수 있다

직장에서 목적과 의미를 찾아라

앞서 언급했듯, 평균적으로 일을 하는 시간은 하루 중 가장 불행한 시간 가운데 하나다[7]. 미국 노동 인구의 절반만이 일터에서 만족감을 느꼈고, 일터에서 몰입감을 느끼는 사람은 3분의 1밖에 되지 않는다[8]. 자신의 일을 좋아하지 않는 사람들이 많고, 근무 날은 집에 갈 때만을 기다리며 시계를 쳐다보며 시간을 보낸다.

하지만 우리가 깨어 있는 시간의 절반 이상을 일에 쓰는 만큼, 기다리며 흘려보내기에는 너무 긴 시간이다[9]. 아무리 분리하려 해도, 일터에서 느끼는 불행은 일터를 벗어나도 지속된다. 연구에 따르면 직업 만족도는 일상에도 영향을 미치고, 전반적인 삶의 만족도[10]에 중요한 결정 요인으로 작용한다.

일하는 시간이 우리의 삶에 이토록 큰 비중을 차지한다는 것을 알게 된 이상, 이 시간을 더 행복하게 만들 방법을 찾아야 한다. 하지만 어떻게 해야 할까?

캔디스 빌럽스의 이야기를 들어보자. 연구진과의 인터뷰에서 그녀는 이렇게 말했다.

"저는 환자들을 사랑해요. 아픈 사람들을 사랑하죠. 아픈 사람들에게 제가 해줄 수 있는 일이 무척이나 많아요. 제가 기분이 별로일 때나 수술을 받아야 했을 때 그 시간을 견디게 해준 한 가지가 바로 일이었어요…. 농담을 하고, 유쾌하고, 밝은 모습을 보이고, 훌륭한 태도를 지키는 거요. 이곳에서 일하면서 가장 좋은 점이 그거예요. 분위기가 굉장히 밝거든요. 실제로 저는 이곳을 '희망의 집'이라고 생각해요."

캔디스의 직업이 무엇인지, 어떤 일을 하기에 매일 출근이 기다려지는지 맞출 수 있겠는가? 그녀가 기분이 저조할 때나 건강 문제로 힘들었을 때 그 시기를 버티게 해준 긍정성을 어디서 찾았는지 상상할 수 있겠는가?

캔디스는 암센터의 관리인으로 일한다. 그녀가 '희망의 집'이자 '밝은 분위기'라고 말한 일터는 사실 치명적인 질병에 시달리는 환자들이 항암 치료를 받으러 오는 곳이다. 캔디스는 정말 위중한 환자들과 걱정과 두려움에 사로잡힌 환자 가족들 사이에서 근무한다. 함께 일하는 의사들과 달리 그녀에게는 멋진 직함이 없다. 그녀의 공식적인 업무는 병원 1층의 치료실과 화장실 청소이고, 항암 부작용으로 인한 토사물을 치워야 할 때도 많다. 겉으로 보면 캔디스의 직업은 긍정적인 면이 하나도 없다.

하지만 어찌된 일인지 캔디스는 일하는 시간을 즐기고 있었다. 보통 1년도 채 버티지 못하는 직무를 10년 넘게 해온 그녀는 자신의 일을 사랑했다. 캔디스는 자신이 왜 그 일을 하는지 잘 알고 있기 때문이다. 캔디스는 자신의 일에 목적의식을 갖고 있고, 그 목적이 무엇인지도 알고 있다. 환자들의 하루를 더욱 밝게 만들어주는 것으로 그들을 돕는 것이다.

하지만 이 복석은 애초에 그녀에게 요구된 사항이 아니었다. 사실, 그녀가 일터에서 하는 업무는 공식적인 직무 기술서를 훨씬 넘어서 있다. 병원 바닥을 깨끗하게 하는 것 외에도 그녀는 그 공간이 밝게 빛나도록 한다. 환자와 가족들에게 농담을 주고받고, 이들을 편안하게 해주며, 얼음, 화장지, 주스도 가져다준다. 환자와 가족뿐 아니라, 이들의 치료를 책임지는 의사와 간호사들에게도 진심을 다한다. 그녀는 이 모든 사람들을 돕는 것을 좋아하고, 또 잘하기도 한다. 그녀의 유머와 따뜻함, 의욕적인 태도가 병원을 밝게 만든다. 그녀가 스스로 찾아낸 최종 목적은 그녀의 가치와 강점에 부합한다.

캔디스의 이야기는 극단적인 사례이기도 하고 그녀가 성자에 가까운 사람이기도 하다. 하지만 이렇듯 자신의 일에서 목적을 찾을 때 경험하는 이점들은 종합적이고 광범위하다. 완벽한 직업은 없지만, 업무와 자신의 가치(중요하게 여기는 것), 강점(잘하는 것), 열정(즐겁게 하는 일)을 연계하면 의욕과 직무 능력이 높아지고, 일과 삶 전반에서 더욱 만족감이 커진다는 증거가 늘고 있다.

이상적으로는, 당신이 열정을 느끼고 성취할 능력이 있는 중요한 목적을 지닌 일을 찾는 것이 좋다. 하지만 그렇지 않은 경우도 있다. 캔디스의 사례가 특히 큰 깨달음을 주는 이유는 어떤 일을 하든 그 이유를 깨닫고 그 이유에 집중하면 일을 더 즐길 수 있다는 점을 보여주기 때문이다. 뿐만 아니라, 일의 목적을 알면[11] 업무를 새롭게 구성하고 다르게 접근해 일하는 시간을 더 행복하게 보낼 수 있다.

조직행동 연구자인 저스틴 버그 *Justin Berg* 와 제인 더턴 *Jane Dutton*, 에이미 브제스니에프스키 *Amy Wrzesniewski* 는 이 과정을 돕는 도구로 '잡 크래프팅 *job crafting* 을 개발했다. 이는 자신의 일과 직무를 새로운 관점에서 바라보고 일하는 시간을 보내는 방식을 변화시켜, 일의 궁극적인 목적에(당신이 스스로 찾아낸 목적에) 부합하는[12] 업무 시간의 비율을 늘려나가는 개념이다.

나는 학생들에게 잡 크래프팅[13] 과제를 내준다. 일상에서 큰 비율을 차지하는 근로 시간을 학생들이 더욱 행복하고 보람차게 보낼 수 있도록 도와주기 위해서다. 수백 명의 학생들에게 이 과정을 지도하며 나도 직접 실천해본 결과, 잡 크래프팅이 긍정적 효과를 발휘하는 데는 두 가지 요인이 매우 중요하다는 것을 깨달았다. 바로 목적을 찾는 것과 유대감을 키우는 것이다. 이제부터 하나씩 살펴보도록 하겠다.

당신의 목적을 찾아라

당신이 하고 있는, 그 일을 왜 하는가? 당신의 동료들이나 같은 업계 종사자의 이야기가 아니라 당신이 그 일을 하는 이유를 묻는 것이다. 여기서 '일'이란 가장 넓은 의미에서 당신이 시간과 노력, 재능을 쏟는 영역을 뜻한다. 현재 하고 있는 업무일 수도 있고, 직종일 수도 있으며, 반드시 돈을 받는 일이 아닐 수도 있다. 가정에 머물며 아이들을 키우는 것도 당연히 일이다.

이 '이유'에 대해 곧장 떠오르는 답이 '단순히 돈을 벌기 위해서'라면 좀 더 고차원적인 목적을, 돈 이상의 또 다른 이유를 찾기를 강력히 권한다. 당신 자신을 위해서, 지금 당장 그리고 장기적인 웰빙을 위해서 말이다. 다양한 직군과 직급, 소득 수준을 아우른 설문 조사에서, 가장 우선하는 일의 목적이 돈이라고 답한 사람들은 일과 삶 전반에서 만족도가 훨씬 낮았다.[14]

월급 이상으로 일에서 자신의 목적을 깨닫는다면 업무에 필연적으로 존재하는 짜증스러운 면에도 불구하고 더 오래 버티고 의욕을 잃지 않을 수 있다. 캔디스의 사례를 떠올려보자. 그녀도 일할 때 정말 힘든 날이 있다. 환자가 암과의 싸움에서 질 때면 그녀도 마음이 괴로워진다. 하지만 캔디스는 그 환자와 가족들이 병원에서 좀 더 긍정적인 경험을 하는 데 자신이 기여했다는 사실을 알기에, 그 일을 계속할 수 있고 자신의 일에 더 확신을 가질 수 있다.

완전히 다른 직업을 가진 라일리도 좋은 사례다. 그녀는 퍼스널 트레이너로 일하면서 고객을 위한 운동 계획을 세우고 관리한다. 라일리가 생각하는 일의 목적은 그 이상이다. 그녀의 목표는 사람들이 자기 자신에게 만족감을 느끼고, 삶에서 더 강해지고 자신감 넘치는 태도를 갖도록 돕는 것이다. 고객들이 어떤 일들을 못하겠다고 토로하면, 그녀는 고객 자신이 그 모든 일들을 해낼 수 있다고 깨달을 때까지 밀어붙인다. 그녀가 보람을 느끼는 지점이기도 하다.

라일리 역시 일의 모든 면이 다 좋은 것은 아니었다. 온라인 홍보용 운동 영상을 찍기 위해 카메라 앞에 서는 시간은 정말 싫었다. 하지만 그녀의 서비스를 홍보하고 영상을 만드는 일은 비즈니스를 유지하는 데 필요한 일이었다. 그래서 그녀는 이런 영상들로 더 많은 사람들에게 닿을 수 있을 것이고, 더 많은 사람들이 더욱 강해지고 자신감을 얻을 수 있도록 도울 수 있다는 점을 생각하며 이 불편할 일들을 해낼 동기를 얻었다. 가치 있는 일이었다.

앞서 말했듯, 의미와 행복은 연결되어 있다. 일의 목적을 알고, 불쾌한 업무까지 포함해 그 일을 하는 궁극적 이유를 알면 동기가 생기고, 몰입과 성취감, 만족감이 높아진다[15]. 캔디스와 라일리의 사례처럼 당신의 목적에 반드시 타인이 포함되어야 하는 것은 아니다. 다른 이들을 돕는 데서 의미를 느끼는 사람들이 많지만, 그 외에도 대단히 의미 있는 일들은 많다.

예를 들어, 전문 사진작가인 맷은 창작 욕구가 강하다. 그는 자신이 했던 다른 일들에 대해 이렇게 말했다.

"누구나 할 수 있는 일들이었어요. 저만의 것이라고 할 수 있는 게 없었죠. 하지만 제가 창작한 무언가는 제 것이자, 이 세상에서 저만 할 수 있는 일이죠."

맷은 젊은 흑인 남성으로서 창작을 통해 이 사회에서 자신의 자리와 자신이 사회에 기여할 방법을 찾을 수 있었다고 믿는다.

"머릿속에 무언가 떠오를 때, 그것을 그림이나 색으로 표현할 수는 없었지만, 눈으로 보고 사진을 찍을 수는 있었습니다. 제 상상에 생명력을 불어넣는 저만의 방식이죠."

이제 자신의 자리를 확고하게 다진 맷을 움직이는 것은 사회 정의에 대한 바람이다. 그는 자신이 하는 일의 목적을 이렇게 설명한다.

"세상에 잘 알려지지 않거나 제대로 알려지지 못한 사람들의 이야기나 삶의 측면을 담은 이미지를 창조하는 것이죠. 이 세상에 공평하게 전해지지 못했거나 부분적으로만 전해진 이야기들을요."

그의 목표는 분명하다. 자신이 하는 일을 통해 그는 '스스로를 예술 작품으로, 보이는 것과 같이 아름답고도 가치 있는 존재로 자기 자신을 바라보는 사람들이 더욱 많아지길 바란다'는 것, 그리고 세상 모든 사람들이 소수 집단을 그렇게 바라봐주기를 바란다는 것. 사진을 찍어 돈을 버는 것이 사진작가의 일이고, 맷 역시 잡지 기사에 실릴 유명 인사와 모델 사진을 찍고, 영화 홍보용 사진도 찍는다. 하지만 그에게 일의 목적은 이를 훨씬 넘어 확장되어 있다. 유색 인종의 유명 인사와 플러스 사이즈 모델 사진을 찍으며 공평성과 수용성이라는 자신의 비전을 세상에 표현하며 성취감을 느낀다. 그는 예술 활동을 통해 더 나은 현실 세계를 창조한다.

자신이 하는 일의 목적을 찾으려면, 공식적인 직무 기술서 내용 이상으로 생각을 확장해야 한다. 또한 사람들이 당신의 직업을 규정하는 틀을 벗어나야 한다.

금융업계에서 자산 관리 기업을 운영하는 앨릭스의 이야기를 소개하겠다. 그의 공식 직무는 고액 자산가들의 돈을 투자하고 이들의 저축 포트폴리오를 관리해 고객이 더 많은 돈을 벌 수 있도록 운용하는 것이다.

하지만 앨릭스에게 일의 동력을 묻는다면 그는 고객의 돈이 아니라 고객의 정서적 웰빙에 대해 이야기한다. 특히 이혼 소송 중인 고객들에게 재정적 조언을 전하는 데 전문성을 발휘한다. 앨릭스는 아이를 잃는 것 다음으로 이혼이 인간이 가장 견디기 힘든 사건 중 하나라고 설명했다. 그는 삶의 큰 위기 속에 놓인 사람들을 돕고, 그들에게 괜찮을 거라고 힘을 주는 데서 자신의 목적을 찾았다.

대학교수인 나는 연구를 하고, 학생들을 가르치고, 대학의 행정적인 업무를 처리한다. 잡 크래프팅 훈련을 하며 이 일을 하는 나만의 이유에 대해 생각하게 됐다. 가장 먼저 떠오른 답은(동료 교수의 생각을 빌려) 지식을 창출하고 전파한다는 것이었다. 여러 위원회 일원이자 마케팅 분야 책임자로 내가 해야 하는 행정 업무들은 부차적으로 여기고 있었다.

하지만 잠시 생각해보니, 이런 학문의 일반적인 목표가 내게 실제적인 동력으로 작용하지 않는다는 것을 깨달았다. 그래서 그 이상의 이유를 찾으려 했다. 나는 왜 지식을 창출하고 이를 학생들과 공유하고 싶어 하는 것일까? 나는 학생들이 더 똑똑해지도록 돕고 싶었다. 좀 더 솔직하게, 내가 진짜 관심을 쏟는 건 학생들의 '행복'이었다. 일상에서 느끼는 행복과 삶의 만족도에 영향을 미칠 수 있는 선택 앞에서 학생들이 더 현명하게 판단하기를 바라는 마음이었다. 내가 밤을 지새우며 매달린 연구 프로젝트와 신나서 임하는 강의가 무엇이었는지 생각해보면, 구체적으로는 '어떻게 해야 더욱 행복해질 수 있는가'에 관한 지식이었다.

왜 이 일을 하는지 세 번에 걸쳐 질문을 이어간 끝에 내 목적을 찾을 수 있었다. 내 궁극적 목표는 연구, 강의, 베풂보다는 행복에 관한 지식을 창출하고, 행복에 관한 지식을 전파하며, UCLA에서 행복을 함양하는 것이었다. 과장이 아니라 이 훈련을 통해 나는 내 소명을 찾아냈다. 내가 진심으로 중요하게 생각하는 일을 하고 있다는 사실을 깨달았고, 이 깨달음 덕분에 내 일이 더 충만하고 훨씬 더 즐겁게 느껴졌다.

내 목적을 깨닫고 나니, 일하는 시간을 어떻게 쓰고 싶은지를 깨닫는 데도 도움이 되었다. 프로젝트와 위원회 업무 중 내가 하고 싶은 일과 거절하고 싶은 일이 명확해졌다. 박사 과정 학생이 '무엇이 사람을 행복하게 만드는가'에 대한 이해를 높일 수 있는 연구 아이디어로 나를 찾아온다면, 이 프로젝트의 자문을 맡을 것이다. 행복에 대한 강의를 하나 더 늘리자는 요청이 들어왔을 때는 그 자리에서 즉시 수락했다. 하지만 효율적인 소셜 미디어 캠페인을 주제로 학생이 주관하는 컨퍼런스에 토론자로 참석해 달라는 요청을 받았을 때는 (마케팅 교수인 나에게 합당한 제안이었다) 당당하게 거절했다.

또 다른 이점은 일을 바라보는 관점이 달라졌다는 것이다. 어떤 일이 내 임무에 어떻게 기여하는지 파악하자, 일에 대한 의욕이 높아지고 그 시간이 더 즐거워졌다. 예를 들어, 나는 이메일에 답장하는 일을 그리 즐기지 않는다. 하지만 연구 협력자와 이메일을 주고받는 일을 '행복에 관한 지식을 창출하는 과정'으로, 학생들과 이메일을 주고받는 일을 '행복에 관한 지식을 전파하는 과정'으로 생각하니 갑자기 이메일을 보내는 업무가 더 가치 있고 만족스럽게 느껴졌다.

이제 당신 차례다. 당신의 목적은 무엇인가? 쉽지 않은 질문이니, 심호흡을 하고 독한 술이나 차 한 잔을 마시며, 당신이 지금 하고 있는 그 일을 하는 이유에 대해 생각해보라. 꽤 설득력 있는 답을 얻었다면 다시 한 번 스스로에게 물어야 한다. 그것이 왜 당신에게 중요한가? 거기서 또 한 번 질문을 이어가며 한 차원 더 깊게 파고들어야 한다.

이 훈련을 하는 동안 명심해야 할 점은 '오직 당신에게만 중요한 목적'을 찾아야 한다는 것이다. 결국 성공의 기준은 다른 사람들에 의해 정의되지 않기에, 자신에게 중요한 목적을 찾은 후에는 일종의 해방감을 느끼게 될 것이다.

당신만의 기준을 갖게 되고, 이를 통해 내적으로 의욕이 충만해진 당신은 동료와 스스로를 비교하며 자신이 잘하고 있는지 확인하는 일이 사라질 것이다.

HAPPIER HOUR

다섯 겹의 이유 찾기 훈련

당신의 목적과 당신의 궁극적 동기를 찾기 위해서는 '나는 왜 이 일을 하는가?'라고 스스로에게 물어야 한다. 보통 처음에는 돈을 벌기 위해서라거나, 일의 사전적 의미를 읊는 대답이 나온다. 하지만 현실적으로 생각해보자. 그런 것들은 당신을 아침에 침대에서 일으키거나, 출근하고 싶다는 마음을 들게 하거나, 다음 날에도 일터로 가게 만드는 진짜 이유가 아니다. 그런 이유로는 스스로 발전했다는 성취감을 느낄 수 없다. 그러니 처음 떠오르는 대답에서 더 깊이 파고들어 '왜인가? 왜 이 일을 하는 것이 당신에게 중요한가?'라고 물어야 한다. 그 후 내면에 자리한 동기를 더 깊이 탐구하려면 앞 질문의 답에 또 '왜인가?'를 던져야 한다. 이렇게 다섯 겹의 이유를 파고들다 보면, 당신이 그 일을 왜 하는지 그 본질에 도달하게 된다.

1. 왜인가?

_____

2. 그것이 왜 중요한가?

_____

3. 왜 나는 그것(2번의 답)을 중요하게 생각하는가?

_____

4. 왜 그렇게(3번의 답) 생각하는가?

5. 궁극적으로 나만의 이유는 무엇인가?

직장에서 친구를 만들어라

갤럽 Gallup에서 진행한 한 여론 조사에서 언뜻 유치해보이는 질문이 등장했다.

"일터에 가장 친한 친구가 있습니까?"[16]

초등학교 3학년 학생이 할 법한 질문처럼 보여도, 이는 상당히 예리한 질문이었다. 이 질문에 대한 답변은 그들의 행복도를 예측하는 데 놀라울 정도의 적중률을 보였다. 갤럽이 분석한 바에 따르면 미국 근로자 열 명 중 두 명만이 일터에 가장 친한 친구를 두고 있었다. 한편 이들은 그렇지 않은 사람들보다 두 배 이상 업무 몰입도가 높았고, 더 높은 업무 성과를 보였으며, 일터에서도 더 행복했다. 우리가 이미 알고 있듯, 일터에서의 높은 행복도는 삶 전반에 걸쳐 높은 행복도와 만족도로 이어진다.

우리가 진행한 시간 추적 연구 또한 이 질문과 맞닿아 있다. 시간 추적 연구 결과, 하루 중 가장 불행한 때는 일을 하는 동안이고, 가장 행복한 때는 사회적 유대감을 나누는 시간이었다. 따라서 업무 시간의 일부를 타인과 진정한 교류를 나누는 시간으로 보낸다면, 업무 시간이 더 즐겁고 의미 있게 달라질 수 있다. 따라서 내 경험을 바탕으로 조언하자면, 일터에서 친구를 사귀라는 것이다.

하지만 문제는 시간 빈곤으로 인해 일하는 시간이 정신없이 빠르게 지나갈 수밖에 없다는 점이다. 회사에서는 마쳐야 할 일이 너무도 많고, 집에서 기다리고 있는 일들을 생각하면 마음이 조급해져 동료들과 친하게 지낼 여유가 없다. 투 두 리스트에 적힌 일들을 해치울 있는 시간에 탕비실에서 농담이나 나누며 시간을 낭비하는 것이 무책임하게까지 느껴질 수도 있다. 하지만 앞서 말했듯 시간에 관해서라면 단순히 효율이 아니라 '가치'가 중요하다.

일터에서 우정을 쌓는 일은 시간을 투자할 만한 가치가 있다. 깨어 있는 시간 중 많은 부분을 일터에서 보내는 현실에서 그 시간을 내내 불행하게 보내는 것이 오히려 낭비다. 또한 '직업적 영역에서는 자신의 진짜 모습을 드러내서는 안 된다'는 관념에서 벗어나야 한다. 제니퍼 에이커와 나오미 백도나스 *Naomi Bagdonas*는 《유머의 마법 *Humor, Seriously*》(안드로메디안, 2021)에서 일터에 유머 감각을 발휘하면 실제로 더 많은 것을 성취할 수 있을 뿐 아니라 더 깊은 유대감과 즐거움[17]을 얻을 수 있다고 밝혔다.

집에서 아이를 키우는 부모도 마찬가지다. 당신의 노동 시간에 자녀 학교 위원회에 참석하거나, 지역 도서관이나 박물관에서 자원봉사를 하거나, 놀이터에서 아이를 지켜보는 등의 일이 포함되어 있다면 이런 장소에서도 친구를 사귀어야 한다. 오전 9시부터 오후 5시까지를 어디서 보내든, 그 친구가 당신과 웃음을 나누고, 승리를 축하하며, 어려운 상황이 생길 때(반드시 그런 순간이 올 수밖에 없다) 당신에게 용기와 격려를 줄 것이다.

베이 에어리어에 위치한 한 스타트업의 창립자로, 기업의 채용 및 유지를 책임지고 있는 제프는 일터에서의 우정이 얼마나 중요한지 잘 알고 있었다. 내 강의에 초청 강사로 참여한 그는, 회사에 적용한 값비싼 HR 프로그램들은 직원들이 사내에서 쌓은 친선 관계에 비하면 아무런 효과도 발휘하지 못했다고 밝혔다. 동료의 결혼식에 초대받거나 동료 아이의 대부가 되어 달라는 요청을 받는 것, 그런 것들이 직원이 다른 회사로 이직할 마음을 갖지 않게 한다. 사무실에 보고 싶은 누군가가 있는 사실이 회사를 계속 다니는 동기가 되고, 그 누군가는 일터에서의 시간을 더 즐겁고 충만하게 만들어줄 것이다.

출퇴근길에 당신이 좋아하는 일을 하라

업무보다도 낮은 평가를 받는 통근은 일상 활동 중 단연 가장 즐겁지 않은 활동으로 꼽힌다. 시간 추적 연구 결과를 반영한 그래프에서도 통근이 리스트 중 가장 아래에 자리했다[18]. 통근이 이토록 미움을 받는 이유는 전형적으로 시간을 낭비하는 활동이기 때문이다. 물론 목적지까지 가기 위해서는 반드시 써야만 하는 몇십 분(때로는 몇 시간)이지만, 그 시간 자체는 아무런 의미도 없다. 그리고 그 양은 상당하다. 미국인이 차로 출퇴근하는 데 쓰는 시간은 하루 평균 한 시간 정도다. 버스나 열차, 지하철과 같은 대중교통을 이용할 때도 평균적으로 통근 시간이 이보다 짧지 않다[19]. 우리는 이후 펼쳐질 하루를 떠올리며 그 이동 시간이 얼른 끝나기만을 기다린다. 하지만 집에 돌아가기 위해서는 다시 한 번 이 시간을 겪어야만 한다.

    통근 시간을 최소화할 수 있다면 이상적일 것이다. 집과 가까운 직장을 선택하거나, 사무실에 나가야 하는 날이 적은 직업을 선택하는 것이다. 아니면 사무실 근처의 집을 고르는 방법도 있다. 하지만 직장과 집의 위치를 선택할 수 있는 경우는 드물다. 게다가 그런 선택을 마주한다 해도 고려해야 할 요소들이 너무 많다. 통근 시간이 길어져도 아주 오랫동안 바랐던 일자리거나 도저히 거절할 수 없는 커리어 기회인 경우도 있다. 또한 직장에서 도보 거리 내에 있는 집은 비싸고 자녀를 위한 좋은 학군이 형성되어 있지 않을 수도 있다.

아니면 배우자의 회사는 반대편에 있어 둘 중 하나는 장거리 이동에 시달려야 할지도 모른다.

코로나19 팬데믹의 몇 안 되는 장점 중 하나는 노동 인구의 70%가 갑자기 출퇴근에 단 1분도 쓰지 않는 세상이 되었다는 점이다.[20] 외출 제한 정책으로 직장인들은 재택근무를 강요받았다(어떤 이들은 재택근무가 허용되었다고 표현할 수도 있다). 교통 체증과 싸우거나 지하철 빈자리를 두고 다투는 대신, 느긋하게 책상에 앉는 데 1분도 채 걸리지 않게 되었다. 통근에 낭비하던 시간을 되찾았고, 그 시간은 더 많은 업무나 운동, 휴식 등에 쏠 수 있었다. 일상이 재개된 후 사무실 복귀를 거부한 사람이 많았던 것도 그리 놀랄 일이 아니다.[21]

하지만 모든 사람들이 통근 시간을 끔찍하게 여기는 것은 아니다. 짐의 사례를 살펴보자. 그는 꼼꼼하게 알아본 끝에 커뮤니티 유대가 돈독하고 훌륭한 학교들이 있는 뉴저지에서 아내와 두 아이를 키우며 살고 있다. 하지만 일터와는 거리가 멀었다. 물리치료사인 그는 맨해튼의 한 대형 병원에서 일하고 있다. 편도로만 두 시간이 걸리는 통근길이다. 열차를 타고 가다 지하철로 갈아탄 뒤 4km를 걸어서 출근하고 이 길을 역행해 퇴근한다.

놀랍게도 짐는 통근길을 싫어하지 않는다. 도리어 좋아하는 쪽이다. 열차에서는 탐정 소설을, 지하철에서는 신문을 읽고, 지하철역 바깥에 있는 식품 잡화점에서 산 커피를 마시며 도심 외곽으로 걸어간다. 그는 상점 진열창과 나무들이 계절에 따라 어떻게 변하는지를 느낀다. 매일 비슷한 시간에 마주치는, 개를 산책시키는 사람들과 고개를 살짝 숙이며 인사를 나눈다. 또한 하루 업무를 시작할 마음의 준비도 한다. 퇴근 때는 그 길을 되돌아 걸으며 환자들에게서 받은 스트레스를 털어내고, 열차에 올라서는 읽던 탐정 소설의 새 챕터를 시작한다. 산뜻한 기분과 맑은 정신으로 현관문을 여는 그는 얼른 아내에게 입을 맞추고 아이들의 숙제를 도와주고 싶은 마음이 가득하다.

이 통근길과 많은 이들이 고통스럽게 여기는 일반적인 통근길의 차이는 무엇일까? 짐에게 그 시간은 낭비가 아니다. 출퇴근하는 몇 시간이 그에게는 소중한 시간이다. 독서를 할 수 있는 시간이기 때문이다. 그는 집에서는 탐정 소설을 읽지 않는데, 아내와 아이들에게만 온전히 집중하기 때문이다. 일터까지 걷는 시간은 그에게 야외에서 몸을 움직이고, 도시의 변화를 관찰하고, 생각할 여유를 마련해준다. 그만의 시간이고, 하루 중 온전히 그에게만 귀속된 시간이다. 그는 목적지에 도착할 생각으로 그 시간을 조급히 보내지 않는다(그랬다면 시 외곽까지 지하철을 타면 될 일이었다).

짐의 사례는 부담스럽게 느끼기 쉬운 일과 시간을 어떻게 해야 더 현명하게 보낼 수 있는지 알려준다. 짐은 통근길을 자신이 가치 있게 여기는 일과 연계시켰다. 집안일을 더 즐겁게 만드는 '묶기 전략'을 적용한 것이다. 짐은 통근 시간을 독서와 운동, 사색이라는 '혼자만의 시간'과 묶었다. 낭비되는 시간을 보물로 바꾼 것이다.

늘 그렇듯 멍하니 라디오 채널이나 스마트폰을 넘기는 것보다, 집과 일터를 오가는 시간을 의식적으로 보내야 한다. 통근 시간과 묶으면 좋은 가치 있는 활동들을 몇 가지 소개하겠다. 만약 차로 출퇴근을 한다면 시각적 주의가 전혀 필요하지 않도록 핸즈프리 기능을 사용해야 한다.

- **오디오북을 듣는다.**

  늘 시간이 없어 아쉽다고 자주 언급하는 활동 중 하나가 바로 독서다. 매일 출퇴근 30분 동안 오디오북을 듣는다면, 2주에 책 한 권을 끝낼 수 있다. 그러다 보면 북클럽 가입도 생각하게 될지 모른다. 북클럽에서 선정한 도서 한 권을 밀리지 않고 읽는 것이 도전처럼 느껴질 수 있지만, 묶기 전략으로 도전을 이겨내고 우정을 쌓을 수도 있다.

  차를 타는 시간이 신나도록 흡인력 있는 스릴러 소설이나 다른 누군가의 삶을 들여다보는 소설, 훌륭한 조언을 전해주는 책이나 역사·전기·비즈니스 도서를 선택할 수 있다. 선택권은 당신에게 있다. 당신의 시간이니까.

- **팟캐스트를 듣는다.**

  당신에게 영감과 정보를 가득 전해주는 훌륭한 팟캐스트가 무척이나 많다.

- 외국어를 배운다.

    나는 이 방법으로 외국어를 배워본 적은 없지만, 상당히 효율적인 오디오 언어 프로그램이 많다. 이 시간을 활용해 외국어를 공부하면 더 많은 사람과 소통하고 유대감을 느낄 수 있으며, 휴가지에서 멋진 식사를 주문할 준비도 될 수 있다.

- 부모님이나 장성한 자녀들, 친구들에게 전화를 걸어 근황을 주고받는다.

    뿌리 깊은 행복은 사회적 유대감에서 온다는 것을 이제는 잘 알 것이다. 하지만 바쁜 스케줄 탓에 통화를 나눌 30분도 내기 어려울 수 있다. 바로 지금이 당신이 바랐던 그 30분을 낼 수 있는 때다! 사랑하는 사람들과의 관계를 되찾고 계속 이어가는 데 운전 시간을 활용하면 된다. 통근 스케줄은 상당히 안정적이라 일주일에 한 번씩 통화하는 시간을 고정적인 일정으로 삼을 수도 있고, 그렇게 하면 물리적인 거리에도 불구하고 서로의 일상을 함께할 수 있다.

헤드폰을 쓰고 큰 소리로 대화할 수는 없지만, 대중교통으로 통근할 때도 다양한 활동을 묶을 수 있다. 대중교통을 이용할 땐 무엇을 하든 그 대상을 눈으로 직접 볼 수 있다.

- 독서를 한다.

  삽화가 실린 책도 가능하다.

- 글을 쓴다.

  직접 소설을 쓰거나 일기를 쓴다.

- 이메일을 확인한다.

  이 시간을 이용해 메일함을 정리하면 회사나 집에 도착해 따로 메일 업무를 처리할 필요가 없다.

- TV를 시청한다.

  이제는 콘텐츠를 스마트폰으로 스트리밍할 수 있어, 버스에 앉아 가족들은 좋아하지 않는 TV 프로그램들을 볼 수 있다. 당신만 좋아하는 프로그램을 통근 중에 본다면 가정불화도 줄일 수 있고, 집에 돌아가서 TV 시청이 아닌 다른 일들을 할 시간도 확보할 수 있다.

운이 좋아서 회사까지 자전거나 도보로 이동이 가능하다면, 통근 시간은 자연스럽게 운동을 하는 행복과 연계될 수 있다. 사무실까지 걸어가는 시간에 오디오북이나 팟캐스트를 듣거나, 사랑하는 사람에게 전화를 걸어 안부를 묻는 것도 가능하다. 탁 트인 하늘 아래서 사색하는 시간으로 활용할 수도 있다. 짐이 그랬듯, 당신 또한 통근 시간을 소중히 여길 수 있다.

고된 시간에 항복하지 않길 바란다. 얼른 지나가기만을 바라는 마음으로 일하는 시간을 보내지 않길 바란다. 이 또한 당신 삶을 채우는 시간이고, 그저 낭비하며 보낼 수는 없다. 지금껏 어떻게 생각했든, 집안일을 하고, 업무를 하고, 통근을 하는 이 모든 시간도 사실 오롯이 당신의 시간이다. 그리고 이 시간을 어떻게 보낼 것인지 놀라울 정도로 많은 선택지가 당신에게 있다. 마음만 조금 달리하면 언뜻 보기에 쓰레기통과 같은 이 시간을 특별한 선물로 바꿀 수 있다. 오래전부터 일상에서 가장 불행하게 느꼈던 시간을 이제는 훨씬 더 의미 있고, 유대감 넘치고, 재밌는 시간으로 탈바꿈할 수 있는 전략을 알고 있다. 변화는 작지만 그 효과는 대단하다.

4장

우리의 삶에 여유가 필요한 이유

지금 이 순간
행복하라.
이 순간이 바로
당신의 삶이다.

오마르 하이얌
Omar Khayyam

열차에서 깨달음을 얻은 지 4년 후인 2017년, 우리는 캘리포니아로 돌아가 내가 꿈꿔왔던 삶을 시작했다. UCLA 캠퍼스 옆에 집을 샀고, 레오는 유칼립투스 나무들이 우거진 곳에 자리한 어린이집에 다니기 시작했다. 내 사무실에서 약 370m 떨어진 곳이었다. 매일 아침 걸어서 아이를 등원시킬 수 있었다.

어느 날 아침, 아이와 어린이집에 가던 길이었다. 늘 그렇듯 완벽한 아침이었다. 햇살이 빛나고, 새들이 지저귀었다. 레오는 내 몇 발자국 뒤에서 노래를 부르며 깡충거렸다. 아름다운 아침이었다. 나만 빼고.

나는 얼굴을 찡그린 채 앞서 걷고 있었다. 첫 회의 시간이 임박해 있었다. 몇 걸음을 옮길 때마다 아이에게 소리쳤다.

"얼른 가야 해."

그때 아이가 걸음을 멈췄다.

"엄마, 기다려 봐!"

나는 기다릴 마음이 없었다.

"레오, 얼른 와. 우리 늦었다고!"

머릿속으로 오늘 할 일들을 계속 떠올리던 나는 아이 하원 전까지 그 일들을 다 마치지 못할까 봐 점점 초조해졌다.

"아니, 엄마, 이것 좀 봐!"

고개를 돌리자 길가에 활짝 핀 흰 장미 덤불에 아이가 얼굴을 파묻은 모습이 보였다.

"레오,"

나는 계속 걸으며 어깨너머로 소리쳤다.

"우리 지금 장미 냄새를 맡을 시간이 없다고!"

내 입에서 튀어나온 말들을 내 귀로 직접 듣고 난 후에야 걸음을 멈췄다. 시간과 행복 전문가로서 내 자신이 섬뜩하고 창피하게 느껴졌다. 너무도, 정말 터무니없을 정도로 잘못된 태도였다. 아이와 어린이집에 가는 길을 즐기는 대신 나는 내 머릿속에만 갇혀 있었다. 다음 일을 계획하고, 준비하고, 해치울 생각만 하고 있었다.

익숙한 이야기처럼 들리는가? 유감스럽게도 우리 모두 매일 지나다니는 길에서 마주하는 완벽한 순간들을 놓치는 경향이 있다. 이번 장에서는 왜 그런지, 무엇보다 우리 바로 앞에 놓인 좋은 것들을 인식할 수 있는 방법은 무엇인지 배워볼 예정이다.

2장과 달리, 다양한 활동에 시간을 어떻게 써야 하는지를 알려주는 이야기가 아니다. 3장과 달리, 끔찍하게 여기는 일들을 잘 해낼 방법에 대한 조언도 아니다. 이번 장에서는 당신이 이미 현명하게 소비하고 있는 시간의 질을 더 높이는 방법에 대해 이야기할 예정이다.

매일을 새롭게 인식하라

레오와 함께 새 어린이집까지 걸어 다니기 시작하던 첫 몇 달은 나도

꽃을 의식했다. 그 길은 롭과 내가 지금껏 노력했던 모든 것을 상징했다. 우리는 마침내 캘리포니아로, 그리고 원하던 일자리로 돌아온 것이었다. 나는 행복에 잔뜩 취해 사무실에 도착했다. 겹겹이 껴입은 옷을 벗어내고 몸을 녹일 필요가 없었다. 햇빛을 모방한 책상 램프를 켤 필요도 없었다. 대신 사무실 창문을 활짝 열었고, 그 아래로 펼쳐진 잔디가 무성한 언덕은 곧 샌들을 신고 이동식 해먹을 펼칠 대학생들로 가득해질 터였다. 건조한 남부 캘리포니아의 공기를 감사한 마음으로 깊이 들이마시고는 자리에 앉아 하루를 시작했다.

하지만 매일 레오와 같은 길을 몇 달째 걷다 보니 모든 것이 익숙해지고 말았다. 너무도 익숙해진 나머지 더는 의식하지 않게 되었다. 의식을 하지 않으니 진정으로 사랑스러운 이 상황이 내 기분에 전과 같은 긍정적 영향을 끼칠 수 없었다. 연구자들은 이 현상을 '쾌락 적응 *hedonic adaptation*'이라고 한다. 인간은 지속적이고 반복적인 노출을 경험하면 이에 적응하는 성향이 강하다. 계속 같은 것을 보거나, 같은 것을 하거나, 같은 사람과 함께 하면 그것이 우리의 정서적 경험에 미치는 영향력이 줄어든다. 간단히 말해, 시간이 지날수록 익숙해지는 것이다.

이 세상이 우리에게 핑크빛 아침만을 경험하게 해주는 것이 아닌 만큼, 상황에 적응하는 우리의 능력은 실로 유용하다. 예를 들어, 짜증스러운 청소기 소음에 계속해서 노출되면 덜 짜증스럽게 느껴진다[1]. 한 실험에 참여한 불행한(다만 점차 그 불행에 익숙해진) 참가자들을 통해 입증되었다. 마찬가지로, 차가운 호수를 헤치며 걸어 들어가다 보면 몇 분 후에는 덜 차갑게 느껴져 물에 깊이 몸을 담글 준비가 된다.

적응력 덕분에 우리는 짜증스러운 일들과 불편한 일들, 힘들고 고통스러운 상황을 이겨낼 수 있다. 쉽게 적응하기 힘든 상실도 있지만, 정서적으로 적응하는 이 능력 덕분에 우리는 놀라운 회복력을 발휘할 수 있다.

코로나19 팬데믹 사태를 생각해보라. 새로운 코로나바이러스의 전파를 막기 위해 2020년 한 해 대부분을 집에 갇힌 채 보내야만 했다. 음식점에서 친구들을 만날 수도, 사무실에서 동료들과 함께 할 수도, 박물관을 거닐거나 아이들을 학교에 보낼 수도 없었다. 그간의 노고 끝에 맞이한 졸업식에 참석하거나, 열심히 계획하며 고대해온 휴가를 떠나는 일도 포기해야만 했다. 그리고 나서도 마침내 사람들과 함께 하는 공간으로 돌아갈 수 있게 되었을 때는 마스크로 얼굴을 가린 덕분에 대화는 줄고 친근한 미소는 사라졌다.

우리는 불편함과 실망감에 적응했고, 곧 사람들과 유대감을 느끼고 탐험할 새로운 방법을 생각해냈다. 여전히 서로 멀리 떨어져 있었지만 그 상황에서도 얼마간의 행복을 경험하기까지 했다. 적응을 통해 우리는 역경을 이겨낼 수 있었다. 한 연구에서는 수감자들이 독방에 감금되어 홀로 고립된 상황에 적응하는 법까지도 배울 수 있다는 사실이 드러났다.[2]

이처럼 쾌락 적응은 부정적인 경험에서 오는 고통을 줄이는 데 도움을 주는 기제이다. 하지만 긍정적인 경험의 기쁨도 줄어든다. 삶의 좋은 면들이 우리 일상의 일부로 새겨지면 더는 인식하지 못하게 된다. 우리의 일상을 구성하는 다채로운 색감을 전보다 기쁘게 느끼지 않는다. 수많은 잠재적 행복을 놓치고 살아간다.

이런 역학은 아이스크림을 먹을 때도 나타난다. 솔티드 캐러멜이 정교하게 가미된 차갑고 부드러운 초콜릿 아이스크림을 한 스푼 가득 떠서 처음 입에 넣을 때를 떠올려보라. 어떤 맛인가? 천상의 맛이다! 세 번째, 네 번째 스푼도 역시 대단히 훌륭할 것이다. 여섯 번째 스푼도 여전히 맛있다. 여덟 번째 스푼도 맛있다. 열 번째 스푼을 넣을 즈음이 되면 감흥이 사라지고, 입 안의 아이스크림 맛을 음미하기보다는 그다음에 할 일을 생각하게 된다. 즐거움은 점차 사라지고, 스무 입을 먹고 나면 좀 지겨워지다 못해 속도 약간 메슥거릴 것이다. 쾌락 적응은 언제나 첫입이 가장 맛있는 이유를 설명해주고 식사 전에 디저트부터 먹어야 한다는 내 믿음의 근거이기도 하다.

비단 음식만이 아니다. 당신이 가장 좋아하는 노래가 흘러나올 때 그 짜릿함을 떠올려보길 바란다. 노래를 따라 부르고, 노래가 끝나면 다시 한 번 듣고 싶어진다. 하지만 몇 차례 반복하다 보면 노래는 어느새 배경 소음의 일부가 되거나 지겹게 느껴지기 시작한다.

다만 쾌락 적응은 아이스크림이나 가장 좋아하는 노래, 볕이 좋은 통근길과 같은 소소한 기쁨들에 더는 반응하지 않도록 만들기만

하는 것이 아니라는 점이 문제다. 우리는 대단한 기쁨에도 무감각해진다. 동반자가 처음으로 "당신을 사랑해"라는 말을 했던 때를 생각해보라. 그 순간을 가능한 생생하게 떠올려보고, 당시 어떤 기분을 느꼈는지 회상하길 바란다. 아마도 가슴이 터질 듯한 행복에 흠뻑 취했을 것이다. 너무도 큰 기쁨에 휩싸인 나머지 그 여섯 글자가 나중에는 "사랑해"로 짧아져 통화를 마무리할 때와 매일 아침 현관을 나서는 인사말로 쓰이게 될 거라고는 상상조차 하지 못했을 것이다. 사랑의 맹세라는 인생을 뒤바꾸는 중요한 무언가도 결국 일상이 되고 만다.

연구를 통해 대단히 놀라운 행운일지라도 그 행복이 점차 감소하는 현상이 나타난다는 것이 입증되었다. 많은 이들이 꿈꾸는 시나리오인 복권 당첨과 같은 상황에서도 마찬가지다. 물론 여러 추가적인 요인들이 작용하겠지만, 복권 당첨자들과 이들과 유사한 인구 통계학적 특징을 지닌 비당첨자들을 비교한 한 연구에서는 당첨자들이 그렇지 않은 이들에 비해 실제로 훨씬 더 행복을 느끼지는 않는다는 점을 밝혔다.[3]

복권 당첨만큼의 대단한 행운을 누릴 이들이 극히 소수이니, 그럼 연봉 인상의 효과는 어떨까? 한 연구진은 이 질문에 대한 답을 찾기 위해 16년에 걸쳐 수천 명의 소득 수준과 행복도를 추적했다. 소득의 변화로 인해 사람들의 행복도가 어떻게 달라지는지를 바탕으로 연구진은 소득이 크게 오르면 초기에는 행복도가 크게 상승하는 효과가 있다고 결론지었다. 하지만 4년 이내로 이들의 행복은 기초선 수준으로 돌아갔다[4].

지금까지는 돈에 관련한 내용이었다. 그렇다면 사랑은 어떨까? 마찬가지로 종단적 접근법을 택한 또 다른 연구진은 혼인 여부의 변화와 관련해 개인의 행복도를 측정했다. 데이터는 결혼식 당일을 절정으로 한 산 모양의 패턴으로 나타났다. 결혼식 전까지 2년 동안 행복도가 상승하는 모습을 보이다가 이후에는 꾸준하게 감소하여 개인의 기초선 수준으로 돌아갔다. 2년도 안 되어 개인이 느끼는 흥분은 "신혼이에요!"에서 '이미 결혼한 상태라는 무덤덤한 일상으로 달라진다[5].

이런 결과들을 인정하기 어려울 수도 있지만, 이런 변화는 '충격 편향 impact bias [6]'이라는 심리학 현상으로 입증되었다. 마땅히 큰 행복을 주는 어떠한 사건의 영향력이 지속되지 않는다는 사실은 받아들이기가 쉽지 않다. 소득이 크게 늘거나 진짜 사랑을 찾는 대단한 행운을 누린다면 당신이 어떤 기분일지 상상하기 때문이다. 하지만 그 상상 속에서 당신은 그 사건의 영향력과 당신을 행복하게 할 단 하나의 사건에만 초점을 맞춘다. 그 일 이후 일상 속 감정이나 삶을 평가하는 데 영향을 미치는 여러 다른 요인은 전혀 생각하지 않고 있다.

정말 너무나 운이 좋게도 남은 평생을 함께하고 싶다고 진심으로 맹세하고 싶을 정도로 멋진 사람을 만났다고 생각해보자. 매일 그 사람 옆에서 잠을 깰 수 있다는 생각에 매우 행복할 것이다. 하지만 얼마 지나지 않아 그 매일은 곧 일상이 된다. 결혼한 지 몇 년이 지나면 여전히 그 사람 옆에서 눈을 뜨겠지만, 아침에 깬 당신의 감정에 영향을 미치는 수많은 요소들이 생겨날 것이다. 출근 준비나 아이 등교 준비를 하느라 급히 침대에서 몸을 일으켜야 할 것이다. 그 후 교통 체증, 날씨, 상사의 피드백, 학부모 면담, 동료와의 불편한 대화 등 수많은 생각이 떠오르며 만족감에 영향을 미칠 것이다. 누군가 옆에서 눈 뜬지 몇 년이 지나면 너무 익숙해져, 그것을 큰 행운과 기쁨의 원천으로 여기며 마음을 쏟지 않고 인식조차 하지 못하게 된다.

삶의 사소한 즐거움을 음미하는 방법

사랑하는 사람이 평생 당신 곁에 머물지 못한다는 사실을 깨닫게 되면 어떨까? 조금 덜 극적으로는, 여러 상황으로 인해 함께하는 순간들이 줄어든다면? 결국 함께하는 시간은 끝나기 마련이다. 하지만 그런 순간이 오기 전에 두 사람이 즐겁게 하던 일을 함께하는 횟수가 줄어들기 시작할 것이다. 아니면 함께할 수 있다 해도 어떠한 요인들이 달라져 그 순간들이 전처럼 완벽하지 않을 수도 있다. 물론 당신과 배우자가 같은 침대에서 눈을 뜨는 것은 변하지 않겠지만, 두 사람의 일정이 달라 같은 시간에 일어나지 못할 수도 있다. 또는 배우자에게 아침 인사를 건네기도 전에 배고픈 아이의 성화에 못 이겨 잠도 안 깬 채로 몸을 일으켜야 할 수도 있다. 혹은 한 침대에서 눈을 뜬다는 결혼의 가장 기본적인 기쁨마저도 숙면의 중요성에 밀려나 코 고는 사람이 소파에서 잠을 청해야 할 수도 있다.

이제는 레오와 학교까지 함께 걸을 일이 없다. 아이는 어린이집을 졸업해 초등학교에 다니는데 학교는 차로 8km 떨어진 곳이다. 내가 차로 학교에 데려다주는 날이면 레오는 같은 반 친구와 차 안에서 들을 노래를 두고 협상하느라 바쁘다. 레오와 함께 걸으며 어린이집에 데려다주던 아침이 얼마 남지 않았다는 것을 알았더라면 좀 더 관심을 기울였을 텐데. 항상 꽃들을 살폈을 텐데.

우리에게 남은 시간이 한정되어 있다는 사실을 언제 깨달을까? 삶의 사소한 즐거움들을 음미하게 만드는 것은 무엇일까?

나이에 따라 경험하는 행복도의 차이

필라델피아에 살던 시절, 어느 월요일 출근길에 대학원생인 아미트를 마주쳤다. 내게 예의 바르게 주말을 잘 보냈는지 묻는 그에게 별생각 없이 밝은 목소리로 답했다.

"멋진 주말이었어요!"

"우와, 뭐 하셨는데요?"

그가 되묻자 나는 머뭇거렸다. 사실 뭘 대단히 한 일은 없었고,

이렇게 신이 나서 대답할 정도로 재밌는 일도 없었다. 롭과 동네를 거닐고 두 살 반 된 레오와 산책하며 주말을 보냈다. 블러디 메리 카트*Bloody Mary cart*(재료를 카트에 실어 식사 테이블 바로 옆에서 주문에 따라 칵테일을 제조하는 서비스-옮긴이)가 있는 새로 생긴 브런치 음식점에서 식사를 했고 영화도 몇 편 봤다. 막상 말하고 나니 지극히도 평범한 주말이었지만 그럼에도 나는 굽히지 않고 말했다.

"다 너무 즐거웠어요."

그런 뒤 그에게 주말을 잘 보냈는지 물었다. 그는 기차를 타고 뉴욕에 가서 대학 때 친구들을 만나 멋진 밤을 보냈다. 친구들과 함께 그는 가장 인기 있는 콘서트 티켓을 손에 넣었다.

"이건 좀 자랑해도 될 것 같아요."

그가 활짝 웃으며 말했다. 객관적으로 보면 그가 나보다 훨씬 신나는 주말을 보낸 게 맞았다. 하지만 내가 가장 좋아하는 두 사람과 함께 만족스러운 이틀을 보낸 덕분에 그때까지도 들떠 있던 나는 우리 두 사람 중 누가 더 행복했을지 궁금해졌다. 아미트와 사무실에 도착할 즈음, 우리는 이 흥미로운 실증적 주제를 함께 연구해보기로 결정했다[7]. 하지만 경험적 소비나 쾌락에 대한 학술 문헌 그 어디에서도 답을 찾을 수 없다는 것을 깨달았다.

대중문화를 들여다보던 우리는 서로 다른 답변을 찾아냈다. 영화 〈죽은 시인의 사회 *Dead Poets Society*〉 속 중요한 장면에서 로빈 윌리엄스*Robin Williams*가 "카르페 디엠! 오늘을 즐겨라, 얘들아. 너희들의 삶을 특별하게 만들렴!"이라고 외치는 장면이었다. 주말 동안 일상을 벗어나 흔하지 않은 특별한 경험을 했던 아미트의 주말이 승점을 가져갔다.

하지만 영화 〈버킷리스트 The Bucket List〉는 어땠을까? 영화 속에서 모건 프리먼 Morgan Freeman과 잭 니콜슨 Jack Nicholson은 시한부 판정을 받고, 그것을 계기로 산에 오르고 스카이다이빙을 하는 등 대단한 모험을 떠났다. 하지만 결국 두 사람은 집으로 돌아가 뒷마당과 식탁에서, 가까운 친구들 및 가족들과 함께하는 고요한 순간에서 가장 큰 행복을 발견한다. 이번에는 내가 한 점을 얻었다.

그렇다면 어느 쪽이 진짜일까? 우리를 흥분시키고 일상의 영역 밖으로 도전하게 만드는 특별한 경험일까, 아니면 우리의 일상을 채우는 평범하고 따뜻한 순간일까? 우리의 행복에 더 기여하는 것은 특별함인가, 평범함일까?

이 문제에 실증적으로 답하기 위해서 아미트와 나는 수백 명의 사람들에게 질문을 하기 시작했다. 응답자는 모든 성별과 연령대, 소득 수준, 인종을 대표하는 집단으로 꾸렸다. 우리는 이들에게 최근 행복했던 경험을 말해달라고 요청했다. 이 중 절반에게는 특별한 경험을, 나머지 절반에게는 평범한 경험을 말해 달라고 지시했다. 참가자들의 응답 중에는 "벨리즈의 블루홀에서 다이빙을 했어요.", "맛있는 프라푸치노를 먹었어요! 날씨가 정말 덥고 후덥지근했던 날이라 얼음 가득한 시원한 음료가 너무 만족스러웠어요.", "얼마 전에 결혼

했어요!", "소파에서 반려견과 꼭 껴안고 시간을 보냈어요.", "베란다로 나가 따뜻한 햇볕을 받았어요.", "친한 친구에게서 문자를 받았어요." 등이 있었다. 이 경험들이 특별함에 속하는지, 평범함에 속하는지는 쉽게 판단할 수 있을 것이다.

각 활동을 구분하는 기준을 찾던 우리는 사람들이 말하는 행복한 경험에 몇 가지 분명한 차이가 있다는 것을 깨달았다.

특별한 경험은 다음의 세 가지 유형 중 하나에 속한다.

1 **인생의 중요한 사건**: 졸업, 훌륭한 일자리에 취업, 결혼, 출산, 손자손녀 탄생
2 **평생 단 한 번뿐인 휴가**: 마추픽추 등반, 파리 여행, 벨리즈의 블루홀에서 다이빙
3 **문화 행사**: 콘서트 관람, 프로 스포츠 경기 관람, 세계적으로 유명한 음식점에서 식사

평범한 경험은 다음의 유형으로 나뉜다.

1 **사랑하는 누군가와 함께하는 순간**: 친구의 문자, 배우자의 굿모닝 입맞춤, 아들과의 산책, 반려견과의 여유로운 휴식
2 **특별한 선물**: 맛있는 와인 한 잔, 맛있는 샌드위치, 따뜻한 샤워, 몸을 말고 앉아 읽는 좋은 책 한 권, 무더운 날 마시는 차가

운 프라푸치노 한 잔

3 **자연**: 노을이나 경관, 활짝 핀 장미 바라보기

특별한 경험과 평범한 경험 중 무엇이 더 나았을까? 이에 답하기 위해 우리는 참여자들에게 그들의 경험에 대해 묻는 것 외에도 9점 만점 척도로 그 경험이 어느 정도의 행복을 안겨주었는지도 물었다. 응답은 연령에 따라 달라졌다. 젊은 연령층은 특별한 경험이 평범한 경험보다 더 큰 행복을 전해준다고 답했다. 한편 연령이 높은 사람들은 평범한 경험도 특별한 경험과 동일하게 행복을 준다고 응답했다.

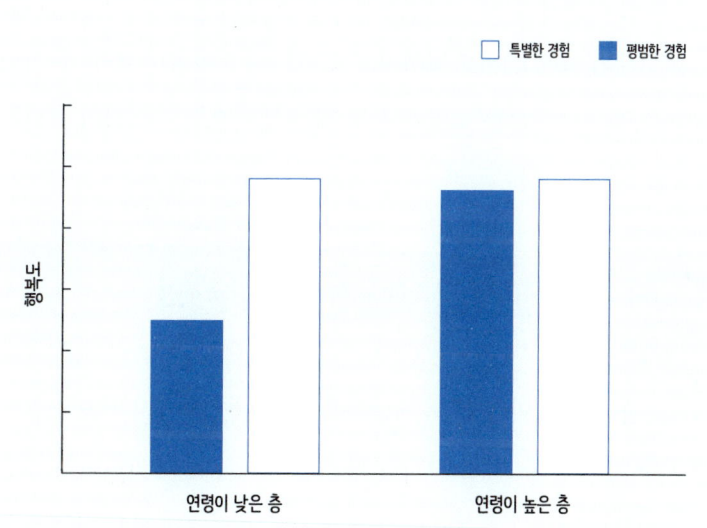

즉, 연령이 높은 집단에서는 행복의 정도에서 특별한 경험과 평범한 경험 간의 통계적으로 유의미한 차이가 없었다.

'연령이 낮은 층'과 '높은 층'의 기준이 궁금하다면, 이 그래프에서는 35세 미만과 35세 이상을 의미한다. 다만 35세를 기준으로 한 데에는 특별한 의미가 있는 것은 아니고, 우리가 진행한 연구 참가자들의 중위연령이 35세였기에 데이터를 나누는 기준으로 사용한 것이다. 실제로 평범한 경험의 행복도는 연령이 높아질수록 점진적으로 상승한다. 사람은 나이가 들어갈수록 이 땅에서 자신의 시간이 얼마 남지 않았다는 시간의 유한성을 자연스럽게 이해하기 시작한다. 자신의 시간이 소중하다는 것을 깨달으면 사람들은 아주 사소한 순간조차도 더 음미하려고 한다.

이 연구 결과는 내가 아미트보다 나이가 아주 많은 것은 아니었지만 인생의 다음 단계로 나아가고 있다는 방증이었다. 또한 두 사람이 행복하다고 여기는 주말은 서로 다른 방식으로 구성되어 있다는 사실을 설명해줬다.

유한한 시간 속에서 발견하는 깊은 행복

나이는 우리가 얼마나 더 살아갈지를 가리키는 한 가지 지표일 뿐이다. 이보다 더 가슴 아픈 계기는 다른 사람들이 삶을 마감하는 모습을 지켜보는 일이다. 죽음을 지켜보는 일은 우리에게 남은 시간이 대단히 짧다는 걸 깨닫게 한다.

    2001년 9월 11일, 테러리스트들은 단 몇 시간 만에 3천여 명의 목숨을 앗아갔다. 대다수는 뉴욕에서 목숨을 잃었지만, 미국 전역과 전 세계 사람들은 필사의 운명에 대해 새삼 생각하게 되었다. 사람들은 사랑하는 이들을 더욱 힘껏 끌어당겨 세게 부둥켜안았다. 연구자들은 "주변 환경에 삶의 유한성을 상기시키는 신호들이 있을 때, 사람들은 가깝고 의미 있는 관계를 중요하게 여기는 모습을 보인다"[8]고 설명했다.

    또한 코로나19 팬데믹으로 인해 다른 이들과 함께 나누는 소소한 순간들을 소중히 여기는 사람들이 늘었다. TV와 라디오, 신문에서 끊임없이 사망자 수가 보도될 때, 죽음이 가까이 다가온 것처럼 느낀 사람들이 많았다. 사랑하는 사람을 잃은 이들도 많았다. 우리들은 삶의 유한함을 가혹하게 확인받는 동시에, 바이러스의 전파를 줄이기 위해 일상을 멈추고 집에 머무르라는 지시를 받았다. 집에서 격리되는 동안 할 일이 아무것도 없었지만 지금 이 순간에 집중해야 했다.

    당시 1학년이었던 레오는 학교도 못 가고 집에 있어야 했다. 집을 나갈 구실로 우리는 UCLA 캠퍼스 산책이라는 일상을 다시 시작했지만, 이번에는 내가 급히 사무실로 출근을 해야 하는 상황이 아니었다. 삶이란 유약하고 시간은 결국 유한하다는 것을 의식한 후 나는 그 순간에 더욱 집중하게 되었다. 특히 레오에게 집중했다. 우리는 함께 여유롭게 거닐며 장미 덤불을 감상했다.

이렇게 의심의 여지없이 불행한 시간 한가운데서 예상치 못한 행복을 발견했던 건 나뿐이 아니었다. 분명 상황이 더 어려워진 사람들도 있지만, 또 어떤 이들은 생활에 여유가 생기기도 했다. 한 친구는 가족에게 새로 생긴 저녁 루틴에 대해 말했다. 카드 게임을 한 뒤 느긋하게 즐기는 저녁 식사 테이블은 그녀의 일곱 살 아들이 차린다.

"제임스는 항상 식탁을 창의적인 예술 작품으로 만들어! 매일 저녁마다 모티브를 정해서 말이야. 어제 저녁에는 주제가 크리스마스라서 홀리데이 초를 늘어놓고, 빨간색 냅킨이랑 특별한 접시들을 꺼냈어."

그녀는 이렇게 덧붙였다.

"전에도 내 하루하루는 가득 차 있었지만 이렇게 충만한 느낌은 아니었거든. 이 시기 덕분에 가족이 더욱 가까워진 것 같아."

끝이 보일 때 비로소 드러나는 일상의 아름다움

물론 우리의 일상이 계속되지 않을 거라는 사실을 깨닫기 위해 위기를 겪어야만 하는 것도, 나이가 들어야만 하는 것도 아니다. 삶의 한 단계가 끝나는 것도 우리의 시간을 소중히 해야 한다는 깨달음을 준다.

급히 이사를 가야 하는 상황도 있다. 살던 도시를 떠나본 적이 있다면 떠나기 전에 가까운 친구들, 이웃들과 더 많은 시간을 보내려 했을 것이다. 어쩌면 가장 좋아하던 장소를 다시 가보고 가장 환대를 받는 기분을 느꼈던 음식점에서 식사도 했을 것이다. 무언가와 이별을 하는 것은 우리가 그간 누렸던 기쁨들을 음미하도록 만든다.

대학 졸업이 가까워질 때도 가장 좋아했던 활동들을 만끽하려는 심리를 느꼈을 것이다. 그 특별한 한 해의 마지막 날들이 어느 때보다 더 각별하게 느껴졌을 것이다. 대학 졸업반 학생들을 대상으로 한 실험에서도 이런 경향이 드러났다. 졸업 6주 전 학생들은 시간이 얼마 남지 않았다는, 또는 남은 시간이 아주 많다는 주제로 대학 생활에 대한 글을 썼다.

2주 후 학생들은 행복을 느끼는 정도를 보고했다. 대학 생활이 얼마 남지 않는다는 점을 떠올린 학생들이 더 행복함을 느꼈다. 그 시간을 더 알차게 활용했기 때문이다. 이들은 가장 친한 친구들과 어울리고 캠퍼스 내 자신만의 소중한 공간을 방문하는 등 좋아하는 일들을 마음껏 즐기며 시간을 보냈다[9].

이 결과는 마지막 순간을 가능한 행복하게 장식하고 싶다는, 우리 안에 깊이 자리한 동기를 보여준다. 또한 초콜릿을 먹는 실험에서 참가자들이 제시된 초콜릿 순서상 '마지막'으로 지정된 다섯 번째 초콜릿을 더 맛있게 느끼는 이유도 이 때문이었다[10].

작고 사소한 기쁨을 수시로 인식하라

우리가 매일 누리는 순간들이 사실은 유한하다는 점을 잊지 않기 위해서는 어떻게 해야 할까? 나이가 얼마가 되었든, 그리고 삶의 어느 단계를 지나고 있든, 삶의 즐거움과 기쁨에 적응하려는 우리의 성향을 어떻게 상쇄할 수 있을까?

팀 어번 Tim Urban에게 영감을 받아 탄생한 한 가지 훈련을 소개한다[11]. 삶에서 좋은 일들을 계속해서 음미하고 인식하도록 유도하는 훈련이다. 나는 매년 학생들에게 이 훈련을 진행하는데, 자신이 좋아하는 경험을 할 시간이 얼마나 남았는지 그 비율을 계산하도록 시킨다.

하지만 먼저, 학생들에게 우리의 삶에 실제로 주어진 시간이 한정적이라는 점과 이를 측정 가능한 방식으로 나타내는 방법을 설명했다. 아홉 개의 행에 각 행마다 열 개의 원이 그려진 종이 한 장을 보여주었다. 학생들이 미국 평균 수명 이상을 산다는 가정 하에 90년의 생을 보여주는 시각 자료였다. 그런 뒤 그것을 개월 수로(1,080개의 작은 원) 표시한 종이 한 장을, 또다시 이것을 주 수로(4,680개의 더 작은 원) 표시한 종이 한 장을, 마지막으로 이를 일 수로(32,850개의 점) 표시한 종이를 보여주었다.

마지막 종이에는 셀 수 없이 많은 점들이 찍혀 있을 뿐이었지만 이 모든 점들을(우리의 모든 화요일, 금요일 또는 일요일들을) 종이 한 장으

당신의 90년 인생을 개월 수로 표현한 그림

○○○○○○○○○○○○○○○○○○○○○○○○○○○○○○
○○○○○○○○○○○○○○○○○○○○○○○○○○○○○○
○○○○○○○○○○○○○○○○○○○○○○○○○○○○○○
○○○○○○○○○○○○○○○○○○○○○○○○○○○○○○
○○○○○○○○○○○○○○○○○○○○○○○○○○○○○○
○○○○○○○○○○○○○○○○○○○○○○○○○○○○○○
○○○○○○○○○○○○○○○○○○○○○○○○○○○○○○
○○○○○○○○○○○○○○○○○○○○○○○○○○○○○○
○○○○○○○○○○○○○○○○○○○○○○○○○○○○○○
○○○○○○○○○○○○○○○○○○○○○○○○○○○○○○
○○○○○○○○○○○○○○○○○○○○○○○○○○○○○○
○○○○○○○○○○○○○○○○○○○○○○○○○○○○○○
○○○○○○○○○○○○○○○○○○○○○○○○○○○○○○
○○○○○○○○○○○○○○○○○○○○○○○○○○○○○○
○○○○○○○○○○○○○○○○○○○○○○○○○○○○○○
○○○○○○○○○○○○○○○○○○○○○○○○○○○○○○
○○○○○○○○○○○○○○○○○○○○○○○○○○○○○○
○○○○○○○○○○○○○○○○○○○○○○○○○○○○○○
○○○○○○○○○○○○○○○○○○○○○○○○○○○○○○
○○○○○○○○○○○○○○○○○○○○○○○○○○○○○○
○○○○○○○○○○○○○○○○○○○○○○○○○○○○○○
○○○○○○○○○○○○○○○○○○○○○○○○○○○○○○
○○○○○○○○○○○○○○○○○○○○○○○○○○○○○○
○○○○○○○○○○○○○○○○○○○○○○○○○○○○○○
○○○○○○○○○○○○○○○○○○○○○○○○○○○○○○
○○○○○○○○○○○○○○○○○○○○○○○○○○○○○○
○○○○○○○○○○○○○○○○○○○○○○○○○○○○○○
○○○○○○○○○○○○○○○○○○○○○○○○○○○○○○
○○○○○○○○○○○○○○○○○○○○○○○○○○○○○○
○○○○○○○○○○○○○○○○○○○○○○○○○○○○○○

로 한눈에 쉽게 파악할 수 있다는 것은 제법 인상적이다. 우리의 날들이 한정적이라는 사실을 보여주기 때문이다. 이처럼 우리의 시간은 셀 수 있다.

한편, 시간의 진정한 '가치'는 일, 주, 개월 등의 시간 단위로 나타낼 수 없다. 시간의 가치는 그 시간을 구성하는 일, 주, 개월을 무엇으로 채웠는가로 결정된다. 그 32,850일(전쟁이나 팬데믹으로 단 한 번도 취소되지 않는다는 가정 하에), 스물두 번의 동계 올림픽, 8,212번의 여름날 석양, 90번의 봄, 4,680번의 일요일 저녁 식사, 23,400번의 주말 아침 동안 우리가 경험한 일들로 말이다.

하지만 이 90년 중 많은 일들은 더욱 제한적인 시간 동안에만 가능하다. 어쩌면 젊은 시절에는 우리가 준비가 되지 않아서, 또는 노년에는 선뜻 할 수가 없어서 말이다. 더 중요한 건, 우리의 가장 행복한 사건들은 다른 사람들과 함께인 경우가 많기 때문에 그런 순간을 공유할 타인이 언제까지 함께해줄 수 있는지도 고려해야 한다는 점이다.

매주 또는 매일 벌어지는 일들은 주어진 총 시간 중 한정된 기간에만 경험할 수 있다. 레오와 함께 걸으며 어린이집까지 데려다주는 일이야 셀 수 없이 많았다. 그 시기 동안 거의 매일 그러다 보니 내게는 일상이 되었다. 그 결과, 아이를 어린이집에 데려다주는 일이 앞으로 평생 지속될 것처럼 그 일에 적응하고 말았다. 내게 남은 날들을 세어보지 않았다. 레오를 재촉했던 그날 아침, 나는 어린이집 등원을 하는 날의 80%가 지났다는 사실을 미처 깨닫지 못했었다. 함께 장미 덤불을 지나쳐 캠퍼스를 가로지를 시간이 20% 밖에 남지 않았었다.

학생들에게 좋은 것들을 계속해서 인식해야 한다는 생각을 심어주고자 나는 학생들에게 먼저 자신이 좋아하는 것이 무엇인지를 깨닫도록 한다. 소중한 누군가와 함께하는 즐거운 활동을 떠올리는 학생이 대다수다. 학생 한 명은 토요일 아침마다 강아지와 산책하는 것을 꼽았고, 또 다른 학생은 친구와 스포츠 경기를 시청하는 것을, 또 다른 학생은 부모님과의 저녁 식사 시간을 택했다.

그런 뒤 지금껏 그 일을 대략 몇 번이나 했는지 계산해보고, 앞으로 그 일을 몇 번이나 더 할 수 있을지 대략적인 횟수를 산출하도록 한다. 앞으로 몇 번이나 남았는지를 말이다. 조금 소름끼칠 수 있다는 점은 충분히 이해한다. 우리 문화는 삶의 유한성을 직시하는 것을 피하려고 한다. 하지만 조금만 더 참아주길 바란다. 당신이 느낄 즐거움과 만족감을 더 높여줄 것이기 때문이다.

남은 시간을 계산하는 학생들에게 나는 제약 요소와 향후 변할 요소들에 대해 말해준다. 예를 들어, 그 일을 함께하는 상대와 현재 함께 살고 있는지, 향후에도 함께 살고 있을지, 가족 상황이나 커리어 변화에 따라 시간을 낼 수 있는 정도가 어떻게 달라질지, 상대 또는 자신의 기대 수명은 어떠한지 등이다.

계산 끝에 나온 결과는 늘 충격적이다. 한 예로, 반려견과의 토요일 산책을 계산해본 학생은 다섯 살 된 반려견과 지금껏 약 230회의 산책을 했다는 것을 알게 되었다. 반려견이 앞으로 5년 더 산다는 가정 하에 남은 산책을 모두 더해보니, 앞으로 토요일 산책은 52% 가량이 남아 있었다. 이미 둘이서 함께하는 주말 산책이 대략 절반이나 끝났고 앞으로는 절반밖에 남지 않았다는 사실을 깨달은 학생은 남은 시간을 최대한 즐겁게 보내기로 자기 자신과 반려견에게 약속했다. 다음 주 토요일, 다음 블록까지 급히 한 바퀴 도는 대신 그는 차를 타고 자신과 반려견이 좋아하는 바닷가로 향했다.

이 학생은 계산 끝에 복슬복슬한 친구와의 남은 시간이 가슴 아플 정도로 짧다는 것을 알게 되었지만, 사실 둘이 함께할 토요일은 그가 예상했던 것보다 훨씬 더 얼마 남지 않은 상태였다. 6개월 후 그는 내가 강의하는 또 다른 수업을 들었다. 그는 조별 최종 발표에 늦게 도착했는데, 평소 성실했던 그의 성격을 생각해보면 놀라운 일이었다.

이후 그는 동물병원에서 반려견을 안락사시키고 온 길이었다고 설명했다. 처음 그가 반려견과의 산책일을 계산했을 때만 해도 반려견이 진행이 빠른 암을 진단받을 거라고는 생각지 못했다. 그는 슬퍼했지만 남은 시간을 계산했던 덕분에 함께하는 산책을 소중히 여길 수 있었고 바닷가에도 갈 수 있었다고 감사하게 생각했다.

가장 친한 친구와 소파에 앉아 스포츠 경기를 함께 본 시간을 계산한 또 다른 학생은 두 사람이 약 4,700시간을 TV 앞에서 보냈다는 데 당혹감과 충격을(그리고 약간의 뿌듯함을) 느꼈다. 중학교와 고등학교 방과 후, 주말에 경기를 시청한 시간은 물론, 각자 대학에 간 뒤에는 그간 함께 팀을 응원하지 못한 시간을 보상하듯 두 사람이 집에 들를 때마다 같이 경기를 본 시간까지 모두 합산한 수치였다.

대학 졸업 후 서로 다른 도시로 떠난 둘은 일 때문에 고향 집에 오갈 시간을 내기 어려워지자, 1년에 두어 차례 번갈아 서로가 있는 도시로 찾아가기 시작했다. 이후 이 학생은 진지하게 만나는 여성이 생기고 친구는 결혼을 해 두 살 된 아이를 둔 탓에 일정을 조율하는 것이 점점 더 어려워졌다. 어쩌다 주말에 만남이 성사되어도 자유롭게 몇 시간이나 경기를 보며 한담을 나누지는 못했다. 가장 친한 친구와 함께할 시간이 이제 5%밖에 남지 않았다는 사실을 깨닫고 슬픔에 빠진 그는, 다음 강의에 들어가기 전 쉬는 시간에 친구에게 전화를 걸어 안부를 묻고 그다음 달에 남자들만의 여행을 떠날 계획을 세웠다.

쉬는 시간에 부모님과의 저녁 식사 시간이 얼마나 남았는지 계산한 학생이 부모님에게 전화를 거는 모습을 우연히 보게 됐다. 그녀는 대학 입학 전에는 거의 매일 저녁을 부모님과 함께 먹었다. 그녀는 대학을 다니기 시작하며 가족들과의 저녁 식사 획수가 현저히 줄었다는 걸 깨달았다. 크리스마스와 여름 때는 몇 주간 집에서 지냈고, 부모님이 1년에 몇 차례 주말 동안 그녀를 보러 학교를 방문하긴 했지만 말이다. 이런 상황은 그녀가 졸업 후 뉴욕에서 일한 6년간 지속되었다. 가족들과 가까이 지내고 싶었던 그녀는 남부 캘리포니아로 거주지를 옮겨 대학원을 다녔다. 이제 부모님이 한 시간 거리에 지내는 만큼, 일요일에는 가족끼리 저녁 식사를 하는 루틴을 만들었다.

그녀는 60대인 부모님과 함께할 주 1회 저녁 식사가 고작 20년밖에 남지 않았다는 사실을 깨달았다. 계산해보니 가족과 함께하는 저녁 식사 시간이 1%도 남지 않은 셈이었다. 그녀는 과제나 친구들과의 모임으로 식사를 취소했던 몇 번의 일요일에 죄책감을 느꼈다고 내게 고백했다. 그녀는 부모님이 나이가 들어가고 있다는 사실을 인지해 슬프기도 했다.

하지만 남은 시간을 계산하는 훈련은 긍정적 효과가 부정적 효과보다 훨씬 컸다. 앞으로 그녀는 학교 일로 아무리 바빠도, 사교 모임 초대가 아무리 매력적이라도 부모님과의 저녁 식사 시간을 반드시 사수하겠다고 다짐했다. 그 해가 끝날 즈음, 다짐이 잘 지켜지고 있는지 묻자 그녀는 부모님과 함께하는 시간을 지키고 있을 뿐 아니라 그 시간을 더 즐겁게 보내고 있다고 설명했다.

남은 시간을 계산한 덕분에 그녀는 식사 자리에서 부모님과 더 의미 있는 대화를 나누려 노력하게 되었다. 그녀가 태어나기 전에 부모님이 어떤 삶을 살았는지 듣고, 그들에게 조언을 구하고, 함께 나누었던 즐겁고도 재밌는 기억들을 떠올리며 이야기를 나눴다. 예전만 해도 잔소리처럼 느껴지던 엄마의 말을 이제는 이해할 수 있었다. "소중한 순간들을 사소한 일에 속 태우며 낭비해서는 안 된다"는 말이었다.

HAPPIER HOUR

남은 시간 계산하기 훈련

쾌락 중독과 삶의 아름다운 순간을 더는 인식하지 못하는 경향에 대항하려면, 당신이 특히 행복하게 느끼는 일들을 할 수 있는 시간이 얼마나 남았는지 세어보는 것이 좋다.

1. **당신이 진정으로 좋아하는 일이 무엇인지 생각한다.**

무엇이든 될 수 있다. 누군가와 어떤 일을 함께하는 시간을 좋아하지만, 계속 뒤로 미뤄왔던 일 같은 것도 포함한다. 무엇이든 당신에게 중요한 의미를 지닌 일이어야 한다(가장 친한 친구에게 전화 걸기, 독서, 부모님과의 저녁 식사 등). 예를 들어, 스물아홉 살의 대학원생은 부모님과 함께 저녁을 먹을 날이 얼마나 남았는지 계산했다.

2. **지금껏 그 일을 몇 번 했는지 총 횟수를 계산한다.**

대학 입학 전 함께 저녁 식사를 한 횟수: 18년 × 365일 = 6,570회

해외 연수를 갔던 2개월(60일)과 친구들 집에서 외박한 날(20일)을 제외해야 한다. 따라서 대학 입학 전까지 총 6,490회의 식사를 했다.

대학 때 함께 저녁 식사를 한 횟수: 4년간 3주의 연휴(4년×21일=84회)에 4년간 3주의 여름 방학(4년×21일=84회)을 더하고 4년간 부모님 주말 방문 3회(4년×9일=36회)을 더한다. 따라서 대학을 다닐 동안에는 저녁 식사를 204회 함께했다.

뉴욕에 머물 때 함께 저녁 식사를 한 횟수: 6년간 1주의 연휴(6년×7일=42회)에 6년간 1주의

여름휴가 (6년×7일=42회)를 더한다. 따라서 졸업 후에는 저녁 식사를 겨우 84회 함께했다.

캘리포니아로 돌아간 후 함께 저녁 식사를 한 횟수: 1년간 일요일 저녁 식사(52회)에서 다른 일정으로 인해 취소한 횟수(6회)를 뺀다. 따라서 작년 한 해 동안 저녁 식사를 46회 함께했다.

모두 더하면(6,490회+204회+84회+46회) 지금껏 부모님과 6,824번 저녁 식사를 함께했다.

3. **앞으로 그 일을 할 기회가 얼마나 남아 있는지 계산한다.**

즉, 그 일이 당신이 행복을 느끼는 방식대로 행해질 경우가 얼마나 남았는지, 그 일을 함께 하는 상대가 있다면 그 상황까지 고려해 남은 횟수를 계산한다.

미래를 예측할 때 제약 요소와 향후 변화 가능성이 있는 요소들도 고려해야 한다. 예를 들어 당신이 좋아하는 일을 함께하는 누군가가 있는 경우, 그 상대가 현재 당신과 가까운 거리에 있는지, 앞으로도 그럴지, 상대와 당신의 가족 관계나 커리어 상황 변화에 따라 해당 활동에 대한 상대와 당신의 관심 정도나 지속 여부가 달라질지, 상대와 당신의 기대 수명은 어떠한지 등을 생각한다.

65세의 부모님이 90세까지 산다고 가장하면, 앞으로 주말 저녁 식사를 할 수 있는 시간이 25년 남았으므로(25년×52주), 1,300번이 된다. 하지만 신중하게 접근하자면 평균 수명(남성 76세, 여성 81세)으로 계산하는 것이 안전하다. 그렇게 되면 두 분이 함께 자리한 주말 저녁 식사를 할 기회는 11년, 즉 572번(11년×52주)이 남았고, 이 수치도 단 한 차례도 거르지 않았을 경우의 이야기다.

4. **해당 활동을 하는 총 횟수에서 남은 비율을 계산한다.**

남은 시간이 생각했던 것보다 짧은가? 부모님과 함께하는 총 저녁 식사 횟수(6,824회 +572회=7,396회) 중에서 약 8%밖에 남지 않았다($\frac{572}{7,396} \times 100$).

일상 같던 일이 사실 영원하지 않다는 것을 새삼 깨닫게 된다. 남은 시간을 계산하면 앞으로 그 시간을 우선시하고 지키기 위해 노력하게 될 것이고, 그 순간들을 최대한으로 활용하고 더욱 소중히 즐기게 될 것이다.

자신에게 주어진 시간이 그토록 한정되어 있다는 사실을 인식하면 조바심을 느끼기도 하지만, 모든 것에 더 주의를 기울이고 사소한 즐거움을 더 잘 인지하게 된다. '이 또한 지나가리라'는 사실을 깨닫는다면 힘든 시기를 잘 이겨낼 힘을 얻을 뿐 아니라 역경 속에서도 잠시 멈춰 삶의 좋은 것들을 놓치지 않을 수 있다.

평범함을 특별하게 만드는 리추얼의 힘

쾌락 적응을 상쇄하는 또 다른 방법이 있다. 평범한 일상에 더 주의를 기울이는 것이 아니라, 평범함을 특별함으로 바꾸는 것이다.

레오의 여동생이 UCLA 캠퍼스 어린이집에 다니기 시작했을 때, 나는 딸을 등원시키는 시간이 언젠가 끝날 거라는 걸 알았기에 그 시간을 최대한 즐기고 싶었다. 그래서 나는 리타와의 '목요일 모닝 커피 데이트 날'을 정했다. 이 명칭을 강조한 이유는 그만큼 중요하고 의미 있기 때문이다. 이 시간은 리타와 나, 둘 다 고대하는 중대한 날이 되었다. 레오와 아빠가 존중하는 시간이고 약간 질투하는 시간이기도 하다. 내 일정에서 필사적으로 사수하는 시간이며 스마트폰으로 기념사진도 늘 남긴다. 당연하고도 중요한 일정이다. 리타의 선생님들과 친구들, 내 학생들까지 알고 있을 정도로 많은 사람에게 알려져 있는, 중요한 일정이다.

매주 목요일 아침, 레오와 친구들을 학교에 내려주고 나면 곧장 우리만의 데이트가 시작된다. 노래로 그 시작을 알린다.

"헤이, 시리. …을 틀어줘."

내가 밥 말리 Bob Marley의 'Three Little Birds'를 부르면, 리타는 신디 로퍼 Cyndi Lauper의 'Girls Just Want to Have Fun'과 휘트니 휴스턴 Whitney Houston의 'Higher Love'를 이어간다. 근처 커피숍 프로페타 Profeta에 도착하면 바리스타들이 미소로 우리를 반겨준다(이런 환대는 우리가 노력해 얻은 것이다). 우리가 커피숍의 분위기를 망치는 주범이라 해도 직원들은 우리를 좋아하고 우리만의 주 1회 리추얼을 존중하게 되었다. 길게 늘어선 줄을 기다려 카운터 앞에 서면 직원들은 수줍은 용기를 내어 주문을 하는 리타를 인내심 있게 기다려준다.

커피를 사러 가는 것만으로도 평범한 일상을 완전히 변화시켰다. 이 습관을 우리만의 소중한 전통으로 바꾸었다. 이름도 정했고, 암시적이고 명시적인 행동 강령도 정했다. 사진으로도 남겼다. 우리는 이 시간을 특별하게 만들었다. 습관 덕분에 별다른 생각 없이도 하루를 무사히 보낼 수 있다면, 전통은 흘러가는 순간들을 더욱 큰 의미로 채워준다. 시간을 가로질러 우리를 연결시키고 소속감을 준다.

쾌락 적응을 상쇄하기 위해서는 일정에 이름을 붙이는 것이 좋다. 동반자와(또는 친구와) 저녁 약속을 잡아 외식하는 대신, '데이트'라고 부르는 것이다. 이렇게 간단히 관점만 바꾸어도 더 의미 있는 날이 된다. 친구의 아들인 일곱 살 제임스가 그날 저녁의 모티브에 맞춰 특별한 접시로 저녁 테이블을 꾸민 것처럼, 그 행사를 구성하는 사소한 요소에 조금 더 세심함과 관심을 기울이는 것이 좋다. 또는 조금 다른 도구를 사용하는 것도 추천한다. 한 실험에서 평소처럼 손이 아니라 젓가락으로 팝콘을 먹었던 참가자들은 팝콘을 더 맛있게 느꼈고 간식 시간을 더 즐겁게 보냈다[12].

특별한 손길을 더하는 건 크게 거창할 필요가 없다. 결혼 선물로 받은 크리스털 잔과 은으로 된 포크와 나이프를 꺼낸다면 집에서의 저녁 데이트가 특별해진다. 뒷마당에서 길게 갈라진 잎을 가져와 유리병에 넣어 테이블 한가운데 두는 것만으로도 충분하다. 현관 바깥에 테이블을 차려 '나가서' 먹는 것도 아이들과 당신에게 특별한 경험이 된다(특히 코로나19 시기에는 더욱 유용했다).

오후에 동료와 커피를 사러 가는 것, 룸메이트와 저녁에 영화를 보는 것, 동반자와 외식을 하는 것, 무엇이든 가능하다. 함께하는 리추얼이 있다는 것은 분명 큰 가치가 있다. 연구에 따르면 연인 관계에서 공동의 명시적 리추얼이 있을 때 관계의 만족도와 충실함이 높아진다.[13]

전통의 이점은 일상뿐 아니라 시간을 거슬러 서로를 연결시켜준다. 장례식[14]을 잘 마칠 수 있도록 도움을 주고, 결혼식을 더욱 의미 있게 만들며, 연례 홀리데이 시즌에도 더욱 풍성한 경험을 선사한다. 한 연구에서는 홀리데이 전통이 있는 가족들은 그 시기에 함께 모여 지낼 가능성이 더 크고, 그 시간을 더욱 즐겁게 보낸다고 밝혔다.[15] 그러니 당신 가족의 전통을 공표해야 한다. 아직 없다면 만들어야 한다. 우리 가족은 크리스마스 이브마다 퐁듀를 먹는다. 녹은 치즈에 빵을 찍으면 표현이 안 될 정도로 맛있다.

결국 우리는 평범한 일상의 순간들을 특별하게 기리고, 그 시간을 신성하게 여겨 더욱 의미 있게 만들어야 한다.

리추얼에도 휴지기가 필요하다

이 소중한 리추얼이 다시 평범한 일상으로 돌아가지 않도록 하려면 어떻게 해야 할까?

다시 한 번 아이스크림 사례를 들어 전략을 소개하고자 한다. 여덟 번째 스푼을 먹은 후 수저는 식기 세척기에, 아이스크림 통은 냉동실에 넣고 잠시 있다가 다음(아홉 번째) 스푼을 다시 먹으면 첫입처럼 황홀한 맛을 느낄 수 있다. 여러 연구에 따르면 마사지를 받고, TV 프로그램을 보고, 초콜릿을 먹은 뒤[16] 쉬었다가 다시 경험하면 새로운 즐거움을 느낀다.

예를 들면, 초콜릿 실험에서 연구진은 초콜릿을 좋아하는 참가자들 일부에게 일주일간 초콜릿 섭취를 금지했다. 다른 집단에게는 신체적으로 부담을 느끼지 않는 선에서 초콜릿을 마음껏 먹으라고 안내했고, 또 다른 집단에게는 초콜릿과 관련해 아무 지시도 하지 않았다. 일주일 후, 참가자 전원을 연구소로 다시 불러 초콜릿 한 조각을 제공했다. 초콜릿을 자제했던 집단이 초콜릿을 더 느리고 행복하게, 다른 두 집단에 비해 더욱 음미하며 먹었다.

잠시 쉬었다가 다시 느끼는 행복은 TV나 초콜릿 같은 사소한 쾌락에만 해당되지 않는다. 캣[17]의 이야기를 들려주겠다. 그녀는 러브스토리를 주제로 한 영화들이 결혼식으로 결말을 맺을 때마다 불만스러워했다. 결혼만 하면 '이후 내내 행복하게' 살 수 있다는 잘못된 인식을 심어준다고 생각했다. 한편 캣은 결혼이 '뾰죽 솟은 산 모양의 데이터 패턴(앞서 소개한 바 있다)'을 보인다는 사실을 알고 있었다. 결혼식과 신혼 기간이 지난 뒤 대다수 커플의 행복은 서서히 감소하다 결국 개인의 기준선까지 떨어진다는 것도 잘 알고 있었다.

결혼할 때가 되자 그녀는 다른 길을 걷기로 결심했다. 부부의 행복이 지속되도록 매일 결혼식을 하기로 한 것이다. 서로의 눈을 들여다보며 나누는 평생의 서약을 결혼식 날 한 번만 하는 것이 아니라, 매일 아침마다 서로에게 반지를 끼워주며 혼인 서약을 했다. 정확히 말하자면 서약 전체를 다시 낭독하지는 않았다. 오늘 하루와 남은 평생을 함께하기 위해 서로를 택했다고 말했고, 매일 이를 반복했다. 매일이 결혼식 날처럼 느껴진다면 부부의 행복도는 당연히 결혼식 당일 같은 최고점에 머물 수 있을 거라 생각했다.

하지만 딱히 그렇지 않았다. 결혼 생활이 10년째에 접어들자 이토록 낭만적이고 깊은 의미를 지닌 리추얼도 습관, 즉 아무 생각 없이 행하는 모닝 루틴으로 자리 잡았다. 특별함을 잃고 만 것이다. 그래서 부부는 잠시 휴지기를 갖기로 했다. 서로 떨어져 지내는 결혼 생활의 휴지기가 아니라, 양치 후 서로의 손에 반지를 끼워주는 의식을 잠시 멈춘 것뿐이다.

그렇게 몇 달을 지내던 어느 날 아침, 캣의 남편은 아내의 칫솔 옆 작은 트레이에 놓인 결혼반지를 집어 그녀에게 손을 내밀며 청혼했다. 처음 그때처럼, 그녀의 마음은 기쁨으로 가득 찼다. 그녀는 이토록 멋지고 똑똑하며 다정한 남자와 함께하는 게 얼마나 행운인지 새삼 느끼며 "좋아!"라고 답했다. 당연하게도 이 남자와 남은 평생을 함께할 생각이었다!

최고의 것이라도 잠시 휴지기를 갖는 것이 좋다. 일상에서 소중히 여기는 것들에서 잠시 떨어져 지내면, 그것에 적응하는 심리에 대항할 수 있다.

일상과 관계에 새로움을 더하라

레오의 어린이집까지 함께 걷던 그날 아침으로 다시 돌아가보자. 1년 내내 화창하고 따뜻한 남부 캘리포니아가 아니라 계절이 변하고 기온이 달라지는 동부 해안 지역에서 살았다면 어땠을까? 봄을 맞아 처음으로 기온이 따뜻해진 날이었다면 그날 아침이 얼마나 완벽한지를 인식했을 것이다.

쾌락 적응은 좋은 일을 반복적으로 경험하며 더는 인식하게 되지 않을 때 발생한다. 한편 변화는 우리를 잠시 멈추어 주의를 기울이게 만든다. 예를 들어, 초콜릿 캐러멜 아이스크림을 여덟 스푼 먹은 뒤 민트 아이스크림을 스푼 한가득 먹는다면 그 맛을 새삼 인식하게 된다. 조던 엣킨 *Jordan Etkin*과 내가 진행한 연구를 통해 '좋아하는 대상이 더욱 다양해질 때 우리는 몰입하고 더 행복해진다'는 사실이 드러났다.[18] 실제로 이미 누리고 있는 것들을 다양하게 행하는 데 집중하기만 해도 같은 결과를 이끌어낼 수 있다.

한 연구에서 우리는 참가자 한 집단에게 지난 주말 동안 했던 '여러 가지' 일에 대해 응답하게 했고, 다른 집단에게는 '비슷한' 일들에 대해 알려달라고 했다. 결과는 다양성에 집중했던 참가자들이 더 높은 행복도와 만족도를 보고했다. 또 다른 실험에서는 참가자들에게 하루를 보내는 방법을 지시했다. 참가자 절반에게는 여러 가지 일을 많이 하라고 했고, 나머지 절반에게는 비슷한 일을 많이 하라고 요청했다. 하루를 마감하며 다양한 활동을 한 참가자들이 행복과 만족을 더욱 느꼈다.

다양성은 관계에도 좋은 자극이 된다. 저명한 관계 연구자인 아서 애런 Arthur Aron과 그의 동료들이 진행한 여러 연구에서, 새로운 활동을 함께 많이 한 부부가 관계에서 지루함을 덜 느끼고 배우자에게서 더 큰 행복을 느낀다는 점이 밝혀졌다.[19] 따라서 동반자와 고정적으로 저녁 데이트를 하는 날이 있다면, 그날에는 밖으로 나가 다양한 활동에 도전하는 노력을 기울여야 한다.

내가 아는 한 커플은 '방랑하는 수요일'을 만들었다. 퇴근 후 수요일 저녁마다 이들은 새로운 무언가를 시도했다. 한 번도 가보지 않은 음식점에 갈 때도 있고, 도자기 페인팅 수업에도 참가했으며, 다양한 콘서트와 공연도 보러 갔다. 새로운 아이디어가 없는 날에는 두 사람은 한 번도 먹어본 적 없는 음식을 주문해 집 안 한쪽에 마련한 와인 바에서 먹는다. 수년이 지난 지금도 두 사람은 손을 잡고 함께 삶을 방랑하며 살아가고 있다.

5장

순간에 집중하기 위한 마인드셋

그 순간을
살아라.

틱낫한
Thích Nhất Hạnh

케이트는 투 두 리스트를 항상 갖고 다닌다. 가끔씩 지루한 업무 미팅에 참석하는 동안 그녀는 리스트를 훑어보며 업무 외에 개인적인 일들도 적는다.

- 코너의 생일 파티를 위한 선물 구매할 것
- 슈바르체 가족들과의 저녁 식사 음식점 예약할 것
- 간식 담당을 누가 맡을지 축구부 부모들에게 메일 보낼 것
- 내일 회의에 쓸 슬라이드 덱 작업 마무리할 것
- 연구 세미나에 참석할 것

한 연구 세미나에서 연사는 테크놀로지 사용의 위험과 관련해 자신의 연구실에서 밝혀낸 충격적인 결과를 발표했다. 스마트폰에 정신이 팔린 운전자가 음주 운전자보다 사망 위험이 더 크다[1]는 결과였다. 하지만 이 발표도 케이트 머릿속의 리스트를 지우지 못했다. 그녀는 해야 할 일들을 계속 떠올리며 다음 순서로 할 일을 계획했다. 세미나에 집중하는 듯 고개를 끄덕이던 그녀는 조심스럽게 스마트폰을 꺼내 코너의 생일 선물과 카드, 화려한 포장지를 주문했다.

투 두 리스트가 케이트의 몸과 마음을 모두 점령하고 있었다. 한 가지 일을 하면서도 머릿속에서는 다른 일을 계획하고 조율하느라 바빴다. 세미나가 끝날 무렵 케이트는 리스트에서 두 가지 일을 해치웠다는 데 만족감을 느꼈다. 더 많은 일을 완수했고, 흐뭇한 성취감

을 느꼈다.

하지만 투 두 리스트를 계속해서 관리하고 추적하는 것이 케이트의 현재 경험에 어떤 영향을 미치는 걸까? 세미나 연사가 하는 이야기를 하나라도 들었을까? 일곱 살 아이를 위해 최상의 선물 포장지를 스마트폰으로 고르느라 바쁜 나머지 매년 자동차 사고가 세계 사망 원인 1위라는 사실을 흘려듣지 않았을까? 주말이 되면 아들의 축구 게임을 지켜보기보다 초조하게 투 두 리스트를 살피며 스마트폰을 들여다보지 않았을까? 하나의 일에서 또 다른 일로 정신없이 오가고, 앞으로 할 일들을 조율하느라 바쁜 케이트는 현재의 순간에 좀처럼 머물지 못한다.

연구에 따르면 대다수의 사람들이 케이트처럼 끊임없이 생산성을 쫓고 있다[2]. 하지만 '행동 *doing*'이라는 욕구 때문에 우리가 그저 '존재 *being*'하지 못하는 것 아닐까? 다음 할 일을 계획하는 시간을 줄이고 순간을 사는 시간을 늘리기 위해 우리가 할 수 있는 일이 있을까? 결국 순간에 머문다면 우리는 더 행복해질까?

현재에 집중하게 만드는 네 가지 전략

우리의 주의력이 실제로 얼마나 산만해지는지 분석하기 위해 하버드 대학의 심리학자 맷 킬링스워스 *Matt Killingsworth*와 댄 길버트는 우리의 생각이 지금 이 순간에 집중하지 못하고 다른 공간과 시간으로 얼마나 자주 떠도는지 측정하는 연구를 진행했다.

킬링스워스와 길버트는 앱을 이용해 하루 중 아무 때나 스마트폰으로 사람들과 소통했다. 그때마다 참가자들에게는 "무슨 일을 하고 있는가?", "현재 일이 아닌 다른 무언가를 생각하고 있는가?", "현재 기분이 얼마나 좋은가?"[3]라는 질문이 주어졌다. 몇 달에 걸쳐 성인 수천 명이 참가한 이 연구에서 연구진은 25만 번에 가까운 순간을 포착했다. 데이터는 현재에 집중하지 못하는 사람이 케이트뿐만이 아니라는 사실을 보여줬다. 누구나 자주 마음이 이리저리 배회한다. 실제로 사람들은 자신이 하는 일에 대략 절반(정확히는 47%) 정도는 집중하지 않는다.

회의에 앉아 있을 때만 마음이 다른 곳으로 떠도는 것은 아니었다. 무슨 일을 하든 집중력에 큰 영향을 미치지 않는다는 사실이 드러났다. 특별한 경우를 제외하고 사람들은 운동을 하든, 옷을 갈아입든, 통근하든, 업무를 하든, 집안일을 하든, 휴식을 취하든, TV를 보든, 책을 읽든, 아이를 돌보든, 친구와 대화를 하든 정신이 다른 곳에 가 있다.

이 사실이 충격적인 이유는, 아침에 준비를 하며 오늘 하루를 계획하는 것은 문제될 게 없지만, 친구와 대화할 때는 서로에게 집중해야 한다는 사실을 모두 알고 있기 때문이다. 당연히 아이를 돌보는 사람이 자녀에게 무관심하지 않길 바라고, 교사와 의사가 우리에게 집중하길 바란다.

머릿속으로 다른 공간과 시간을 떠도는 것이 나쁜 것만은 아니다. 배회하는 마음은 인간만이 가진 놀라운 인지 능력이다. 이 능력은 힘든 상황에서 우리의 정신이 갇히지 않도록 해주고, 해결책을 상상하게 하며, 미래를 준비하고 과거를 추억하게 한다. 또 함께 있지 않은 사람들이 무엇을 하고 있을지 마음에 그릴 수 있게 해준다. 하지만 마음이 자주 다른 곳에 가 있는 만큼, 우리는 인생의 절반가량을 정신적으로 놓치고 살 위험에 처한다.

실제로 킬링스워스와 길버트의 데이터는 우리의 마음이 떠돌 때 현재의 순간이 고통에 처한다는 사실을 보여준다. 두 사람이 연구 참가자들에게 한 질문에는 현재 무엇을 하는지, 그 일에 대해 생각하고 있는지, 그리고 기분이 어떤지도 포함됐다. 결과는 분명하다. 사람들은 정신이 다른 곳에 가 있을 때 행복을 덜 느낀다. 인생의 거의 50%를 집중하지 못하고 보낸다면 이는 매우 심각한 문제다.

연구 결과가 우리에게 가르쳐주는 문제는 한 가지 더 있다. 킬링스워스와 길버트는 사람들이 무엇을 하고 있는지보다, '현재 하고 있는 일에 집중을 하고 있는지'가 행복도에 더 큰 영향을 미친다는 사실을 보여주었다. 즉, 현재 하고 있는 일에 주의를 기울이는 것이 그 일 자체보다 행복에 더욱 중요한 결정 요인이라는 것이다. 연구 결과는 정신이 계속 분산되면 불행한 결과를 초래한다고 행동하는 사람들 *doer*에게 경고하고 있다.

하지만 바쁘게 돌아가는 문화에서 속도를 늦추고 진정으로 집중해 현재에 머물기는 쉽지 않다. 행동 모드에서 존재 모드로 전환할 때와 방법을 알려주는 구체적인 도구가 모두에게 필요하다. 이제부터 우리가 시도해볼 수 있는 실증적 전략 네 가지를 소개한다.

주말을 휴가처럼 대한다

잠에서 깨자마자 침대에서 급히 일어나지 않아도 되는 아침을 맞이한 적이 언제였는가? 이불 아래서 누군가와 살을 부비며 여유를 즐기거나, 아침 식사를 하며 대화를 나누거나, 테이블에 커피 한 잔과 신문을 활짝 펼쳐놓고 보내는 아침이 언제였는지 기억하는가? 친구들과 음식점에 앉아 브런치 접시를 깨끗이 비우고, 아무 걱정 없이 미모사 칵테일을 한 잔씩 더 시켰던 적이 언제였는지 떠올려보자. 가야 할 곳도, 급히 해야 할 일도 없었던 그때가 바로 휴가 때였다.

휴가는 매우 즐겁다. 휴가를 보내는 것이 만족감, 건강, 창의력, 심지어 직무 성과에도 긍정적인 영향을 준다는 점이 연구로 입증됐다[4]. 갤럽의 US 데일리 폴 Daily Poll에서 미국인 수십만 명을 대상으로 한 조사 데이터를 바탕으로, 나는 콜린 웨스트 Colin West와 샌퍼드 드보 Sanford DeVoe와 함께 휴가가 주는 행복을 정리했다. 이 여론 조사에는 '친구 및 가족과 함께 여행이나 휴가를 떠날 시간을 내는' 빈도를 묻는 질문이 있었다. 분석 결과, 휴가를 우선시하는 사람들은 일상에서 긍정적 감정은 더 많이, 부정적 감정은 덜 느끼며, 삶의 만족도 또한 더욱 높았다[5].

휴가가 웰빙을 높이는 주요 이유는 휴식 시간을 마련해주고, 바쁜 일상에서 벗어나게 해주기 때문이다. 하지만 투 두 리스트를 해치우는 데 집중하다 보면 필요한 휴식을 챙기지 못할 때가 많다. 휴가를 위한 시간을 내지 못하는 것이다.

특히 미국인들이 휴가를 위한 시간을 따로 내지 못하는 것으로 드러났다. 미국은 선진국 중 유일하게 휴가가 법으로 규정되지 않은 국가다. 프랑스, 영국, 독일 등 유럽 국가는 직원에게 매년 20일에서 30일의 유급 휴가를 주지만, 미국 근로자의 4분의 1은 매년 단 하루의 휴가도 받지 못하고 있다. 하지만 이는 정책의 문제만이 아니다. 개인의 선택도 크게 작용한다[6]. 휴가가 주어져도 절반 이상의 미국인이 이를 누리지 않는다[7]. 한 가지 이유는 돈 때문이고, 또 다른 주요 원인은 '시간'이다[8]. 할 일이 많고 떠날 시간이 충분하지 않다고 느끼는 사람이 많다.

다행히 일상에 규칙적으로 자리 잡은 휴일이 있다. 한 주가 끝나면 주말이 오는 식이다. 토요일과 일요일 휴식이 주어지고, 이를 누리는 근로자가 대부분이다. 그런데 왜 주말이 휴식처럼 느껴지지 않을까? 왜 토요일 아침에 침대에서 뭉그적거리거나 브런치를 먹으며 여유를 누리지 못할까? 그 이유는 우리도 케이트처럼 주중의 투 두 리스트를 주말까지 끌고 가기 때문이다. 우리는 해야 할 일에 사로잡혀 계속 정신이 다른 곳에 팔려 있기 때문이다.

그렇다면 주말을 휴가처럼 대하면 어떨까? 그렇게 하면 휴식처럼 느껴지지 않을까? 꼭 어딘가로 떠나야 한다는 말은 아니다. 하와이 호텔에서 아침을 맞아야 침대에서 더 느긋하게 여유를 누릴 수 있는 것도 아니고, 휴가가 며칠 더 있어야 브런치 음료 한 잔을 더 즐길 수 있는 것도 아니다. 주말을 휴가처럼 대하기만 해도 그 시간을 더 즐길 수 있고, 더 행복한 상태로 업무에 복귀할 수 있다.

콜린, 샌퍼드와 나는 주말을 휴가처럼 보내는 아이디어를 실험했다[9]. 정규직 근로자들을 대상으로 주말 동안 실험을 진행했다. 주말이 시작되는 금요일, 참가자들에게 간단한 지시를 알려줬다. 참가자 절반에게는 "주말을 휴가처럼 보내세요. 즉, 휴가 중인 것처럼 생각하고 행동하세요"[10]라고 안내했다. 나머지 절반에게는 "주말을 평소처럼 보내세요. 평소와 다름없는 주말이라고 생각하고 행동하세요"라고 전달했다.

이 요청사항의 해석과 적용 방식은 참가자 개인의 의지에 맡겼다. 우리는 주말이 끝나고 다시 업무로 복귀한 월요일에 참가자들 전원에게 연락해 감성 상태를 물었다. 결과는 우리의 생각이 옳았음을 보여줬다. 주말을 휴가처럼 보낸 사람들은 행복과 만족감이 더 높고 스트레스는 덜 느꼈다. 주말 내내 더 행복하게 즐겼다고 답했다.

이미 예상했지만 이런 결과가 나왔다는 것이 조금 놀랍고도 흥분됐다. 이 결과에는 상당히 놀라운 의미가 담겨 있기 때문이다. 시간을 보는 관점을 바꾸는 단순한 전략만으로 그 시간 동안, 그 후에도 행복도가 상승할 수 있다는 뜻이었다. 콜린, 샌퍼드와 나는 그 이유가 궁금했다.

우리는 먼저 참가자들이 주말에 시간을 어떻게 보냈는지 살폈다. 주말을 휴가처럼 보낸 이들은 일과 집안일에 시간을 덜 썼다. 이들은 '친밀한 관계를 나누는 데' 더 많은 시간을 썼다고 답했다. 침대에서 더 오래 머물렀다는 의미다. 또한 식사 시간도 더 길었는데, 브런치 테이블에서 느긋하게 식사를 즐긴 것으로 볼 수 있다. 결과적으로 '휴가를 보내는 사람들'은 가장 불행한 활동에는 시간을 적게 쓰고, 더 행복한 활동에는 시간을 더 많이 썼다. 흥미롭게도, 행복한 활동에 쓴 시간이 행복한 상태로 업무에 복귀하는 데 영향을 미치지 않았다.

휴가를 보낸 사람들이 더 행복하게 월요일을 맞이할 수 있었던 이유는 주말 동안 이들의 집중력이 높아졌기 때문이다. 주말에 활동하는 동안 마음이 분산되는 일이 적었고, 이로 인해 당시에도 그리고 이후에도 이들은 더 큰 행복을 느꼈다.

주말을 휴가처럼 보내는 전략은 케이트에게도 도움이 될 것이다. 물론 아들의 축구 경기를 보러 가고 아들을 데리고 코너의 생일 파티에도 참석해야 하지만, 생각을 조금만 바꾸면 이런 일정도 달리 접근해 그 시간을 더 즐길 수 있다. 예를 들어 평범한 주말이라면 케이트는 할 일에만 지나치게 집중한 나머지, 가족들에게 어서 물병을 채우고 정강이 보호대를 차고 축구장으로 출발하자고 고함을 지르며 다그칠 것이다. 경기 중에는 스마트폰을 들여다보며 아이 친구들과 만나는 일정을 잡고, 점심 식사를 주문하고, 아마존에서 필요한 것들을 구매할 것이다. 이런 일들에 정신이 팔려 그녀는 아들이 골을 막아내는 모습을 놓칠 수도 있다. 곧이어 아들을 생일 파티에 데려다주는 일정에 불만을 터뜨리게 될 것이다. 최대한 효율적으로 움직여 얼른 친구의 생일 파티에 아이를 데려다줘야, 또 다른 일을 처리해야 한다고 생각하기 때문이다.

반면, 케이트가 주말을 휴가처럼 대한다면 가족들은 닦달당하는 일 없이 축구장에 도착할 것이다. 어쩌면 그녀는 사이드라인 근처에 접이식 의자를 펴고 한가로이 앉아 경기 내내 가족들과 신선한 공기와 햇볕을 여유롭게 즐길 수도 있다. 다른 학부모들과 대화도 나누다가 아들이 골을 막는 장면을 보면 흥분해 벌떡 일어나 자랑스럽게 응원을 보낼 것이다. 그날 오후, 생일 파티 장소로 가는 동안 아이와 단둘이 보내는 시간을 즐길 수도 있다. 창문을 열고 음악 소리를 높여 노래방처럼 큰 소리로 노래를 부르는 것이다.

우리가 진행한 실험에서 주말을 휴가로 대할 때 얻는 이점 중 하나는 마인드셋의 변화다. 자신에게 휴식을 허락하면 행동 모드에서 벗어나 단순히 존재하는 순간을 스스로에게 허용하게 된다. 그 결과 더 큰 행복을 느끼게 된다. 비행기를 타거나 멋진 호텔 방에 돈을 쏠 필요도 없다.

콜린, 샌퍼드와 나는 주말에 이런 이점을 실험했지만, 휴가 마인드셋은 주중 언제든 적용할 수 있다. 예를 들어, 수요일 오후나 목요일 저녁 퇴근 후를 휴가로 여길 수 있다. 투 두 리스트를 해치우는 대신 긴장을 풀고 음악을 틀어놓은 채 저녁 식사 테이블에 느긋이 머물 수 있다. 이렇게 간단하다. 꼭 한 번 시도해보길 권한다. 주어진 휴식 시간을 진정한 휴식으로 보내길 바란다. 다가오는 주말은 휴가처럼 보내보자. 노트북을 닫고, 삶의 속도를 늦추고, 주변 경치를 감상하자.

마음챙김을 위해 명상을 한다

훈련을 통해 완벽해지지 않더라도, 당신은 분명히 더 나아질 수 있다. 명상은 마음을 분산시키는 것들을 무시하고 주의를 현재로 이끄는 훈련이다. 명상을 훈련하며 현재에 벌어지는 일에 주의를 기울이고 인식하는 상태[11]인 '마음챙김'을 기를 수 있다. 마음챙김은 불교 전통에서 오랜 역사를 지닌 개념으로, 최근 서구권에서도 널리 인기를 얻고 있다.

마음챙김을 엉터리로 여기는 사람도 있지만, 과학적으로 그 효과가 입증된 개념이다. 여러 연구로 마음챙김이 정신 건강과 신체 건강, 행동 조절, 대인 관계 개선에 효과가 있다는 점이 밝혀졌다[12]. 예를 들어, 마음챙김을 수행하는 사람들은 그 순간 더 큰 행복을 느끼고 삶 전반에 걸쳐 더 만족한다고 응답했다. 마음챙김 명상은 우리를 더 행복하게 할 뿐 아니라 집행 기능을 높여 더 똑똑하게 만들고 연결감을 높여 더 다정하게 만든다는 증거가 수없이 많다[13].

생각을 현재로 가져오는 훈련을 통해 명상은 미래에 대한 걱정을 누그러뜨린다. 모든 일을 다 할 수 있을까 하는 걱정도 잠재운다. 그래서 명상은 시간 빈곤 문화 속에서 지나치게 만연한 불안[14]을 치료하는 효과적인 방법이 된다. 불안 장애[15]는 미국[16] 및 전 세계[17]에서 가장 보편적인 정신 건강 문제로, 남성[18]보다 여성에게 두 배 더 많고, 코로나19 팬데믹 기간 동안[19] 진단받은 환자 수가 세 배로 늘었다. 불안으로 고통받고 있다면 명상이 좋은 도구가 될 수 있다.

그렇다면 명상은 어떻게 하는 걸까? 주된 목적은 주의를 현재의 기준점 하나로 집중시키는 것이다. 호흡을 그 기준점으로 삼는 것은 좋은 방법이다. 호흡은 언제나 사용할 수 있고 끊임없이 이어지며, 깊고 긴 들숨과 날숨에 집중할 때 평안함을 느낄 수 있다.

그럼 명상은 얼마나 해야 할까? 보통 명상 연구는 매일 10분을 기준으로 효과를 조사한다. 하지만 움직이지 않고 조용히 10분간 앉아 있는 것이 초심자에게는 불편할 수 있다. 일단 해보는 것이 목표라면, 너무 높은 기준으로 훈련을 포기하지 않도록 먼저 3분 또는 5분으로 시작해서 차차 늘려가는 것을 권한다.

수년간 정신없이 달려온 탓에 속도를 늦추고 집중하는 것이 상당히 어려울 수 있다. 명상은 훈련이 필요한 일이다. 명상을 시작하려면 가이드를 찾는 것이 좋다. 다행히 선택지가 많다. 예를 들어 UCLA의 마음챙김 알아차림 연구 센터 Mindful Awareness Research Center는 무료 유도 명상을 대면·온라인을 통해 여러 언어로 제공한다[20]. 헤드스페이스 Headspace와 캄 Calm 등 앱도 유도 명상의 수행 시간, 주제, 목소리를 다양하게 제공한다. 자신에게 잘 맞는 가이드를 찾는 것이 중요한 이유는 명상이 너무 길거나 강사의 목소리가 거슬린다면 다시 시도할 마음이 들지 않기 때문이다.

내 강의의 마지막 과제는 자신의 웰빙을 높일 수 있다고 생각되는 '라이프 핵 life hack(생활이나 작업을 더 효율적으로 만드는 기술 또는 도구-옮긴이)'을 계획해 3주간 실행해보는 것이다. 수년간 지켜본 결과, 이 프로젝트에서 가장 많이 등장한 것이 명상이었다. 명상은 불안을 줄이고 행복은 높이는 효과가 입증되었다. 학생들이 자신에게 맞는 목소리와 스타일, 수행 시간, 본인의 일정에 맞춰 명상을 할 수 있는 시간대(아침에 눈 뜨자마자 침대에 앉아서, 잠들기 직전, 출근 전 차에서 5분간 등)를 찾기만 하면 그 효과를 경험할 수 있다.

나는 여러 이점을 알고 있지만, 잠시도 가만히 있기 힘들고 참을성이 부족해 가만히 앉아 명상을 하는 것이 여전히 힘들다. 나와 비슷해 좀 더 보완적인 단계가 필요한 이들을 위해 내가 좋아하는 간단한 명상법을 공유하겠다. 혼자 해도 되고 다른 사람들과 함께해도 좋다. 나는 아이들과 산책하며 같이 한다.

> **HAPPIER HOUR**
>
> ## 오감 명상 훈련
>
> 오감을 각각 이용해 현재의 환경에 집중한다. 주변 환경에서 아래의 대상을 찾는다.
>
> + 보이는 것 다섯 가지
> + 만질 수 있는 것 네 가지
> + 들리는 것 세 가지
> + 냄새를 맡을 수 있는 것 두 가지
> + 맛을 느낄 수 있는 것 한 가지
>
> 혼자 해도 되고 다른 사람과 함께할 수도 있다. 다른 사람들과 함께할 때는 오감으로 느껴지는 것들을 소리 내어 말하며 공유한다.

명상은 마음챙김을 훈련하는 것이다. 주의가 산만해지지 않도록 하는 연습이자 현재의 순간에 집중하는 방법이다. 하지만 최종 목표는 명상을 통해 단련한 근육을 일상생활에 적용하는 것이다. 당신의 목표는 어떤 일을 하든 그 일에 온전히 집중하고 현재의 순간을 사는 하루를 보내는 것이다.

몰입할 수 있는 환경을 만든다

마음챙김을 아무리 훈련했다 해도 간식을 달라는 아이의 요구나 전화 벨소리, 동료의 방문 등으로 인해 정신이 산만해질 것이다. 마음이 배회하지 않도록 명상이 도와줄 수는 있지만 그럼에도 다른 방해물에서 스스로를 보호하는 물리적 공간을 마련해야 한다. 특히 깊은 생각이나 창의적인 사고가 필요한 일, 즉 '더 존 *the zone*(초집중 상태-옮긴이)'에 빠져들어야 한다면 이러한 물리적 공간이 더욱 중요하다.

더 존은 '몰입 *flow*', 극도의 집중에 빠진 초월적인 상태로 미하이 칙센트미하이 *Mihaly Csikszentmihalyi*가 연구한 개념이다. 헝가리계 미국 심리학자인 그는 수도승과 등산가, 전문 운동선수, 세계적으로 유명한 음악가, 대학생, 업무 중인 일반인을 포함해 전 세계 수천 명을 인터뷰하고 관찰하며 이들이 가장 성취감을 느끼는 순간을 밝혔다. 그의 영향력 있는 저서, 《몰입 *Flow: The Psychology of Optimal Experience*》(한울림, 2004)은 몰입에 빠질 때 사람들은 가장 행복하다고 주장한다.

몰입 상태에서는 지금 하는 일에 깊이 몰두한 나머지 시간의 흐름조차 잊는다. 그 상태에서 빠져나온 후에야 그것이 얼마나 멋진 경험이었는지 깨닫게 된다. 자신이 진심으로 즐기고, 그 일에 필요한 스킬을 갖춘 일일수록 몰입에 빠질 확률이 높다.

마지막으로 몰입 상태에 빠졌던 적이 언제였는지 스스로에게 물어보자. 떠오르는 순간이 있다면, 그때를 떠올리며 최상의 상태를 경험했다는 애틋함과 바쁜 일상에서 쉽게 그 상태에 들지 못한다는 아쉬움을 느낄 것이다. 그 순간을 회상하다 보면 다시 몰입하고 싶다는 마음이 들 것이다.

운동선수들은 경기 중이나 야외에서 '러너스 하이runner's high(격렬한 운동을 할 때 느끼는 쾌감과 행복-옮긴이)'를 느낄 때 몰입을 경험한다고 말한다. 하지만 대부분의 사람들은 일을 할 때 몰입에 빠진다[21]. 하는 일에 따라(특히 자신이 잘하고 즐기는 전문 업무가 무엇이냐에 따라) 코딩, 글쓰기, 프레젠테이션 작성 등에서 몰입을 경험할 수 있다. 생산성을 높이려면 몰입 시간이 필요하다. 성취감을 느끼기 위해서도 그 시간이 필요하다. 그 순간에만 창작이 가능하다. 하지만 몰입은 적절한 환경이 갖춰져야 가능하고, 그 환경이 갖춰져도 자주 찾아오지 않는다.

몰입에 빠져들려면 주위를 산만하게 하는 모든 것들을 제거해야 한다. 업무 환경을 예로 들어 몇 가지 팁을 알려주고자 한다. 당신에게 맞게 자유롭게 적용하길 바란다.

1   투 두 리스트에 오르지 않은 일과 관련한 것들은 작업 공간에서 모두 치운다.

중요한 일에는 더 많은 노력이 필요하기 때문에, 그보다 덜 중요하고 진입 장벽이 낮은 일을 하게 되면(자신이 생산적인 일을 하고 있다는 기분은 느끼면서) 정작 중요한 일을 미루기 쉽다. 연구에 따르면 급한 것처럼 느껴지거나 중요하지 않은 일들을 하며 중요한 일을 피하는 경향이 많다고 한다.[22] 그러니 다른 일과 관련된 물건들을 치우고, 책상 위 식물도 시야에서 치우는 편이 좋다. 나는 중요한 업무를 하기 전에 책상 위에 있는 다육식물 화분의 흙 습도와 죽은 잎을 정리하는 데 지나치게 집중한다.

2   최소 몇 시간은 스케줄에서 비운다.

여러 작업을 오가면 손실이 크다는 연구 결과가 있다[23]. 어떤 일에도 깊이 몰입하지 못하기 때문이다. 나는 회의에 참여할 때 일정 부분 사회적 에너지가 필요하고, 이로 인해 회의 후 내 생각에 다시 집중하기까지 시간이 걸린다. 그래서 나는 글쓰기 시간을 일정에서 크게 떼어내 따로 확보하고, 회의는 요일을 정해 몰아서 하거나 오후 시간으로 잡는다. 몰입에 빠지면 시간을 잊기 때문에, 이렇게 몇 시간을 통째로 비워둔다면 다음 일정에 늦지 않으려고 시간을 계속 확인할 필요도 없다.

3 하루 중 의식이 가장 명료한 시간에 몰입 시간을 마련한다.

수면 전문가들은 체내 시계를 바꿔보려고 최선의 노력을 다해도 어떤 이들은 타고난 종달새형(일찍 일어나고 오전에 활력이 넘친다)으로, 또 어떤 이들은 올빼미형(늦은 시간까지 깨어 있고 모두가 잠든 시간에 사고가 활발하다[24])으로 지낼 수밖에 없다고 말한다. 나는 확실히 종달새형으로 점심 전에 사고가 가장 명료하다. 그래서 오전에는 깊이 생각해야 하는 일을 하고, 이메일 처리와 회의, 다른 일들은 이후로 미룬다. 자신이 종달새인지 올빼미인지에 따라 시간을 안배해야 한다. 일할 시간을 자유롭게 정할 수 없는 상황이라면, 몰입 시간에 맞춰 카페인을 조절한다.

4 문을 닫는다.

아주 간단하지만 대단히 효과적인 방법이다. 사무실 문을 닫아 동료들에게(재택근무를 한다면 가족들에게) 방해받고 싶지 않다는 의사를 전달한다. 동료들, 학생들과 소통하는 것도 중요하지만, '간단한 질문'에도 집중력이 쉽게 흐트러진다. 중요한 일에 집중할 수 있는 소중한 몇 시간이 지켜져야, 내 사무실 문이 열려 있을 때 나를 찾아오는 사람들에게 신심을 다할 수 있다.

5 귀마개나 헤드폰을 쓴다.

대화 소리, TV 소리, 공사 소음이 들리면 하고 있던 일에 집중할 수 없다. 청각적 방해를 최소화하려면 귀마개나 백색 소음, 배경 음악이 나오는 헤드폰을 쓴다. 열려 있는 사무실에서는 귀마개나 헤드폰이 동료들에게 '당신의 문이 닫혀 있다'는 좋은 신호가 된다.

6 메일함에서 로그아웃한다.

아무리 노력해도 사실 우리는 멀티태스킹을 할 수 없다. 비자동적인 일 여러 가지를 한 번에 하는 사람들은 여러 일을 동시에 하는 게 아니라, 사실 한 번에 한 가지 일만 하며 여러 일을 오가는 것이라는 연구 결과가 있다[25]. 한 연구에서 수업 중 노트북을 열고 있는 학생들은 학습하고 기억하는 내용이 더 적었다[26](내 강의 시간에 '노트북 및 태블릿 금지' 규칙을 정한 것도 이런 이유다).

메일함에서 로그아웃해야 한다고 조언하는 것도 이 때문이다. 그렇게 하면 투 두 리스트에서 몇 가지 사소한 업무를 지워버리고 싶어서 간단한 메일을 처리하고 싶다는 유혹(그러다 보면 어느새 메일을 전부 처리하는 지경에 이른다)을 피할 수 있다. 또한 알림 소리가 들릴 때마다 메일함을 살펴보는 일도 막을 수 있다.

7 스마트폰을 치운다.

스마트폰을 진동으로 하거나 책상 위에 뒤집어놓는 것만으로는 안 된다. 시선이 닿지 않는 곳으로 멀리 치운다. 이 내용은 뒤에서 더 자세히 다룰 예정이다.

몰입 상태에 빠지는 일은 드물지만, 그 상태에 이르기 위해 노력할 가치가 충분하다. 자신의 최고의 상태에 도달하는 시간이다. 자신의 역량을 발휘해 무언가를 하고, 창작을 완전히 몰입하며 할 수 있다. 그 상태에서 벗어난 뒤에는 진정으로 행복한 시간을 보냈다는 것을 깨닫게 된다.

디지털 디톡스를 시도한다

최근 우리의 집중력을 가장 크게 흐트리는 것은 바로 스마트폰이다. 최근 미국인들이 하루 평균 최소 96번 스마트폰을 만진다는 연구 결과가 있다.[27] 약 10분에 한 번씩이다. 18~24세는 이보다 두 배 더 자주 스마트폰을 확인한다. 이는 다른 어떤 활동에도 온전히 집중하지 않는다는 뜻이다. 데이트, 교회 예배[28], 회의, 아이와의 공원 나들이, 가족·친구 모임 등 신성한 시간마저 쉽게 방해받는다.

운전 시 큰 위험이 될 뿐 아니라, 스마트폰으로 정신이 흩어지면 개인과 대인 관계 모두에 큰 대가를 치른다. 정신이 산만해지면 행복이 줄어든다는 사실을 이미 배웠지만, 스마트폰을 확인할 때마다 주변 사람들에게 '당신에 집중하지 않는다'는 신호를 보내는 셈이다. 스마트폰은 우리를 현재에 집중하지 못하게 하고, 사회적 관계와 행복을 약화시키는 위협이다.

사회심리학자 엘리자베스 던 *Elizabeth Dunn*과 연구팀의 실험에서도 이 현상이 뚜렷이 나타났다. 연구진은 친구 사이인 사람들을 몇 명 모집해 카페에서 식사를 함께하도록 했다. 참가자들이 어떤 실험인지 예측하지 못하게 하려고 가짜 실험을 꾸며낸 연구진은 참가자 몇 명에게는 식사 중에 스마트폰을 치우도록 했다. 반대로 다른 참가자들에게는 평소처럼 스마트폰을 테이블에 올려두게 했다. 실험 결과 스마트폰을 치운 이들이 식사를 더 즐겼고, 눈앞에 스마트폰이 있던 이들은 집중력이 흐트러져 식사를 그만큼 즐기지 못했다. 이 실험의 핵심은 간단하다. 스마트폰을 치워야 한다는 것이다.

내 수업에서도 첫 과제로 스마트폰을 치우게 한다. 차이점이라면 스마트폰만이 아니라 모든 디지털 기기 일체를 식사 시간만 사용을 금지하는 것이 아니라, 여섯 시간 동안 완전히 단절하도록 요구한다. 이 과제는 늘 반발을 불러온다. 학생들은 도저히 할 수 없는 일이라고 생각하고, 아무 이득도 없다고 믿는다. 하지만 나는 물러서지 않고, 이 과제를 최종 성적의 5%에 반영한다.

모두 각자의 깨달음을 얻지만, 디지털 기기와 멀어지는 과정에서 공통적으로 먼저 두려움을 경험한다. 학생들은 연락을 놓칠까 봐 불안해 하고, 여섯 시간 동안 아무 일도 하지 못하게 만든 나에게 불만을 느낀다. 처음 한 시간 정도 이런 짜증스러운 감정이 이어지고 습관적으로 스마트폰을 두는 곳으로 손이 간다. 이 초기 단계에서 일부는 사회적 상황에서 불편함을 느끼고, 행사나 카페 대기줄, 강의 시작 전

교실에서 기다리는 동안 무언가를 하며 어색함을 피하고 싶어 한다.

하지만 얼마 지나지 않아 변화가 시작된다. 현재 자신이 하고 있는 일과 함께 있는 사람에게 집중하게 된다. 멀리 떨어진 곳에서 벌어지는 모든 일들에서 멀어져 현재에 완벽히 집중할 때 마음이 평안해지고 충만해진다. 곧 사람들이 실제로 자신을 찾고 있지 않다는 사실을 알게 되고, 설사 찾는다고 해도 몇 시간 후에 연락한다고 해서 문제될 일도 없다.✦ 게으름을 피울 좋은 핑계가 사라지면 미뤄왔던 중요한 일을 시작하기도 더욱 수월해진다. 처음에는 아무것도 못할까 두려웠지만, 스마트폰 없이 더 생산적인 시간을 보낼 때가 많다.

이 훈련의 이점은 사회적 영역까지 확장된다. 스마트폰이라는 이스케이프 밸브*escape valve*(압력을 낮추는 밸브를 의미하는 용어로 스트레

✦ 언제나 예외는 있다. 한 학생은 디지털 디톡스를 마친 후 화가 난 엄마와 친구들을 마주하게 되었다. 당신에게서 즉각적인 응답을 기대하는 사람들이 있다면(상사가 이에 해당할 수 있다), 이들에게 일정 기간 동안 당신이 오프라인 상태가 될 것임을 미리 알리는 것이 좋다.

다만 다른 사람들의 기대치 때문에 디지털 기기에서 멀어지는 시간을 삼가는 일은 없어야 한다. 즉각적인 답을 요청하는 사람들이 주변에 많은 경우일수록 더욱 기기에서 멀어져 스스로와 연결되는 시간을 갖는 게 중요하다. 당신을 기다리는 사람들 또한 이렇게 삼시 떨어져 있다고 해서 진빈적인 관계(또는 생산성)가 나빠지는 것은 아니고, 어쩌면 도리어 향상될 수 있다는 사실을 느끼게 될 것이다. 한 예로, 내 남편의 팀원들은 남편이 금요일 저녁 6시에 로그오프를 하고 일요일 저녁 아이들을 재운 후 다시 로그인 상태가 되는 것을, 더 활력 넘치고 의욕이 충만한 상태로 업무에 돌아오는 것을 당연하게 여기게 되었다.

스나 부담이 심한 상황에서 긴장을 낮추는 도구라는 뜻으로도 사용한다-옮긴이)가 사라지자 학생들은 낯선 사람과 더 적극적으로 대화를 시작했고, 그 대화가 놀랍도록 즐겁고 유대감을 준다는 사실을 깨달았다.

하지만 낯선 이들과의 관계뿐 아니라, 스마트폰에 집중력을 빼앗기지 않으니 학생들끼리도 더 깊은 유대감을 쌓았다. 한 학생은 디지털 디톡스 훈련 전과 후에 같은 동기와 식사를 한 경험이 얼마나 다른지 설명했다. 디지털 디톡스 전 식사 자리에서는 두 사람 모두 인스타그램 Instagram 피드를 넘기다가 재밌는 콘텐츠를 발견하면 그때만 소통했다. 식사 자리에서 누구나 경험했거나 목격한 적 있는 현상이다.

그녀는 이후 디지털 디톡스를 하는 동안 함께한 식사 경험은 굉장히 달랐다고 전했다. 그녀가 스마트폰을 집어넣자 상대 남학생도 스마트폰을 치웠다. 이미 식사를 한 적이 있던 사이지만 이번에는 서로에 대해 알아가며 대화와 웃음을 나눴다. 다른 곳에 집중을 빼앗기지 않은 식사 후 두 사람은 친구가 되었다.

처음에는 저항하고 싶고 중단하고 싶지만, 결국 학생들은 디지털 기기와 단절하는 시간이 끈끈한 유대감을 경험하게 해준다는 것을 깨닫고, 짧더라도 자발적으로 디지털 디톡스를 일과에 넣게 되었다. 짧게라도 디지털 디톡스를 자주 경험하면 오프라인의 긍정적인 효과가 더 빨리 나타나, 짧은 시간에도 충분히 이점을 누릴 수 있기 때문이다.

HAPPIER HOUR

디지털 디톡스 훈련

깨어 있는 시간 중 여섯 시간을 '오프라인'으로 삼는다. 다시 말해 스마트폰, 이메일, 소셜 미디어, TV나 그 어떤 형식의 인터넷도 사용하지 않는 것이다(음악을 스트리밍하거나 이북리더기로 책을 읽는 것은 가능한데, 이는 휴식 모드일 뿐 사회적 활동이 아니기 때문이다). 이후 디지털과 단절된 시간이 감정, 생각, 행동에 어떠한 영향을 미쳤는지 짤막하게 소감을 적어보자.

_____
_____
_____
_____
_____
_____

이번 장에서는 주의력이 흩어지는 유해성을 설명하고 정신을 분산시키는 요소들을 최소화해 시간을 더 알차게 보낼 방법을 제안했다. 하지만 머리를 식힐 무언가가 필요할 때도 있다. 현재의 상황이 너무 힘들면 잠시 관심을 다른 데로 돌리는 것이 도움이 된다. 경기가 어려운 시기에는 가벼운 책이나 유머러스한 영화를 선호하는 경향이 커지는 것도 정신적 탈출 욕구[29]의 반영이다.

또한 정신을 분산시키는 요인들이 사라지면 현재 자신이 처한 현실이 드러난다. 코로나19 격리 기간 동안 달리 할 일이 없던 사람들은 자신에게 유해한 동반자와 함께하거나 홀로 사무치는 외로움을 느끼며 집에 갇혀 지냈다. 그 시간 동안 불안도, 우울증, 가정폭력 발생률이 증가했다[30]. 집중력을 분산시키는 요인이 없을 때 우리의 삶과 자신의 근본을 마주할 수밖에 없다. 이런 변화가 필요한지 진심으로 생각해보길 바란다. 무엇보다 누구에게나 잘못된 점을 바로잡을 수단과 의지가 있기를 바란다.

6장

시간이라는 유리병을 알차게 채우기

시간은
당신 인생의 동전이다.
당신이 가진 유일한 동전이고,
그것을 어떻게 소비할지는
당신만이 결정할 수 있다.
타인이 당신의 동전을
대신 소비하는 일이 없도록
주의해야 한다.

칼 샌드버그
Carl Sandburg

한 교수가 강의실에 들어와 강의대에 큰 유리병을 올려놓았다. 커다란 가방을 의자에 내려놓고, 골프공이 든 상자를 꺼내 유리병에 부었다. 골프공이 병 입구까지 찼다. 교수가 "유리병이 가득 찼습니까?"라고 묻자 학생들은 고개를 끄덕이며 "네"라고 답했다.

이에 교수도 수긍하는 표정을 지었다. 그러나 곧 가방에서 조약돌이 든 통을 꺼내 유리병에 부었다. 조약돌이 골프공 사이로 들어가 빈틈을 채운 뒤, 교수가 "이제 병이 다 찬 것 같습니까?"라고 묻자 학생들은 다시 한 번 "네"라고 답했다.

이어서 교수는 가방에서 모래를 꺼내 유리병에 부었다. 모래가 골프공과 조약돌 사이를 채웠다. 교수가 유리병을 살짝 흔들자 모래가 바닥까지 내려앉았다.

"이제는 어떻습니까? 유리병이 가득 찼나요?"

학생들은 교수의 의도를 깨닫고 미소를 지었다.

병에 빈 공간이 없어 그것으로 설명이 끝난 것 같았다. 하지만 교수는 코로나 Corona 맥주 두 병을 꺼냈다. 그러자 학생들이 모두 웃음을 터뜨렸다. 그는 병따개로 병 두 개를 연 뒤, 한 병은 골프공과 조약돌, 모래 위로 쏟아부었고 또 한 병은 한 모금 마셨다.

맥주병을 들고 책상 위 유리병 옆에 앉은 교수는 이렇게 설명했다.

"이 병은 당신의 삶을 나타냅니다. 골프공은 가장 중요한 것들이죠. 가족, 친구, 건강, 열정입니다. 조약돌은 또 다른 중요한 것들, 일과 가정이죠. 모래는 그 외의 사소한 일들입니다. 만약 모래부터 유리병에 넣는다면 조약돌과 골프공이 들어갈 자리가 없겠죠. 삶도 마찬가지입니다. 사소한 일에 에너지와 시간을 전부 쏟는다면 정작 정말 중요한 일에 쏠 시간이 없을 겁니다. 골프공부터 먼저 넣으세요. 우선순위를 정하세요. 그 외의 것들은 전부 모래에 불과합니다."

학생 한 명이 손을 들고 질문했다.

"교수님, 그럼 맥주는 무슨 뜻인가요?"

교수가 웃음을 지었다.

"물어봐줘서 다행이네요. 삶이 아무리 꽉 차 있는 것 같아도 친구와 맥주 두어 병 마실 여유는 항상 있다는 뜻입니다."

메이어 케이 Meir Kay가 제작한 이 짧은 영상[1]은 내가 첫 수업 때 학생들에게 보여주는 것으로, 신중하게 시간을 안배해야 한다는 사실을 일깨워준다. 우리는 각자 인생의 시간을 담을 유리병을 갖고 있고, 무엇을 그 안에 넣을지, 우리의 삶에 무엇부터 자리를 내어줄 것인지를 신중하게 결정해야 한다. 이 영상은 시간을 어떻게 쓸지 결정할 때마다 떠오른다. 프로그램을 한 편 더 볼까? 강연 제안을 받아들일까? 초대를 수락할까? 학교 위원회나 교사 도우미, 리타의 축구 코치로 참여할까? 급한 메일이 있는지 확인할까? 롭과 주말 여행을 갈까?

이 짧은 영상은 큰 의미를 담고 있다. 결국 우선순위를 매기는 것이 중요하다는 점이다. 만약 가장 먼저 유리병에 모래부터 넣었다면 가장 중요한 일, 골프공이 자리할 자리가 없었을 것이다. 사소한 일에 시간을 전부 쓰는 것은 유리병을 모래로 채우는 것과 같고, 그런 후에는 당신의 골프공, 즉 당신에게 가장 중요한 일에 쏟을 시간이 없어진다. 자신에게 진정으로 중요한 일이 아닌 것들로 하루를 가득 채우며 시간이 부족하다고 느끼게 될 것이다.

자신에게 진정으로 중요한 일이 무엇인지 결정해야 시간을 만들고 지킬 수 있다. 골프공부터 먼저 넣어야 한다. 중요한 일이 한 주 일정에 먼저 들어가야 다른 할 일이나 요청 수락, 휴식으로 시간을 채울 수 있다.

유리병 속 공간처럼 우리의 시간도 한정적이다. 하루는 24시간이고, 그중 3분의 1은 수면 시간이다. 그렇게 겨우 16시간이 남는다. 언뜻 보면 시간이 충분한 것처럼 느껴질 수 있지만 평일에는 이 중 절반은 일터에서 보내고, 통근에 한 시간(출근하는 데 30분, 퇴근하는 데 30분), 아침에 준비하는 데도 한 시간이 걸린다. 결국 다른 모든 일들을 해야 할 시간은 하루에 겨우 여섯 시간, 즉 하루의 4분의 1밖에 되지 않는다.

'그 외 모든 일'에는 우리가 해야 하는 일(반려견 산책, 장보기, 저녁 식사 준비, 설거지, 아이 등하교시키기, 아이 재우기, 세차, 빨래, 청소, 새 신발 구매, 주차 위반 과태료 처리, 머리 자르기 등)과 정말 하고 싶은 일(러닝, 딸아이 무용 수업 참관, 느긋한 저녁 식사, 아이 잠자리에서 책 읽어주기, 동반자와 여유롭게 와인 한 잔 나누기 등), 하면 정말 좋을 일(오랜 친구와 술 한 잔 하기, 새로운 친구와 술 한 잔 하기, 북클럽 도서 끝내기, 네일 케어, 동반자가 당신 관심사에 맞게 골라준 기사 읽기, 양말 서랍 정리하기 등)이 모두 포함되어 있다. 이 모든 일을 하루 여섯 시간 동안에 다 할 수는 없다. 일주일 동안 해도 이 중에서 엄선한 몇 가지만 할 수 있을 것이다. 그러므로 할일을 신중하게 선택해야 한다.

빼앗긴 시간을 관리하는 법

셰릴은 말도 안 되게 바쁜 사람이다. 그녀는 헬스케어 관리자로 정규직으로 일하고 있고, 저녁과 주말은 MBA 공부에 시간을 쏟는다. 셰릴은 3장에서 제시한 시간 추적 훈련을 실천했다. 2주 동안 시간 사용 데이터를 살핀 그녀는 다양한 활동(병원 근무 시간, 수업 시간, 과제 시간 등)에 쓰는 시간을 모두 더했다. 그녀에게 가장 큰 충격을 준 것은 소셜 미디어에 쓴 시간이었다.

"첫 주에는 12시간 30분, 둘째 주에는 10시간 30분을 소셜 미디어에 썼어요. 이 시간만으로도 이미 많지만, 실제로는 이것보다 더 많은 시간을 소셜 미디어에 쓰고 있다는 걸 잘 알고 있어요. 온종일 스마트폰을 만지며, 잠시라도 틈이 나면 곧장 소셜 미디어를 확인하죠. 지루할 때도 그렇고요. 잠깐만 볼 생각이었는데, 항상 의도했던 것보다 더 오래 머물게 있어요. 이런 몇 분들이 모여 결국 엄청난 시간이 되는 거죠. 소셜 미디어 때문에 아침 준비나 다른 일에도 시간이 더 들더라고요. 소셜 미디어 확인, 글 남기기, 댓글 읽기에 정신이 팔려서요."

스크린 타임은 많은 사람에게 가장 위험한 '모래 구덩이'임이 드러났다. 셰릴처럼 여기저기 들여다보며 몇 분만 스크롤링한다는 것이 어느새 일주일에 상당히 많은 시간을 소비하게 만든다. 앞서 2장에서 만났던 셰릴의 동기처럼, 퇴근 후 동반자와 휴식을 취하는 방법으로 TV를 보던 것이 일주일 가운데 20%의 시간을 TV 앞에서 보내는 일이 되기도 한다.

셰릴의 소셜 미디어 사용 시간도, 소파에서 저녁 시간을 멍하게 보내는 현상도 특별할 일은 아니다. 여러 설문 조사에 따르면 미국인들은 평균적으로 매일 3시간을 스마트폰 사용에 쓰고 있다. 이는 스마트폰에 중독된 청소년들만의 문제가 아니다. 밀레니얼 세대는 하루 평균 3.7시간, 엑스 세대는 평균 3시간, 베이비부머 세대는 평균 2.5시간을 스마트폰에 쓴다[2]. 또한 통계를 통해 성인의 평균 일일 TV 시청 시간이 5시간이라는 사실이 드러났다[3]. 다시 말해, 수동적인 스크린 타임에 수십 시간을 소비하는 것이 흔한 현상이라는 뜻이다.

TV 시청이나 스마트폰 사용이 모두 시간 낭비는 아니다. 실제로 무의식적으로 스크린에 빠지는 시간과 의식적으로 소비하는 시간에는 차이가 있다. 안전한 미디어 사용을 교육하는 비영리기관인 커먼 센스 미디어 Common Sense Media 는 스크린 타임이라고 전부 같은 것은 아니라고 강조한다. 교육이나 공감을 높이는 스토리텔링, 사랑하는 사람과의 적극적인 교류의 기회가 있다면 스크린이 긍정적 역할을 할 수 있다. 하지만 여전히 사용 시간에 대한 문제는 남는다.

시간이 무한하다면 셰릴이 스크롤링을 하며 보내는 시간들이 그토록 문제가 되지 않을 것이다. 하지만 유리병처럼 시간은 한정되어 있다. 셰릴은 바쁜 업무와 학업 때문에 친구, 자매와 교류할 '시간이 없다'며 슬퍼했다. 하지만 그녀가 소셜 미디어 사용 시간을 줄인다면 (그녀가 행복 점수를 평균 7.5로 매긴) 친구를 만나거나(평균 10으로 매긴) 자매와 저녁 식사를 하는 시간을 마련할 수 있었을 것이다.

당신의 모래는 무엇인가? 자신도 모르는 새 시간을 모두 채워버려 나중에 죄책감에 느끼는 일이 무엇인가? 그 시간을 더 알차게 썼으면 좋았을 텐데 하는 생각이 드는 일이 무엇인가?

나에게는 이메일함이 가장 큰 모래 구덩이다. 메일 회신이 내 업무 시간과 집에서의 시간을 모두 빼앗는다. 퇴근 무렵에는 이메일에 회신하느라 나머지 중요한 일을 아무것도 하지 못했다고 느낄 때가 너무도 많다. 실제로 지금 이 페이지를 완성하는 데 하루가 걸렸다. 계속해서 '긴급' 이메일로 방해를 받았기 때문이다! 신규 메일을 확인하다 보면 책 한 권은 고사하고 책 한 챕터를 쓰거나, 연구 논문을 완성하거나, 강의를 준비할 시간이 전혀 없을 것이다.

이메일은 내 생산성에 해를 끼칠 뿐 아니라, 진정한 즐거움을 느낄 시간도 빼앗는다. 저녁 식사 후에도 밀린 이메일이 없는지 확인하고 싶은 충동에 사로잡힌다. 내 대답을 기다리는 요청, 질문, 이메일이 언제나 쌓여 있다. 내가 시간을 내면 내는 대로 계속 밀려온다. 이메일 처리에 시간을 쓰면 롭과 와인 한 잔을 나누거나, 이웃과 저녁 산책을 하거나, 독서를 하거나, 영화를 보거나, 남동생과 조카들에게 연락하는 등의 다른 일을 할 수 있는 시간이 줄어든다.

이메일이 아니더라도 들어오는 요청을 엄격히 관리하지 않으면 유리병이 금방 꽉 찬다. 계속 들어오는 요청에 숨이 막힐 것 같다. "이 위원회에 참여하시겠습니까?", "부탁 하나 해도 될까요?", "조언을 구하고 싶은데 커피 한 잔 할 수 있을까요?", "아이들 라이딩 해줄 수 있어요?", "패널로 의견을 나눠주시겠습니까?", "간식을 맡아줄 수 있어요?", "우리를 대표해 선물을 준비해 줄 수 있어요?", "행사 준비를 맡아줄 수 있을까요?" 등등…. 뒤늦게야 자신이 너무 많은 일에 짓눌려 있다는 걸 깨닫는다. 책임감에 얽매여 압도당하고, 무엇이 중요한지 혼란스러워진다.

이런 문제의 원인은 요청을 거절하는 것보다 수락하는 게 더 편하게 느껴지기 때문이다. 패널 참여, 간식 준비 등 사소한 일에도 쉽게 동의한다. 지금 당장은 단 1초의 여유도 없지만 나중에는 당연히 생길 거라고 생각하지만 막상 그날이 되면 왜 이 일을 했는지 후회하며 허둥댄다.

연구자 갈 자우버먼 Gal Zauberman과 존 린치 John Lynch는 무리한 약속으로 자신을 옭아매는 성향 이면에 어떠한 심리가 자리하고 있는지를 보여주는 실험을 몇 가지 진행했다[4]. 한 연구에서 이들은 참가자들에게 오늘 할 일들과 가용 시간에 대해 생각해보라는 주문을 했다. 그런 뒤 연구진은 같은 참가자들에게 한 달 후 같은 요일에 이들이 할 일과 가용 시간에 대해서도 물었다. 현재와 미래에 자신이 얼마나 바쁠 것인지를 선명하게 그려본 이들은 '1=오늘 가용 시간이 훨씬 많다, 10=다음 달에 가용 시간이 훨씬 많다'의 10점 척도로 가용 시간을 평가했다. 갈과 존의 결과는 모든 이들이 한결같이 믿는 신념 하나를 드러냈다. '오늘보다 한 달 후에 훨씬 많은 시간이 있을 것'이라는 생각이었다.

물론 터무니없는 생각이다. 오늘이든 한 달 후든 하루는 24시간이다. 언제나 앞서 수락한 요청으로 바쁜 하루를 보내게 된다. 미래엔 시간이 더 많을 거라는 착각 때문에 지금 "좋아요."라고 말하게 되고, 갈과 존은 이를 '좋아요… 젠장! 효과 Yes...Damn! Effect'라고 명명했다.

다행스럽게도 쉬운 해결책이 하나 있다. 이 심리 기제를 이해하면 효과에 대응할 수 있다. 모래 구덩이에 맞설 전략은 바로 '오늘 기꺼이 할 수 있을 것 같은 일만 수락하는 것'이다.

여기서 또 하나 곤란한 일은 "아니요."라고 말하기가 쉽지 않다는 점이다. 특히 대체로 여성들이 남성보다 거절에 더 어려움을 느낀다[5]. 학계에서 이미 입증된 사실이다. 세라 미첼 Sara Mitchell과 비키

헤슬리 Vicki Hesly는 여러 대학의 정치학부 소속 1,000명 이상의 교수진을 대상으로 조사했고, 여성 교수들이 중요하지 않은 업무나 커리어에 도움이 되지 않는 요청을 더 많이 받고, 더욱 자주 수락한다는 결과를 얻었다[6].

행정 업무 요청에 자주 응하면 연구 시간이 줄어든다. 하지만 학계에 몸담은 주된 이유가 연구인 사람들이 많다. 뿐만 아니라, 연구는 승진에서 교수 평가 제도의 근간이 되기에 교직원 직위에서 여성 교수들이 위로 올라가지 못하는 이유가 되기도 한다. 특히 조교수 중 36%는 여성인데, 여성 종신 교수는 19%에 불과하다. 따라서 거절을 하지 못하는 성향은 정서적·직업적으로도 큰 대가를 치른다. 이러한 결과들은 요청에 항상 응하는 성향에 중요한 경고로 작용한다. 요청에 응하는 것은 쉽지만, 심각한 단점이 있다.

이제 수용할 가치가 있고 응하고 싶은 요청도 있을 것이다. 시간이라는 유리병 속 공간이 한정적임을 인식하는 것이 중요하다. 이를 깨달으면 어떤 모래알을 담을지 엄격한 기준을 적용하게 된다. 이 필터는 개인의 목적(자신의 시간을 의미 있게 만들고 싶다는 목적)과 가장 큰 행복을 주는 일들(자신의 시간을 즐겁게 만들어 줄 일들)을 기준으로 해야 한다.

첫 번째 전략: 목적 필터 정하기

앞서 3장에서는 일의 목적을, 그 일을 하는 이유를 파악하는 것이 중요하다고 강조했다. 자신의 목적을 아는 것은 자신의 목표를 이루기 위해 중요한 일들에 집중할 수 있게 해주고, 그 과정에서 즐거움과 동기를 높여준다. 자신의 목적을 파악하는 일의 가치는 직업적 영역을 훨씬 넘어선다. 더욱 일반적인 관점에서 자신의 목적과 이유를 아는 것은 매우 가치 있는 일이다.

당신의 동기는 무엇인가? 당신의 최종 목표는 무엇인가? 지난 몇 년간 나는 수많은 대화를 통해 개인의 목적을 다양하게 접했다.

"목소리를 내지 못하는 사람들에게 목소리를 주기 위해서."
"내가 생각하는 미래를 현실로 만들기 위해서."
"좋은 아빠가 되기 위해서."
"사람들에게 즐거움을 주기 위해서."
"사람들의 삶을 개선하는 무언가를 만들기 위해서."
"정신을 건강하게 유지하기 위해서."
"친구를 만들기 위해서."
"세상을 더욱 나은 곳으로 만들기 위해서."
"다른 사람들에게 도움이 되기 위해서."

자신의 목적을 알면 모래를 걸러내고, 의미 있고 시간을 투자할 만한 가치가 있는 활동을 결정하는 데 도움이 된다. 리타가 조개껍데기를 모을 때 쓰는 해변용 플라스틱 장난감처럼, 고차원적인 '이유'가 효과적인 체 역할을 하며 가치 있는 일과 그렇지 않은 일을 걸러준다. 어떤 일을 우선시할지, 시간을 쓸지, 넘길지 명확하게 판단할 수 있다.

내 목표는 행복을 전파하는 일이다. 3장에서 밝힌 내 직업적 목표와도 밀접하게 연관된다. 사람들을 행복하게 만드는 것이 무엇인지 그에 관한 지식을 창출하고 전파하는 것 말이다. 이 목표를 바탕으로 나는 어떤 일이 즐겁고 의미 있는지 정확하게 예측할 수 있다. 토론 패널로 참가해 달라는 요청을 받을 때면 정서적 웰빙에 대한 이해를 전파하는 데 도움이 되는지에 따라 내 수락 여부가 달라진다. 또는 위원회에 참여해 달라는 요청을 받을 경우, 내가 중요하게 생각하는 대상(아이들, 아이들의 커뮤니티, 동료들과 학생들이라는 커뮤니티)들의 웰빙을 더 높일 수 있는지에 따라 수락 여부를 판단할 것이다. 이 필터를 적용하면 어떤 요청에 응답할 것인지 결정하는 데 드는 정서적 부담과 시간을 줄일 수 있다. 정답이 명확하기 때문이다.

두 번째 전략: 행복 필터 정하기

2장에서 제시한 시간 추적 훈련을 통해 하루에 어떤 활동을 하는지,

또 실제로 당신에게 행복을 주는 일에는 어떤 공통점이 있는지 깨달았을 것이다. 이 지식이 필터가 되어 당신에게 기쁨을 주는 활동과 의미 없이 시간을 채우는 활동을 구분해준다.

내 시간 추적 데이터를 분석한 결과, 내가 선호하는 활동의 공통점은 아이들과 '함께' 무언가를 하는 것이라는 점을 알게 되었다(반대로 아이들을 '위해서' 무언가를 하는 활동은 덜 즐거웠다). 레오와 리타와 함께 무언가를 할 때 굉장한 행복을 얻는다는 사실을 아는 것은 상당히 유익하다. 이제 이 사실을 아이와 관련한 활동의 필터로 활용할 수 있기 때문이다.

예를 들어 아이들이 다니는 학교의 행사 위원회 참여 요청에는 쉽고 빠르게 거절했다. 리타나 레오와 함께 보내는 시간이 조금도 포함되어 있지 않기 때문이다. 하지만 리타가 속한 학급의 대표가 되어 달라는 요청에는 응했다. 학부모들에게 메일을 보내고 학급 행사를 운영해야 했지만, 그 1년 동안 딸이 속한 학급에 긍정적인 경험을 제공할 수 있기 때문이다. 더욱 중요한 것은 행사 때 교실에서 딸아이와 함께할 수 었다는 점이었다. 레오의 반에서 그래미 박물관 Grammy Museum으로 현장 학습을 갈 때 학부모 도우미로 참여해 달라고 요청을 받았을 때도 수락했다. 일을 쉬고 레오와 친구들과 함께 기록적인 음악의 탄생과 성과에 대해 배우는 경험은 충분히 가치 있는 일이었다. 또한 아들과 하루를 함께 보낼 수도 있었다.

해야 할 일은 너무 많은데, 그 일을 다 할 시간이 부족해 스트레스를 받는다. 하지만 모래알을 걸러내면 시간 유리병에 가장 중요한 일을 할 여유를 만들 수 있다.

당신에게 가장 중요한 일은 무엇인가

당신을 기쁘게 만드는 일을 찾아라

목적과 행복 필터는 요청에 어떻게 반응할지 결정하는 데 도움을 준다. 또한 자신의 시간을 어떻게 쓸지 더 선제적으로 결정해야 한다. 시간 유리병에 먼저 골프공부터 넣어야 한다. 골프공을 최우선으로 삼아야 한다. 한 주간 일정에 골프공을 최적으로 배치하는 방법은 다음 장에서 제시하고자 한다. 하지만 그전에 당신의 골프공이 무엇인지부터 정해야 한다. 당신에게 가장 중요한 일, 가장 행복을 주는 일은 무엇인가?

 2장의 시간 추적 훈련은 골프공이 무엇인지 파악하는 데이터 기반 접근법이다. 이 훈련을 강력히 권하는 이유는 놀라운 결과를 마주할 수 있기 때문이다. 하지만 훈련을 모두 하지 않아도 골프공을 선택할 수 있다. 지난 2주를 돌아보고 스스로에게 물어보라. 가장 큰 기쁨을 준 일은 무엇인가?

 정리 전문가 곤도 마리에近藤麻理惠는 집 안의 잡동사니들을 정리할 때 비슷한 조언을 했다[7]. 그녀는 옷을 하나씩 확인하며 그 옷이 마음을 설레게 하고 '기쁨을 준다'고 느껴지는지 스스로에게 묻도록 권했다. 그런 감정이 들지 않으면 고마움을 전하고 보내라고 했다. 이는 오래된 티셔츠에만 해당되는 이야기가 아니다. 당신의 가장 소중한 자원을 어떻게 쓸지 결정할 때도 같은 질문을 할 수 있다.

자신에게 어떤 활동이 기쁨을 전해주었는지 파악하기 위해 몇 주를 되돌아본 남편은 레오와 《해리포터 Harry Potter》 시리즈를 읽으며 엄청난 행복을 느꼈다는 것을 깨달았다. 밤에 조명을 약하게 하고 침대에 레오와 나란히 앉아 시간을 보내며 롭은 행복을 느꼈다. 그 고요한 공간에서 아들과 그의 에너지의 주파수가 같아지고, 두 사람은 무한한 가능성이 펼쳐진 환상적인 세계로 함께 여행을 떠났다. 바쁜 업무와 정신없이 휘몰아치는 저녁 시간에도 불구하고 롭은 레오와 함께하는 30분간의 독서 시간이 매일같이 지켜야 할 가치가 있다는 것을 깨달았다. 가장 중요한 일이었다.

남편의 누이인 크리스티나는 지난 2주를 돌아보고 친구와의 주말 하이킹에서 기쁨을 느꼈다는 사실을 알게 되었다. 그녀는 신체 활동을 좋아했지만 야외에서 친구와 함께하는 것이 더 좋았다. 탁 트인 야외에서 당장 해야 할 일이 없는 상황에서 그녀는 이야기를 듣고 또 나누는 여유를 즐겼다. 이러한 유대감과 행복을 느끼기 위해 온종일 트레킹을 해야 할 필요는 없었다. 그저 밖으로 나가 좋아하는 사람과 산책하는 것만으로도 충분했다.

내게는 롭과의 저녁 데이트가 가장 큰 행복을 주는 일 중 하나다. 둘이서 저녁에 외식을 할 때면 우리는 루틴에서, 온갖 일들을 언제 어떻게 처리해야 하는지 논쟁에서, 설거지에서 벗어나 서로에게만 집중한다. 외식을 할 수 없었던 코로나19 때도 우리는 음식을 배달해 현관이나 현관 밖에 촛불과 음악으로 꾸며놓은 테이블에서 식사를 했다. 일과 삶을 헤쳐 나갔던 한 주를 마친 후 나란히 어깨를 맞대고 서로 얼굴을 마주 보고 진짜 대화를 나누는 것이다. 바쁜 일상에도 서로를 향한 유대감을 잊지 않도록 해주는 시간이므로 우리에게 우선시되어야 할 일이다.

HAPPIER HOUR

기쁨을 주는 활동

지난 2주를 되돌아봤을 때 당신에게 '기쁨을 준' 일은 무엇이었는가?

1

2

3

4
_____

5
_____

생각할 시간을 확보하라

자신을 위한 시간 외에도 우선시해야 할 또 다른 골프공이 있다. 바로 '슐츠 시간 Shultz Hour'이다. 《뉴욕타임스 New York Times》 기자인 데이비드 레온하르트 David Leohardt는 전 미국 국무장관 조지 슐츠 George Shultz가 매주 한 시간 조용히 사색하는 시간을 지켰다고 전했다.

"그는 종이 한 묶음과 펜을 챙겨 집무실 문을 닫고, 비서에게 단 두 사람의 연락이 왔을 때 외에는 자신을 방해하지 말라고 알렸다. 그 두 사람은 '아내와 대통령'이었다고 슐츠는 밝혔다.

슐츠는 혼자만의 시간이 업무에서 전략적 사안을 고민할 수 있는 유일한 시간이라고 했다. 그런 시간을 내지 못하면 항상 순간순간의 전술적인 문제에 휩쓸려 국가의 이익이라는 더욱 큰 사안에 집중할 수가 없었다. 어떤 분야든 훌륭한 일을 하려면 더 중요한 질문을 고민할 시간을 가져야 한다."

나는 그의 외교 정책을 옹호하지 않는다. 하지만 생각하는 시간을 마련한 것은 지지한다. 당신도 한 번 고요한 사색의 시간을 가지면 어떨까. 꼭 한 시간일 필요는 없다. 30분, 심지어 15분이라도 생각으로 머리를 채우는 시간을 시작해보길 권한다.

슐츠 시간(15분이라도)에는 사람, 이메일, 문자, 전화, 라디오, TV 등 주의를 빼앗는 것들을 모두 제거한다. 몰입을 위한 공간을 마련하듯, 문을 닫고 휴대전화를 숨긴다. 아니면 책상에서 벗어나 산책을 나갈 수도 있다.

슐츠 시간의 가치는 정신을 산만하게 하는 것에서 벗어날 때 느끼는 기쁨을 넘어선다. 집중이 필요한 중요한 결정에 대해 깊이 생각하고, 창의력을 마음껏 발휘하며, 치밀하게 전략을 세울 수 있다. 이성과의 관계에서 다음 단계로 나아갈지, 관계를 끝낼지, 동네나 먼 지역, 다른 나라로 이사할지, 다른 직장이 없어도 지금 직장을 그만둘지, 다시 학교에 갈지, 가정에 어떤 전통을 심어줄지, 아이를 한 명 더 낳을지, 아이가 강아지를 키우고 싶다면 허락할지, 친구와 힘든 대화를 할 때가 됐는지 등 중요한 질문을 고민할 수 있다.

이런 사안들은 시간 유리병에 충분한 공간이 필요하다. 급히 결정해서는 안 된다. 레온하르트는 "새로운 정보를 수집하는 데 모두 시간을 써버린다면, 그 정보들을 이해할 시간이 남지 않게 될 것이다"라고 했다. 생각을 위한 여유를 우선적으로 남겨두어야 한다.

우선순위에 먼저 시간을 쏟아라

다이애나와 저스틴은 산 이시드로 랜치 San Ysidro Ranch에서의 이틀 밤이라는 멋진 결혼 선물을 받았다. 캘리포니아 주 샌타바버라의 산속에 숨은 전원적인 호텔로, 멋진 정원을 배경으로 덩굴식물로 덮인 작은 단층집들이 각각 고요하게 자리하고 있다. 이 호텔은 커플이 고급 이불 위에서 홈메이드 잼과 바구니에 담긴 따뜻한 크루아상을 먹으며 편안한 아침을 보내기에는 완벽한 곳이다. 활짝 열린 창으로는 재스민과 오렌지 꽃향기, 벌새들과 꿀벌들이 내는 기분 좋은 소리가 들린다. 로맨틱한 휴가지로 너무도 완벽한 곳이라 존 케네디 John Kennedy와 재키 케네디 Jackie Kennedy 대통령 부부가 신혼여행을 왔고, 할리우드 스타인 로렌스 올리비에 Laurence Olivier와 비비언 리 Vivien Leigh가 이곳의 우거진 나무 아래서 혼인 서약을 맺었다. 조금 예스럽긴 하지만 산 이시드로 랜치의 숙박 비용은 상당히 비싸다. 당연하게도 아주 훌륭한 결혼 선물이었고, 다이애나와 저스틴은 이 호텔에 갈 날만 기다리고 있었다.

10년이 지났지만 두 사람은 아직도 선물을 사용하지 못했다. 결혼 생활은 여전히 행복했지만, 10년이 되도록 단 둘만의 휴가를 떠날 시간을 내지 못했던 것이다. 두 사람이 함께 시간을 보내는 것을 싫어한 적도, 평온한 아침에 따뜻한 크루아상을 먹고 싶은 마음이 시들해진 것도 아니었다. 선물이었으므로 비용도 문제가 아니었다. 단한 가지 이유는 바로, 항상 다른 일이 생겼기 때문이었다. 몇 번이나 방을 예약했다가도 사촌 생일, 아이의 축구 경기, 급한 업무 등으로 매번 취소해야 했다. 우선적으로 생각했던 일이었지만 우선시하지 못한 것이다.

내가 몸담은 행동 의사 결정 분야에서는 많은 연구자가 사람들이 근시안적으로, 또는 좁아진 식견으로 가깝고 쉬운 유혹에 굴복하는 현상과 관련한 문제를 연구한다. 사람들은 즉각적인 즐거움을 주는 선택지를 고르고 그것이 향후 가져올 부정적인 결과는 무시하는 경향이 있다. '원하는 것'보다 '해야 하는 것'을, 악보다는 선을 택하도록 사람들을 유도하는 방법에 대한 연구가 대다수다.

이에 대해 폭넓은 연구와 수십 년간의 조사를 바탕으로 한 훌륭한 책들이 몇 권 있는데, 그 가운데 케이티 밀크먼 Katy Milkman 의《슈퍼 해빗 How to Change》(알에이치코리아, 2022)은 자기 통제력을 높이는 전략을 알려준다. 즉 지금은 즐겁지 않더라도 장기적으로 더 건강하고 현명한 방식으로 행동하는 전략이다. 식습관이나 재정적 결정에서 매번 자기 통제력을 발휘하지 못해 심각한 대가를 치르는 사람들을 보며, 통제력을 향상시키는 일이 대단히 중요하다는 데 깊이 동의한다.

이와 반대되는 문제로 고통받는 사람들 또한 자주 목격했다. 당장의 즐거움을 계속 희생하며 최상의 결과를 이끌지 못했을 때의 죄책감을 피하려는 사람들도 많다. 경쟁이 치열한 교육과 직업 환경에서는 놀기보다 일을, 쉬기보다 무언가를 완수해야 한다는 강박이 크다. 내 새해 결심 중 가장 지키기 어려웠던 것도 주말에 일을 하지 않겠다는 약속이었다.

연구자인 어넷 케이넌 Anat Keinan과 랜 키베츠 Ran Kivetz도 이런 현상을 관찰했다. 두 사람은 영리하게도 '원시'라는 이름을 붙였다. 이는 미래를 지나치게 생각하며 현재보다 미래를 선택하는 경향을 의미한다.[8] 과도한 자제력을 발휘하는 데서 비롯되는 문제이다. 두 사람은, 간식으로 초콜릿 케이크 한 조각보다는 사과 하나를 먹는 편이 물론 건강하지만, 매번 사과만 고르면 초콜릿이 주는 즐거움을 결코 느낄 수 없다고 설명한다. 항상 하고 싶은 일보다 해야 하는 일만 선택한다면, 즐거움을 경험할 기회가 전혀 없을 것이다. 오랜 세월 동안 해야 하는 일만 기준으로 삼는다면, 나중에 삶을 되돌아보며 새하얀 침대 시트 위에서 누리는 크루아상을 포함해 삶이 당신에게 제공하는 행복을 놓쳤다는 진한 후회에 사로잡히게 될지도 모른다.

케이넌과 키베츠는 여러 실험을 통해 이를 입증했다. 한 연구에서 두 사람은 참가자들에게 노동과 즐거움 사이에서 고민하다 결국 하나를 선택했던 때를 떠올려 달라고 요청했다. 즐거움을 택했던 사람들에 비해 노동을 택했던 이들이 무언가를 놓친 사람처럼 더 많이 후회했다. 또 다른 연구에서는 대학생들에게 전년도 겨울 방학을 되돌아보게 했고, 학생들은 '공부를 더 많이 했어야 했다'보다 '여행을 더 많이 했어야 했다'는 문장에 더 공감했다.

이러한 후회를 피하려면 자신이 할 일들의 우선순위를 정해야 한다. 자신의 골프공이 무엇인지 파악하는 것뿐 아니라 그 공들을 실제로 유리병에 넣는 것이 중요하다. 다이애나와 저스틴이 산 이스드로 랜치에 예약만 하는 것으로는 충분하지 않았다. 두 사람은 실제로 그곳에 갔어야 했다.

인정하건대, 나는 계획한 일을 끝내지 못하고 남아서 전부 마쳐야 할 것 같은 기분에 휩쓸린 금요일 오후가 여러 번 있었다. 저녁 데이트를 취소하는 것이 너무 쉽게 느껴졌다. 롭은 내가 바쁘게 여러 가지 일을 한다는 사실을 잘 알고 있었다. 또한 바쁜 한 주를 보낸 그도 TV 앞에서 휴식을 취하는 시간을 마다하지 않을 터였다. 외식은 다음으로 미루는 게 낫지 않을까? 아니다. 오히려 그렇게 넘어가기가 쉽기 때문에 어떻게든 그 시간을 지키는 것이 더 중요하다.

저녁 데이트 약속을 지키기 위해 우리는 행동경제학자들이 '이행 장치 commitment device'라고 부르는 방법을 적용했다. 이행 장치는 목표를 지키지 않으면 비용이 발생하도록 스스로를 강제하는 장치다. 예를 들어, 다이애나와 저스틴은 산 이시드로 랜치에 취소 불가 예약을 잡고, 가지 못하면 숙박비를 잃게끔 했다. 우리 부부의 데이트에서는 이행 장지로 금요일 밤마다 오는 베이비시터를 한 명 고용해 비용을 지불했다. 이렇게 하면 베이비시터를 찾으려 고생하지 않아도 되고(또는 베이비시터를 찾기 어렵다는 핑계를 대지 않을 수 있고), 아이를 믿고 맡길 수 있는 성인이 매주 금요일 6시면 언제나 우리 집에 찾아오는 덕분에 우리는 밖으로 나갈 수 있다. 집 밖으로 나가면 삶의 여러 문제에서 해방되고, 롭과 나는 그 어떤 후회도 경험하지 않는다.

이행 장치와 스케줄 전략 외에도, 다음 장에서는 시간이 제한적임을 깨닫는 것만으로도 중요한 시간을 누릴 동기가 생긴다는 점을 설명할 것이다. 5장에서 남은 시간 계산하기 훈련을 통해 당신에게 기쁨을 주는 시간을 더 중시하게 된 것처럼, 시간을 유리병에 비유한 개념 또한 당신에게 기쁨을 주는 시간을 우선시해야 함을 일깨워준다.

저스틴과 산 이시드로 랜치를 다녀온 뒤 며칠 후에 만난 다이애나는 행복해 보였다. 내 수업을 들은 저스틴은 시간 유리병 영상을 보았다고 했다. 두 사람은 자신들에게 가장 중요한 일에 시간을 쏟을 줄 알게 된 것이다.

시간을 어떻게 써야 할지 결정할 때 자신의 시간이 제한적임을 일깨워주는 유리병 이야기를 떠올리길 바란다. 당신의 시간은 유한하다. 모래(당신 앞에 뚝 떨어지거나, 누군가 부탁을 하거나, 아무런 생각 없이 시간을 보내도록 만드는 '일')가 그 유한한 시간을 채우도록 내버려둔다면, 정말 즐겁고 의미 있는 일들을 할 시간이 부족해진다. 진정으로 가치 있는 일들을 할 시간이 하나도 남지 않을 것이다. 시간을 의도적으로 써야 하고, 반응적이 아니라 선제적으로 접근해야 한다.

7장

모자이크처럼 시간을 설계하는 방법

파도를
멈출 수는 없지만
파도를 타는 법을
배울 수는 있다.

존 카밧진
Jon Kabat-Zinn

이제 과학을 알았으니 예술을 창조할 시간이다. 이번 장에서는 모자이크 타일들을 맞추듯 시간이라는 조각을 멋지게 이어, 이상적인 한 주를 만드는 법을 소개한다. 나는 이 과정을 '시간 설계'라는 관점으로 접근한다.

시간을 설계할 때는 당신이 하는 활동을 타일로 생각해야 한다. 색과 크기가 다양한 타일들 가운데 근본적으로 다른 것들보다 좀 더 마음이 가는 타일들이 있다. 지금쯤이면 가장 예쁜 타일, 즉 당신에게 가장 재밌고 의미 있는 일들, '기쁨을 전해주는' 일들이 이 무엇인지 알게 되었을 것이다. 관점만 바꾸면 어떤 타일이든 반짝이게 만들 수 있다는 사실 또한 깨달았을 것이다. 쾌락 적응을 상쇄하고, 주의를 흐트러뜨리는 요소를 없애 이미 예쁜 타일의 아름다움을 더 증폭시키는 전략도 갖췄다. 심지어 집안일, 업무, 통근처럼 덜 예쁜 타일도 빛나게 만드는 방법도 알고 있다.

이제부터 당신의 목표를 반영하고 영감을 주며 지속 가능한 모자이크를 만들어보자. 이미 고정된 타일 조각에 다른 타일을 최적으로 배열하는 방법을 알려주도록 하겠다. 이 과정에서 당신이 좋아하는 일의 영향력은 높이고, 덜 좋아하는 일의 영향력은 최소화할 수 있다.

완성된 당신의 모자이크는 복잡해 보이겠지만, 그 모자이크를 완성하기까지 시간 설계의 단계들은 기본적이고 실용적이다. 지금까지 앞에서 다룬 내용을 상기하고, 최적의 한 주를 계획하는 데 그 개념들을 어떻게 적용할지 간단한 방법들도 알아보자. 이 훈련은 일정을 계획하는 훈련과 같지만, 이제 당신은 과학적 지식과 개인의 우선 순위, 목표를 갖췄다. 어디에 어떤 타일을 놓을지 결정하는 데, 궁극적으로는 삶의 시간을 만들어나가는 데 의도적·의식적으로 접근할 수 있을 것이다.

행복한 시간부터 우선순위로 둘 것

오른쪽 페이지에 여백으로 된 일주일 스케줄 표는 타일을 놓을 캔버스다. 내 웹사이트에서 표를 출력해 연필로 도안을 스케치해보길 바란다. 이때 지우개를 꼭 준비해야 한다. 결정을 다시 생각하고 수정하고 싶을 때가 많기 때문이다.

구체적인 예시가 도움이 되므로, 내가 한 주를 어떻게 계획하는지 보여줄 예정이다. 하지만 어떤 활동을 어떻게 배치할지는 전적으로 당신의 상황에 맞춰야 한다. 당신에게 무엇이 즐겁고 의미 있는지, 무엇이 기쁨을 주는지가 중요하다. 또한 당신의 한 주는 당신이 처한 현실, 가족 구성, 업무와 그 유연성에 따라 달라진다.

예를 들어 나는 어린 아이들이 있고, 아이들이 학교에 가지 않을 때의 시간은 모두 아이들과 돌봄, 남편 롭의 상황을 고려해 조정한다. 아이가 없다면 스케줄은 더 자율적일 수 있다. 반면, 교수인 나는

	월요일	화요일	수요일	목요일	금요일	토요일	일요일
오전 6시							
정오							
오후 6시							
오후 11시							

모자이크처럼 시간을 설계하는 방법

다른 직업군보다는 업무 시간을 더 통제할 수 있다. 물론 학생들을 가르치는 업무의 일부는 강의 시간으로 매여 있지만, 대부분의 일은 내가 결정할 수 있다. 어떤 프로젝트를 언제 할지 선택할 수 있어, 독립적으로 일한다고 볼 수 있다. 따라서 내가 적용하는 요소들은 업무 스케줄이 유연한 사람에게만 의미가 있을 수 있다.

유연성이 부족한 직업도 있으므로, 크리스티나의 사례도 이어서 소개하고자 한다. 특수 교육 프로그램 디렉터인 그녀는 수업 시간에는 사무실을 지켜야 한다. 이러한 '본업' 외에도 크리스티나는 별도의 요청 사항을 보낸 아이들을 대상으로 한 학년 동안 매주 같은 시간에 가정 방문 교육을 하고 있다. 덕분에 크리스티나의 일은 굉장히 체계적으로 계획이 잡혀 있고, 자신의 근무 시간을 통제할 여유가 거의 없다. 업무 이후와 주말을 최대한 활용하는 사람들에게 크리스티나의 사례가 좋은 참고가 될 것이다.

몇몇 시간 설계 전략은 모든 이들에게 적용되기 어려울 수 있지만, 기본적인 단계는 누구에게나 동일하다. 그러니 당신의 캔버스를 출력하고, 연필을 잡은 뒤 따라해보자.

1단계: 고정 시간을 파악하라

매주 고정된 시간에 해야 하는 일들이 있다. 결정을 내리기 전, 고정된 일들이 무엇인지 정확히 파악하는 것이 도움이 된다. 고정된 타일들을 그려 넣는다면 남는 시간이 얼마나 되는지 한눈에 알 수 있다.

고정된 일들부터 먼저 채워 넣고 어떤 일인지 이름을 적는다. 완전히 확정하지 않는 것이 좋은데 설계 과정에서 그 시간이 더욱 길어질 수도 있고, 고정된 일을 다른 일이나 더 즐거운 일과 묶어서 함께 할 수도 있다. 필요하다면 그 일의 영향력을 통제하기 위해 그 시간을 분산하거나 통합할 수도 있다.

고정된 일이 무엇인지는 당신이 명확하게 알고 있어야 한다. 단순히 최근 몇 주간 해온 일이 고정된 일이라고 생각하지 말라. 그 일을 하고 말고의 여부와 그 일을 하는 시간에 대해 당신이 아무런 결정권이 없는 일만 해당된다. 예를 들어, 집 밖에서 정해진 시간 동안 일해야 한다면 그 시간과 이동 시간을 고정 타일로 넣는다. 매일 아이를 학교에 데려다주고 데려와야 하거나, 매주 고정된 회의나 비상시에만 취소할 수 있는 약속도 고정 타일로 포함한다.

예를 들어, 크리스티나는 월요일부터 금요일까지 오전 8시부터 오후 3시 30분에는 맨해튼의 학교에 있어야 한다. 뉴욕 교외에 사는 그녀는 매일 한 시간을 통근한다. 월요일, 수요일, 목요일에는 학생 집을 방문해 일대일 수업을 하며, 이런 날은 저녁 7시에 집에 들어온다. 따라서 그녀의 고정 타일에는 이동 시간과 근무 시간이 포함된다.

나의 경우, UCLA에서 강의를 하던 한 주를 예시로 설계해봤다.

크리스티나의 고정 시간

	월요일	화요일	수요일	목요일	금요일	토요일	일요일
오전 6시							
	통근	통근	통근	통근	통근		
정오	근무	근무	근무	근무	근무		
		통근			통근		
	가정 방문 교육		가정 방문 교육	가정 방문 교육			
오후 6시	통근		통근	통근			
오후 11시							

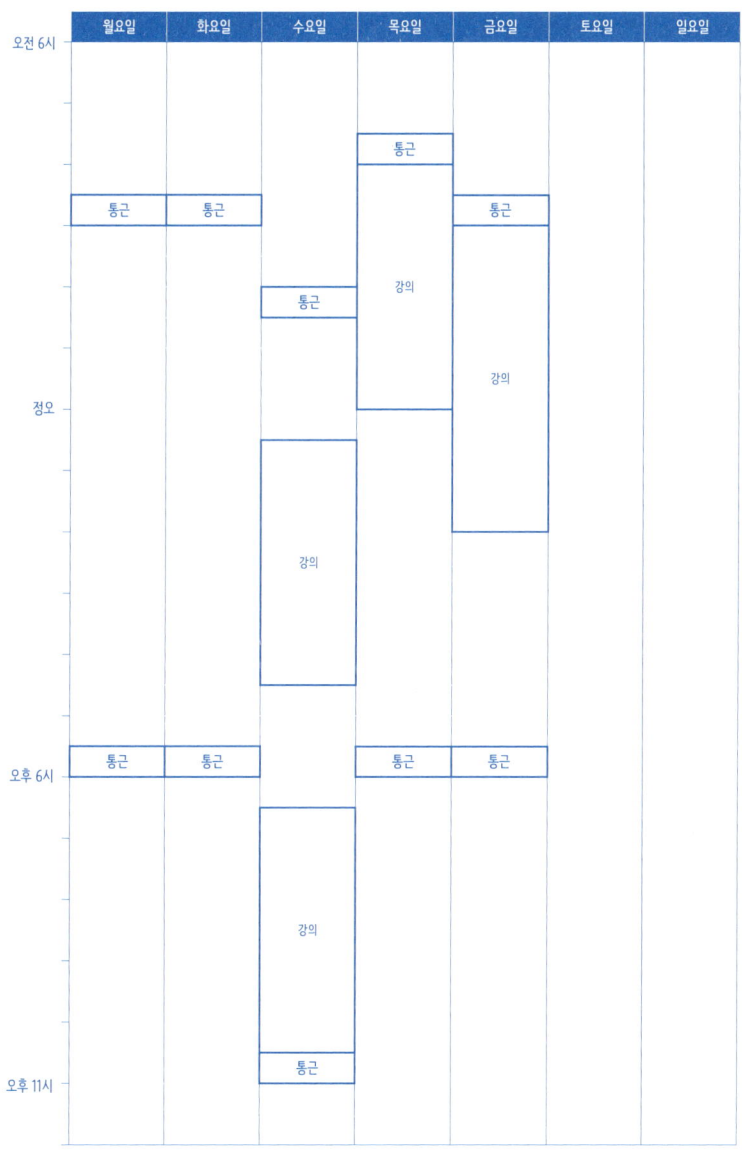

모자이크처럼 시간을 설계하는 방법

당시 나는 수요일 오후 1시부터 4시까지, 저녁 7시부터 10시까지, 목요일 오전 8시 30분부터 11시 30분까지는 강의실에 있어야 했다. 학생들의 질문에 답하기 위해 강의 30분 전에 도착하고, 강의 후에도 잠시 머물렀다. 따라서 이 시간은 고정 타일로 지정했다. 강의 준비, 연구, 행정 업무 등은 시간이 유동적이어서 고정 타일로 삼지 않았다.

2단계: 당신에게 기쁨을 주는 일을 파악하라

고정 타일을 제자리에 놓으면 당신이 설계할 수 있는 시간이 얼마나 되는지를 확인할 수 있다. 다음 단계가 이 과정에서 가장 중요하다. 기쁨을 주는 타일들부터 놓는 것이다.

당신에게 진정 중요한 일들을 우선시하라고 강조했다. 이 단계는 앞서 비유한 시간 유리병에 골프공부터 채우는 것과 같다. 차이점이라면 골프공이 어디에 자리할지 명확하게 표시하는 데 있다. 최고의 시간은 당신에게 가장 의미 있는 일에 쏟아야 하며 그 시간들은 확실하게 확보해야 한다. 그래야 다른 의무와 요청들, 무의미하게 영상을 들여다보는 시간에서 이 귀중한 시간들을 지킬 수 있다.

이 단계에서는 먼저 핵심 타일들, 즉 '기쁨을 주는 일'들을 먼저 파악해야 한다. 진정으로 재미있고 의미 있는, 당신의 시간을 할애하고 싶은 활동들이다. 이 타일들을 찾으려면 6장에서 '기쁨을 주는 활동 기록'과 2장에서 시간 추적 훈련의 '가장 행복한 활동으로 꼽은 활동들'을 다시 살펴보길 바란다.

> **시간 설계 전략 1**
> ## 사회적 연결을 위한 시간을 보장한다.

2장에서 배웠듯, 즐거운 타일 중 몇 개는 사회적 연결과 관련한 시간이다. 내향적인 성격이라면 당신이 가장 좋아하는 사람들과 연결될 때 가장 행복할 것이고, 외향적이라면 그 대상이 누구든, 사람들과 연결되는 시간을 행복하게 느낄 것이다.

하지만 일정이 바빠지면 타인에게 쏟는 시간이 빠지기가 쉽다. 하루가 꽉 차면 친구나 가족의 전화도 소홀히 하고, 잠시 안부를 나누는 즐거움도 놓치게 된다. 시간이 너무도 바쁘게 지나가는 것처럼 느껴져 주변 사람들과 여유롭게 시간을 보내지 못할 때가 많다. 관계를 쌓거나 즐기지 못한 채 몇 주가 그냥 흘러가는 일이 없도록, 사회적 연결 타일을 캔버스에 먼저 채운다. 일주일 일정에서 이 시간을 확보하고 지켜야 한다.

나에게 저녁 데이트는 롭과 깊은 유대감을 느끼게 하고 기쁨을 준다. 한 집에 같이 살고 있으니 저녁이면 언제든 대화할 수 있지만,

그 시간을 미루기 쉽다. 실제로 일에 집중하지 않을 때는 아이들에게 관심이 쏠린다. 그래서 주 1회 저녁 데이트를 정해 둘만의 시간을 따로 보낸다.

이 시간을 만드는 것 외에도 이상적인 위치에 이 타일을 배치하는 것 또한 중요하다. 내 캔버스에서는 금요일 저녁을 특별한 시간으로 정해두었다. 저녁 데이트는 우리 부부가 한 주 동안 기다리는 시간이자, 좋은 와인과 맛있는 음식을 나누며 주말의 시작을 축하하는 자리가 되었다. 또한 다음 날 아침 일찍 일어나 생산적으로 움직일 필요가 없으므로 일과 관련된 걱정에 사로잡혀 그 시간의 즐거움이 줄어드는 경험도 하지 않는다.

이 타일을 고정한 뒤, 롭과 나는 업무상 저녁 식사나 친구와의 만남은 주중의 다른 요일로, 아이들과의 활동은 주말로 잡는다.

> **시간 설계 전략 2**
> **집중을 방해하는 것들과 거리를 두고 '휴대전화 금지 존'을 만든다.**

스마트폰은 우리가 하는 일에 온전히 집중하지 못하게 방해하고 즐거움을 빼앗는다. 당신에게 가장 큰 기쁨을 주는 일을 하는 동안은 분명 방해를 받고 싶지 않을 터이기에, 이 시간을 '휴대전화 금지 존'으로 삼는다. 휴대전화를 보이지 않는 곳으로 치우고 이메일이나 소셜 미디어 피드를 보지 않는다면 더욱 깊은 연결감을 경험할 수 있게 될 것이다.

버락 오바마 *Barack Obama* 전 대통령은 업무 특성상 끝이라는 것이 없음에도 아내와 장모님, 두 딸들과 집에서 저녁을 함께하기 위해 매일 저녁 6시 30분이면 집무실에서 나왔다. 그로부터 두 시간 후인 그가 사샤와 말리아의 잠자리를 봐주는 시간까지 직원들은 그를 방해해서는 안 된다는 사실을 잘 알고 있었다.

버락 오바마는 나라에 대한 걱정이나 세계의 미래에만 관심을 쏟은 것이 아니었다. 두 딸들에게도 온전히 집중했다. 그는 딸들이 놀이터에서 무슨 일이 있었는지, 학교에서 무엇을 배웠는지, 어떤 노래가 유행하는지까지 세심하게 챙겼다. 저녁 식사 자리에서 오가는 대화 주제들 말이다. 그는 매일 같은 시간에 이뤄지는 가족 식사 시간을 자신의 생명선이라고 표현했다.[1]

나의 경우 저녁 식사 이후 두 시간은 휴대전화 금지 존이다. 롭과 나는 휴대전화를 현관 옆에 둔다. 크리스티나도 저녁 시간을 휴대전화 금지 존으로 정한 것이 가장 강력한 전략임을 깨달았다. 그녀는 '삶이 변화하는 경험'이라고 말했고, 아이들을 더 잘 알게 됐다고 했다. 단 몇 시간만이라도 휴대전화와 멀어지면 잃어버린 시간을 되찾는 기분을 느꼈다.

> 시간 설계 전략 3
> ## 집안일을 외부에 맡겨 기쁨을 누릴 수 있는 시간을 극대화한다.

우리 집에서는 식탁에 저녁이 준비되기까지 15분 정도 걸린다. 내가 퇴근하고 집에 온 시간부터 레오와 리타의 취침 시간까지 시간이 많지 않아, 나는 그 시간 동안 장을 보고 요리법을 들여다보며 종종거리기보다 아이들과 보내는 시간을 우선시하기로 결정했다. 그래서 우리는 맛있고 건강한 저녁 식사를 직접 집에 배달해주는 밀 서비스를 유료로 사용하고 있다. 이렇게 하면 아이들이 상을 차리는 동안 나는 따뜻한 식사를 식탁에 올릴 수 있다.

> 시간 설계 전략 4
> ## 좋은 일에 집중하는 시간을 마련한다.

연구에 따르면 정기적으로 하루를 돌아보고 감사한 일을 기록하는 사람은 일상을 더욱 행복하게 보내고 전반적으로 삶의 만족도가 높아진다.[2] 감사 일기가 효과적인 이유는 우리의 삶과 이 세상에서 좋은 것들에 관심을 기울이도록 해주기 때문이다. 감사 일기는 태생적으로 '물이 잔에 절반밖에 안 찼다.'고 생각하는 사람들을 더욱 긍정적인 성격으로 변화시켜주고, 모든 사람들이 쾌락 적응을 상쇄하고 소소한 기쁨들을 지속적으로 깨달을 수 있도록 도와준다.

나는 가족들에게 감사 일기를 쓰라고는 하지 않지만 식사를 하는 동안 오늘 하루 중 가장 좋았던 일은 무엇인지, 어떤 좋은 일이 있었는지 물으며 가족들에게 그 이야기를 공유하도록 한다. 긍정적인 이야기를 나누면 그 경험을 통해 느꼈던 행복이 더욱 커지고, 서로가 겪었던 일에 더 집중하게 된다.

내 친구는 하교하는 차 안에서 이와 비슷한 다정한 활동을 아이들과 함께한다. 모두 안전벨트를 매고 나면 친구는 아이들에게 장미(좋았던 일), 가시(나빴던 일), 싹(신났던 일)을 공유해달라고 아이들에게 요청한다.

이는 아이들만을 위한 활동이 아니다. 내 학생 중 한 명은 이와 비슷한 활동을 친구와 한다고 전했다. 이 학생은 친구와 주 1회 통화를 하면서 지난 한 주 동안 감사했던 일이 무엇이었는지 서로에게 들려준다. 이러한 활동에 반드시 타인이 함께해야 하는 것도 아니다. 규칙적인 활동 중 무엇이든 관계없이 그 일을 하는 동안 몇 분을 할애해 좋았던 일을 되새겨볼 수 있다. 언제, 어떻게 하든 틈새 시간을 활용해 긍정적인 일에 집중하는 순간을 마련할 때 삶에 대한 만족감이 높아질 것이다.

> **시간 설계 전략 5**
> ## 정기적으로 함께 시간을 보내는 전통을 마련한다.

4장에서 배웠듯이 홀리데이 전통이 있는 가족들이 함께 모여 그 시간을 기념할 확률이 더욱 높고, 그 시간을 더욱 즐겁게 보낼 가능성도 더욱 크다. 그 이유 중 하나는 전통을 통해 모든 사람들이 어떤 일이 벌어지게 될지 예측할 수 있기 때문이다. 덕분에 다들 계획을 세울 수 있고, 즐거운 마음으로 기다릴 수 있다. 또한 다음 번에도 다들 모이게 될 것이라는 하나의 약속이 되는 전통은 시간을 뛰어넘는 유대감을 선사하고 소속감을 높여준다.

> **시간 설계 전략 6**
> ## 우정을 돈독하게 만드는 시간을 갖는다.

와튼에서 조교수로 일을 시작할 무렵, 존경하는 여성 선배에게 조언을 구한 적이 있다.

"이렇게 많은 일을 어떻게 다 하셨나요?"

그녀는 존경받는 연구자이자 교수였고, 행복한 가정생활을 꾸리며 성인 자녀와도 좋은 관계를 유지했다. 그녀가 경영대학원에 처음 들어왔을 때는 여성 교수가 지금보다 훨씬 적어 많은 어려움을 겪었을 것이다. 그럼에도 그녀는 능숙하게 커리어를 이끌었고, 나는 그 비결을 배우고 싶었다.

그녀의 답은 아주 무미건조했다.

"그냥 했어요."

그녀가 '그냥 했다'는 데는 출산한 지 5일 만에 MBA 남자 학생들이 꽉 찬 강의실에서 수업을 진행한 것도 포함되었다는 사실을 알고 있었다. 다행스럽게도 내가 그냥 강의할 때만 해도 정책이 달라져 좀 더 수월해진 부분이 있었다. 그녀의 실용주의적 태도도 내게 도움이 되었지만, 그녀가 다음에 한 이야기가 내게 큰 충격을 안겼고 이후 내가 시간을 어떻게 써야 할지에도 영향을 미쳤다.

"캐시, 난 전부 다 해내지 못했어요. 여자 친구들과의 우정을 잃었죠."

20년 후에 나도 똑같은 상황에 놓일 것 같아 공감이 됐다. 아이와 남편, 일에 모든 시간과 에너지를 쏟아부어 친구들과의 관계가 소홀해졌다. 좋은 우정을 쌓고 다지는 데는 시간과 에너지가 많이 든다는 걸 알기에, 존경하는 동료의 충고를 마음에 새기고, 우정을 우선시하기로 했다.

내 시간 설계 중 리타의 댄스 수업은 목요일 오후 2시 퇴근 후 리타를 하교시키기 위해 데리러가는 시간이다. 리타와 친구들이 깡충거리는 모습을 보는 것도 좋지만, 진짜 목적은 다른 엄마들과 친해지고 관계를 쌓는 것이다. 매달 첫 목요일 저녁에는 북클럽에 참여한다. 즐거운 독서가 동기지만, 진짜 이유는 좋아하는 여성들과 소통하기 위해서다.

우정을 쌓는 시간을 목요일에 두는 이유는, 그 주에 강의가 끝나서 스트레스가 적고 여유로워지기 때문이다. 그러고 나서 금요일 저녁은 롭을 위해, 주말은 가족과 함께 보내기로 미리 비워둔다.

> **시간 설계 전략 7**
>
> **하고 싶은 일과 해야 하는 일을 함께 묶는다면
> 하고 싶은 일을 거르지 않고 반드시 할 수 있다.**

3장에서 지루한 일들을 해치울 동기를 높이기 위해 몇 가지 일을 한 데 묶는 것이 중요하다는 것을 배웠다. 여기서는 당신이 좋아하는 일을 할 시간을 마련할 방법으로 묶기 전략을 제안하는 바이다. 당신이 하고 싶은 일(친구와 대화하기, 휴가 등)과 해야 하는 일(통근, 집안일 등)을 묶는다면 시간을 들여 하고 싶은 일을 할 확률이 높아진다.

또는 당신이 하고 싶은 일 두 가지(친구와 대화하기, 야외에서 러닝하기 등)를 함께 묶는다면 반드시 시간을 할애해야 하는 일로 인식하게 되므로 그 두 가지 일을 같이 할 수 있다. 정확하게 말하자면 시간 설계는 단순히 효율적으로 시간을 소비하는 것이 아니라, 가치 있는 일을 할 시간을 의도적으로 마련하는 훈련이다. 이 경우 효율과 가치, 두 마리 토끼를 모두 잡을 수 있다.

> **시간 설계 전략 8**
>
> **집중을 방해하는 요소를 없애고
> 자신의 목표를 좇는 시간을 마련한다.**

목적의식에 충실하면 의미와 충족감을 모두 경험할 수 있다. 한 주를 이상적으로 보내려면, 대가를 받든 받지 않든 고차원적 목적에 기여하는 일이 무엇인지 파악해야 한다. 4장에서 말한 '다섯 겹의 이유 찾기'로 그런 일을 확인할 수 있다. 일주일 중 정신적 에너지가 가장 좋고 방해가 적은 시간을 골라 그 일을 할 시간으로 확보한다. 가장 좋은 시간을 판단하려면 낮 시간 중 카페인 없이 정신이 가장 맑을 때와 방해가 가장 적을 때를 관찰하라.

> **시간 설계 전략 9**
>
> **기민한 정신력이 필요한 일은
> 자신의 의식이 명료한 시간대로 일정을 잡는다.**

캔버스에 중요한 타일들을 어디에 배치하는 것이 최적인지를 고려해야 한다. 일주일에 하루 열여섯 시간을 깨어 있다고 해도 전부 최적의 컨디션이 아니다. 당신의 정신적 에너지가 가장 크게 발휘되며 가장 생산적인 시간은 언제인가? 그 시간을 당신이 최선을 다해야 하는 일에 쏟아야 한다.

나는 아침형 인간이라 하루를 시작할 때 정신이 가장 맑다. 박사논문은 거의 새벽에 작성했다. 일어나자마자 노트북을 펼쳐 배가 고플 때까지 논문을 썼다. 하지만 아이가 있어 새벽부터 점심까지 침대에 있을 수는 없다. 이제는 아이가 학교에 가고 출근한 뒤, 머리를 많이 써야 하는 일에 시간을 쓴다. 가능한 날은 오전 9시부터 오후 1시까지 연구와 글쓰기 등 목적에 부합하는 일을 '행복한 업무' 시간으로 확보한다.

> **시간 설계 전략 10**
>
> **생산력을 높이고 싶을 때는 집중을 방해하는 요소를 모두 없애고 몰입할 수 있는 환경을 만든다.**

이 시간은 따로 확보하고, 방해를 받지 않도록 이메일과 휴대전화 알림을 끄고, 사무실 문을 닫는다. 점심 도시락도 준비해 배고픔에 방해받지 않는다. 매일 동료와 식사할 수 있다면 좋지만, 남편과

나의 기쁨을 위한 시간

시간	월요일	화요일	수요일	목요일	금요일	토요일	일요일
오전 6시				통근			리타와의 목요일 모닝 커피 데이트
	통근	통근	통근	강의	통근		
	행복한 업무	행복한 업무			교수회의		
정오							
	업무 처리	업무 처리	강의	리타 하교	업무 처리		
				리타 댄스 수업			
			업무 처리				
오후 6시	전화 데이트/통근	전화 데이트/통근			통근		
	가족 식사 시간 (휴대전화 금지 존)	가족 식사 시간 (휴대전화 금지 존)		가족 식사 시간 (휴대전화 금지 존)	저녁 데이트 (휴대전화 금지 존)		
			강의	북클럽			
오후 11시			통근				

모자이크처럼 시간을 설계하는 방법

크리스티나의 기쁨을 위한 시간

	월요일	화요일	수요일	목요일	금요일	토요일	일요일
오전 6시		친구와 러닝		친구와 러닝			
	통근	통근	통근	통근	통근		
	근무	근무	근무	근무	근무		친구들과의 헬스장
정오							PJ 축구 경기 관람
	가정 방문 교육	통근	가정 방문 교육	가정 방문 교육	통근		
		자녀 중 한 명과의 산책					
오후 6시	통근		통근	통근			
	휴대전화 금지 존	휴대전화 금지 존	휴대전화 금지 존	휴대전화 금지 존	샘과의 즐거운 식사 및 TV 시청 (휴대전화 금지 존)		
오후 11시							

▶▶▶▶▶▶▶▷

아이, 주말 시간을 지키며 연구를 진전시키려면 생산 시간을 반드시 지켜야 한다.

오후에는 정신적 에너지가 떨어질 때, 사무실 문을 열고 회의, 메일 회신, 행정 업무 등 '업무 처리' 시간을 가진다.

3단계: 여유를 즐길 시간을 남겨라

예술가들은 의도적으로 색 사이에 공간을 둔다. 다른 부분의 시각적 효과를 높이기 위해 캔버스 상 일부는 여백으로 남겨두기도 한다. 이와 마찬가지로 당신의 시간을 설계할 때 일정 부분을 공백으로 남겨두는 것도 고려해야 한다.

한편 색으로 뒤덮이지 않는(또는 시간 유리병에 모래로 채워지지 않는) 여백을 지키기 위해서는, 당신이 쉬거나 사색을 하고 즉흥적인 일들을 하면서 지낼 수 있도록 그 시간을 의도적으로 따로 떼어놓아야 한다.

> **시간 설계 전략 11**
>
> **당신이 원하는 대로 쓸 수 있는 시간을 따로 마련한다.**

아이가 생기고 가장 크게 잃은 것은 평일 아침 시간이다. 내 에너지가 가장 충만하고, 달리기나 목적의식 있는 일을 하고 싶은 때가 아침이었다. 아이를 깨우고 준비시키는 일에 정신없이 보내며 생산적인 아침을 잃은 것에 불만이 있었다. 육아에 동등하게 기여하고자 하는 롭은 출장 없는 날은 도와주었지만, 궁극적으로 책임은 내게 있었다.

우리는 해결책을 마련했다. 둘 다 매일 아이를 돌보는 대신, 요일을 나눠 한 명은 '당번'으로 아이를 책임지고, 다른 한 명은 '비번'으로 원하는 대로 하루를 시작한다.

'비번'인 아침에 절대 해서는 안 되는 일은 상대가 아이를 돌보는 방식에 간섭하는 것이다. 리타의 머리를 내가 원하는 대로 빗지 않거나 레오의 옷이 어울리지 않아도 그냥 넘긴다. 셰릴 샌드버그의 표현을 빌려 '엄마의 문지기 행동 *maternal gatekeeping*'을 하지 않는다[3]. 커플이 집안일을 어떻게 나누어야 하는지에 관한 이브 로드스키 *Eve Rodsky*의 '페어플레이 법칙'에 따라, 아이 돌보기를 완전히 위임한다[4]. 롭은 충분히 능력 있고, 아이들도 괜찮다. 이 해결책의 이점이 레오가 양말을 짝짝이로 신는 것보다 훨씬 크다.

일주일 중에 당신만의 시간으로 사수할 수 있는 시간을 찾는 것도 중요하다. 가령 크리스티나는 토요일 아침 요가 수업을 자신만의 시간으로 삼기에 가장 알맞다는 사실을 깨달았다. 한 시간 반의 평화후 한결 상쾌해진 상태로 집에 들어온 그녀는 남은 주말을 가족 및 친구와 보낼 의욕에 가득 찼다.

당신의 시간은 당신이 원하는 대로 보낼 수 있다. 그림 수업이나 소규모 테니스 수업을 신청하는 등 취미 생활을 할 수도 있다. 또는 한 시간 동안 시내를 거닐며 이것저것 구경하면서 보낼 수도 있다. 아니면 가장 좋아하는 의자에 몸을 묻고 책을 읽어도 좋다.

자신의 욕구를 돌보고 개인의 관심사를 개발하는 시간을 갖는 것은 타인을 돌보는 일에 소모가 큰 여성들에게 더욱 중요하다. 자신만의 시간을 보내는 데 죄책감을 느끼지 않아도 된다. 자신을 돌봐야만 당신이 사랑하는 사람들을 온전히, 열심히 돌볼 수 있다는 사실을 명심하길 바란다. 비행기에서 응급 상황이 벌어졌을 때 성인부터 산소마스크를 써야 한다는 지시처럼 말이다.

시간 설계 전략 12
생각할 시간을 마련한다.

6장에서 '슐츠 시간' 즉, 고요한 사색을 위한 시간의 가치에 대해 설명했다. 무언가를 해치우느라 정신없는 일상 속에서 잠시 멈추고 생각하는 시간을 마련해야 한다. 깊이, 널리, 창의적으로 생각하는 시간 말이다. 당신의 캔버스에 슐츠 시간의 자리를 마련하길 바란다 (30분, 15분밖에 시간을 내지 못한다 해도 괜찮다).

슐츠 시간은 객관적·주관적으로 바쁘지 않은 틈새 시간으로 잡는 것이 좋다. 크리스티나는 금요일 오후 퇴근 후를 슐츠 시간으로 삼았다. 아이들에게 휩쓸리기 전, 즐거운 주말이 시작되기 전, 그녀는 반려견 슬래시에게 목줄을 채우고 30분간 산책을 한다. 슬래시가 운동을 하는 동안 크리스티나는 한 주를 되돌아보고 한 해 계획을 세운다.

한편 이 시간을 조지 슐츠의 방식에 따라 보낼 수도 있다. 사무실 문을 닫고 휴대전화 알림을 끈 채 종이 한 뭉치를 앞에 두고 말이다. 다른 활동과 함께하든 아니면 따로 시간을 확보하든, 일주일에 얼마간은 혼자 생각할 시간을 마련하길 바란다.

> **시간 설계 전략 13**
>
> ## 아무것도 하지 않는 시간을 확보한다.

우리의 일정을 깨끗하게 비우는 것이 얼마나 가치 있는 일인지는 코로나 19 팬데믹 동안 분명하게 경험했다. 개인적인 일들에 끌려 다니지 않는 동안 많은 커플과 가족들이 더욱 관계가 깊어지는 시기였다. 어디를 가야만 한다는 부담감이 사라지자 모든 사람들이 강제로 여유를 가질 수밖에 없는 상황이 되기도 했다.

즐길 거리가 사라지자 우리 스스로 즐거움을 얻을 방법을 찾아

나의 비워둔 시간

	월요일	화요일	수요일	목요일	금요일	토요일	일요일
오전 6시	슐츠 시간/러닝		아침 비번		아침 비번		
	아침 비번	아침 비번		통근			리타와의 목요일 모닝 커피 데이트
	통근	통근		강의	통근		
			통근				
	행복한 업무	행복한 업무			교수회의		
정오							
			강의	리타 하교		스포츠 경기, 생일 파티, 사교 모임, 매니큐어와 페디큐어 등 그때그때 생기는 일	아무것도 하지 않는 시간 (휴대전화 금지 존)
	업무 처리	업무 처리		리타 댄스 수업	업무 처리		
오후 6시	전화 데이트/통근	전화 데이트/통근			통근		
	가족 식사 시간 (휴대전화 금지 존)	가족 식사 시간 (휴대전화 금지 존)		가족 식사 시간 (휴대전화 금지 존)	저녁 데이트 (휴대전화 금지 존)		
			강의	북클럽			
오후 11시			통근				

모자이크처럼 시간을 설계하는 방법

야 했다. 우리는 더욱 창의력을 발휘했다. 그 순간에 주어진 일이 무엇이든, 모노폴리 Monopoly 게임이든, 낮잠이든, 아무것도 하지 않는 것이든 우리의 시간은 활짝 열려 있었다. 텅 빈 일정이 주는 위안을 경험했음에도 불구하고 코로나 19 제한이 풀리고 평범한 일상이 다시 시작되자 우리는 일정을 다시 빼곡하게 채워나가기 시작했다.

'아무것도 하지 않는 시간.' 나는 자유로운 시간을 경험하며 느낀 기쁨을 지속하기 위해 일요일 오후는 아무런 일정도 잡지 않는다. 이처럼 내키는 일을 하거나 아무것도 하지 않는 시간이 필요하다. 이 시간이 아무런 의미 없이 채워지고 낭비되는 것을 막기 위해 나는 휴대전화 금지 존으로 삼았다.

4단계: 모든 일정을 배열, 분산, 통합하라

고정된 타일, 기쁨을 주는 타일, 여유를 위한 타일로 한 주 동안 해야 하는 일이나 하고 싶은 일을 모두 정리한 후에는 이 일정들을 하나로 종합해야 한다. 이제 좋은 시간이 주는 영향력을 극대화하고 하기 싫은 일의 영향력을 최소화하겠다는 목표를 갖고 캔버스에 타일들을 잘 배열할 차례이다. 이 전략들은 전반적으로 더욱 행복하고 만족도 높은 한 주를 보낼 수 있도록 도와줄 것이다.

시간 설계 전략 14

자신이 좋아하는 일을 나누거나 분산시킨다.

앞서 4장에서 시간이 지나며 쾌락 적응이 어떻게 변화하는지, 결혼 같은 중대한 일에서도 우리의 감정적 반응을 어떻게 바꾸는지 설명했다. 이런 패턴은 일주일이라는 짧은 시간, TV 시청 같은 일상적 활동에서도 단 몇 시간 만에 나타난다.

무언가를 시작하는 순간은 우리가 그 활동에 가장 많은 관심을 기울이는 때이자 그것을 가장 강도 높게 경험하는 때이다. 쾌락 적응을 줄이려면 우리가 좋아하는 일을 나눠서 해야 한다. 이렇게 할 때 시작을 더 자주 경험할 수 있고, 지루함을 피할 수 있다. 좋은 일을 여러 번 나누면 기대감을 경험하는 순간도 더 자주 늘어난다.

TV 시청이 좋은 예가 될 수 있다. 쾌락 적응으로 인해 TV 시청은 즐거운 한편 전반적인 행복감이 기대에 미치지 못하는 활동이다. TV를 처음 시청하는 순간에는 완벽하게 몰입하고 진심으로 즐거워하는 감정을 경험한다. 하지만 소파에 앉아 있는 시간이 길어질수록 집중력이 떨어지고 즐거움도 줄어든다. 에피소드의 끝을 맺으며 다음 상황이 궁금해지도록 서스펜스를 높이는 할리우드 작가진의 기술과 능력이 부족하다면 다음 편을 시작하지 않을 것이다.

하지만 한 번에 TV를 다섯 시간 시청하는 대신 일주일 동안 한 시간씩 다섯 번 시청하는 것으로 나눈다면 이 다섯 시간을 더욱 즐기게 될 것이다. 실로 한 연구에서는 시작의 순간을 더욱 많이 제공하는 광고 시간 덕분에 사람들이 프로그램을 더욱 즐기는 것으로 나타났다[5].

할리우드 작가들의 손아귀에서 벗어날 또 다른 전략이 필요하다면 내 친구가 사용하는 방법을 써볼 수도 있다. 그녀는 프로그램이 끝나기 10분 전에 TV를 끈다. 이렇게 할 때 몰아보기를 하며 저녁 시간을 모두 소진하는 일을 막을 수 있을 뿐 아니라, 다음에 TV를 시청할 때는 흥미진진한 내용에서 시작해 곧장 이후 어떤 상황이 펼쳐졌는지를 이어서 시청할 수 있다.

이 전략을 적용할 때는 특정한 활동을 최대한으로 즐기는 데 필요한 최적의 시간을 고려해야 한다. 본격적으로 시작하기까지 시간이 조금 더 걸리는 활동들이 있고, 이런 경우에는 이 일을 굳이 나눠서 좋을 것이 없다. 가령 몰입 상태에 빠지는 과정을 잘게 나누어 몰입을 방해받는 상황은 원치 않을 것이다. 좀 더 깊은 대화로 진입하려는 때 데이트를 멈추는 일 또한 원치 않을 것이다.

다양한 활동을 하며 느끼는 행복을 주제로 조던 엣킨 Jordan Etkin 과 함께 진행한 연구 결과, 몇 시간 안에 너무 많은 일을 하려는 사람들은 결과적으로 행복을 덜 느낀다는 사실을 발견했다[6]. 사람들은 다양한 일을 오가면 그 어떤 일도 끝낼 수 없을 것 같다는 기분에 사로잡힌다. 한편 일주일에 걸쳐 다양한 활동을 한 사람들은 더욱 큰 관심과 몰입, 행복을 경험한다.

> **시간 설계 전략 15**
>
> ## 하고 싶지 않은 일들을 통합한다.

당신이 딱히 즐겁게 여기지는 않지만 반드시 해야 하는 일들은 심리학적으로 봤을 때 하나의 세션으로 통합하는 편이 낫다. 두렵고 부담스럽게 느껴지는 그 시작을 경험할 일이 줄어들 수 있다[7].

집안일을 생각해보자. 맡길 수 있는 일은 외부에 맡기라는 내 조언을 따랐다 하더라도 당신이 해야 하는 일들이 아직도 좀 남아 있을 것이다. 어떤 사람은 내게 매일 조금씩 해치우는 방법도 이야기했는데, 그리 나쁜 방법은 아니다.

하지만 쾌락 적응으로 인해 그다지 훌륭한 조언이 될 수는 없다. 하기 싫은 일을 시작할 때 느끼는 짜증을 일주일 동안 나눠서 여러 차례 경험하게 될 것이고, 일주일 내내 나는 그 일을 해야 한다는 끔찍한 기분을 느껴야 하기 때문이다. 하고 싶지 않은 일들을 한데 묶는다면 한 번에 효율적으로 처리해버릴 수 있다. 쾌락 적응으로 인해 한 번 시작하고 나면 대단히 불쾌하게 느껴지지도 않을 것이다.

크리스티나는 이 전략에 따라 수요일 저녁은 세탁과 청소를 하는 시간으로 비워두었다. 자꾸만 쌓여가는 집안일들은 일요일 밤까지 기다렸다가 하기보다는 한 번에 모두 해치우기로 결심했고, 신중한 생각 끝에 수요일 저녁으로 정한 덕분에 싫은 일들이 주말 내내 머릿속을 잠식하는 상황을 피할 수 있었다. 집안일을 머릿속에서 지우고 싶은 마음이 더욱 간절한 나는 월요일 저녁을 내가 해야 하는 일들을 해치우는 시간으로 정했다.

> **시간 설계 전략 16**
> **좋아하는 일을 집안일과 함께 묶는다.**

크리스티나는 수요일 저녁 집안일에 대한 부담을 줄이고자 3장의 '묶기 전략'을 적용했다. 그녀가 팟캐스트를 들어야겠다고 생각한지는 꽤 오래되었다. 직장 동료들과 친구들이 그녀가 좋아할 만한 좋은 팟캐스트들을 여럿 알려준 덕분이었다. 그녀의 생각을 확장하는 시간을 가져볼 기회였다. 그래서 그녀는 친구들이 추천한 팟캐스트들을 전부 모아 재생 리스트로 만든 후 청소를 하고 빨래를 개는 동안 들었다. 그녀는 지겨운 시간을 기쁜 시간으로 새롭게 전환하는데 성공했다.

> **시간 설계 전략 17**
> **부정적인 일 바로 다음에 긍정적인 일을 하도록 일정을 세운다.**

특정한 활동을 하며 경험하는 행복 또는 불행의 감정은 그 일을 실제로 하는 시간을 훨씬 넘어 길게 이어질 수 있다. 이 사실을 깨닫는다면 이 이월 효과를 유리하게 활용하는 방식으로 당신의 타일을 신중하게 배치할 수 있다. 기분이 나빠질 것으로 예상되는 일 다음에 기분을 좋게 해주는 일을 바로 이어서 하면 된다. 이 전략으로 나쁜 기분이 지속되는 시간을 단축할 수 있을 뿐 아니라, 좋은 일이 기다리고 있다는 기대감이 불쾌한 일을 시작하고 그 과정을 헤쳐나가는 데 좋은 동기로 작용할 수 있다.

전체 교수회의는 내게 스트레스를 안긴다. 동료들과의 일대일 만남은 무척이나 즐겁게 생각하지만, 어떤 이유에서인지 좀 더 규모가 큰 집단의 역학은 내 안의 불안감을 자극한다. 이런 이유로 일정표에 전체 교수 회의가 보이면 회의를 마친 후 동료 한 명과 함께 버블티를 사러 산책 가는 일정을 잡아둔다. 친구와 소통하며 아름다운 교정을 거닐면 회의 때 받은 스트레스가 곧장 사라진다.

시간 설계 전략 18
긍정적인 경험들을 머릿속으로 자주 떠올린다.

수많은 연구를 통해 물질적인 것들보다 경험이 더욱 즉각적이고 오래 지속되는 행복을 안겨준다는 사실이 드러났다. 우리의 선반을

나의 이상적인 한 주

시간	월요일	화요일	수요일	목요일	금요일	토요일	일요일
오전 6시	슐츠 시간/러닝		아침 비번		아침 비번/당번		
	아침 비번			통근			리타와의 목요일 모닝 커피 데이트
	통근	통근	수업 준비	강의	통근		
	행복한 업무	행복한 업무	통근		교수회의		
정오							아무것도 하지 않는 시간 (휴대전화 금지 존)
	업무 처리	업무 처리	강의	리타 하교	친구와 버블티 산책	스포츠 경기, 생일 파티, 사교 모임, 매니큐어와 페디큐어 등 그때그때 생기는 일	
				리타 댄스 수업	업무 처리		
			업무 처리		동료와 해피 아워		일요일 전통: 영화의 밤, 중국 음식, 선데이 선데 아이스크림
오후 6시	전화 데이트/통근	전화 데이트/통근			통근		
	가족 식사 시간 (휴대전화 금지 존)	가족 식사 시간 (휴대전화 금지 존)		가족 식사 시간 (휴대전화 금지 존)	저녁 데이트 (휴대전화 금지 존)		
	해야 할 집안일	강의 준비	강의	북클럽			
오후 11시			통근				

▶▶▶▶▶▶▷

크리스티나의 이상적인 한 주

	월요일	화요일	수요일	목요일	금요일	토요일	일요일
오전 6시		친구와 러닝		친구와 러닝			
	통근	통근	통근	통근	통근		
							친구들과의 헬스장
						요가	
정오	근무	근무	근무	근무	근무		PJ 축구 경기 관람
						사교 생활	
		통근			통근		
	가정 방문 교육	자녀 중 한 명과의 산책	가정 방문 교육	가정 방문 교육	30분간 슈츠 시간 /강아지 산책		
오후 6시	통근		통근	통근			
	휴대전화 금지 존	휴대전화 금지 존	집안일/ 팟캐스트 청취	휴대전화 금지 존	샘과의 즐거운 식사 및 TV 시청 (휴대전화 금지 존)		
오후 11시							

모자이크처럼 시간을 설계하는 방법

채우는 소유물에는 익숙해지지만, 경험은 머릿속으로 여러 차례 재생할 수 있고, 매번 새로운 경험처럼 느끼기 때문이다.[8] 따라서 당신이 감사함을 느끼는 일들에 주목하고 자신이 얼마나 행복한 사람인지를 되새겨야 한다. 이미 당신이 시간을 투자했던, 기쁨을 주는 타일들을 더욱 자주 떠올려야 한다.

모자이크식 시간 설계법의 효과

가까이서 보면 어떤 타일이든 예쁘기도, 그렇지 않기도 하다. 하지만 타일은 하나씩 따로 존재하지 않는다. 당신은 한순간만 사는 게 아니라, 수많은 순간을 산다. 그 순간들이 모여 하루의 질감, 한 주의 문양, 인생의 모자이크가 된다. 한 걸음 물러나 다양한 색의 복잡함을 바라보면 시간의 진정한 아름다움을 느낄 수 있다.

안타깝게도 우리는 한 걸음 물러날 때가 드물다. 집중력은 눈앞의 타일 하나에만 쏠린다. 닥친 걱정에 사로잡혀 매순간 압박을 느낀다. 시간이 모여 더 큰 의미를 만든다는 사실을 잊고, 그저 그 시간에 매몰되어 방황한다. 이런 근시안적 시각 때문에 우리는 시간을 어떻게 쓸지 이분법적으로 접근한다. 하고 싶은 일과 해야 할 일 사이에서 갈등과 죄책감이 생긴다. 친구와 저녁을 먹으려면 일을 미뤄야 하고, 일을 하려면 친구와의 시간을 포기해야 한다. 어느 쪽을 선택해도 후회와 죄책감이 남는다.

하지만 한 걸음 물러나 모자이크를 바라보면, 각 순간이 더 큰 그림의 일부임을 알 수 있다. 한 주, 한 해, 인생 전체를 볼 때 시간을 어떻게 쓸지에 대한 질문이 '무엇을 할 것인가'에서 '언제 할 것인가'로 바뀐다. 중요한 일을 할 시간이 이미 마련되어 있어, 선택에 갈등이 사라진다. 이러한 관점에는 또 다른 장점이 있다. 매시간 몰입할 수 있고, 나란히 자리한 다른 타일 조각들을 보면서 과연 모든 일을 다 해낼 수 있을지 걱정을 덜게 된다. 언제 그 모든 일들을 할 것인지 이미 알고 있기 때문이다. 어떤 일을 빨리 해치우려고 더는 서두르지 않아도 된다. 이미 당신이 그 일을 하기 위해 마련해 둔 시간이 있기 때문이다.

당신의 시간을 모자이크 작품처럼 바라본다면 한 시간이 당신의 가치를 또는 당신의 삶을 결정하지 않는다는 사실을 분명하게 알수 있다. 한 시간은 당신이 어떤 사람인지를 정의하지 않는다. 그 모든 시간들이 더해져야 당신이 가치 있게 여기는 모든 것들과 당신이란 사람을 이루는 모든 차원을 설명할 수 있다. 저녁 데이트, 가족과의 저녁 식사, 친구와의 러닝, 행복한 업무, 아침 비번들이 모여 기쁨이라는 스펙트럼 내에서 빛을 발한다.

단 한 가지 색을 고르지 않아도 된다. 좋은 부모가 될 것인지, 커리어를 가질 것인지 사이에서 선택하지 않아도 된다. 무엇을 할지가 아니라 언제 할지에 대한 질문에 답할 때 당신의 삶과 깊이 연결될 수 있고, 목적의식을 갖게 하는 일들을 할 수 있다. 기쁨과 의미로 가득 차 있는 당신의 캔버스는 당신에게 성취감을 안겨 줄 것이다.

나를 바꾼 그 운명적인 밤, 기차 안에서 내가 찾던 답이 바로 이러한 시각이었다. 나는 모든 것을 할 수 없고 모든 순간에 존재할 수 없다. 하지만 내 한 주를 채우는 시간들을 가로지를 수 있다. 내 삶을 채우는 몇 년의 시간을 가로지를 수 있다. 당신도 그럴 수 있다.

이러한 관점에는 매시간을 더욱 몰입하며 보낼 수 있게 한다는 또 다른 장점이 있다. 나란히 자리한 다른 타일 조각들을 보면서 과연 모든 일을 다 해낼 수 있을지 걱정을 덜게 된다. 언제 그 모든 일들을 할 것인지 이미 알고 있기 때문이다. 어떤 일을 빨리 해치우려고 더는 서두르지 않아도 된다. 이미 당신이 그 일을 하기 위해 마련해 둔 시간이 있기 때문이다.

이제 여유를 갖고 당신이 현재 하는 일에 집중하고 또 즐길 수 있다. 가치 있는 일을 위해 시간을 안배해두었으므로 당신의 시간은 모두 가치 있는 시간이 되었다. 다른 시간 관리 접근법과 달리 시간 설계는 효율성을 따르지 않는다. 당신에게 가장 중요한 일에 시간을 쓰고, 그 일을 하는 시간에 기쁨을 경험한다는 것이 핵심이다.

그뿐 아니라 이곳에서 당신은 아티스트가 된다. 수동적으로 지켜보는 관찰자가 아니라, 어떤 타일을 골라 어디에 놓을 것인지 선택할 수 있다. 당신이 창조한 모자이크는 당신이 살아갈 아름다운 삶 그 자체이다.

8장

앞으로 살아갈 날들을 위한 시간의 힘

시간은
기다리는 자들에게는 너무 느리고,
염려하는 자들에게는 너무 빠르며,
슬퍼하는 자들에게는 너무 길고,
기뻐하는 자들에게는 너무 짧지만,
사랑하는 자들에게 시간은
영원과 같다[1].

헨리 반 다이크
Henry Van Dyke

한 사람의 생을 기념하기 위해 모인 자리에서 우리는 삶이 얼마나 멋질 수 있는지 새삼 깨달았다. 감정에 북받쳐 조금씩 떨리는 몸으로 연사가 앞으로 나왔다. 그녀는 종이 한 장을 꺼내 강연대에 올려놓았다.

"니콜을 기리기 위해 모두 모인 자리에서 한 가지 말씀드리고 싶은 것은 지금 이 장례식은 니콜이 원하는 방식이 아니었습니다. 니콜은 죽기 전 이렇게 이야기했습니다.
'멋지고 화려한 장례식을 치러주고 싶겠지만 나는 사람들의 주목을 받는 게 싫어. 그냥 땅에 묻어줘. 아, 다들 배부르게 잘 먹을 수 있도록 음식을 넉넉히 준비해주고…. 답례품으로 홈메이드 그래놀라를 통에 좀 담아서 주면 어떨까?'
니콜은 그런 사람이었습니다. 그녀는 사람들의 눈에 띄지 않게 조용히 지내며 소소한 기쁨의 순간들 속에서, 자신이 사랑하는 사람들 곁에서 만족을 느꼈습니다. 그녀는 무엇이든 혼자서 직접 해내는 따뜻한 엄마였지만, 아이들을 옭아매지 않으려 항상 조심하는 엄마이기도 했습니다. 큰 아들이 그녀에게 대학에 가고 싶지 않다고 말했을 때 그녀는 어깨를 으쓱하며 그저 이렇게 말했습니다.
'나는 괜찮아. 네 대학 등록금으로 모아둔 돈이 조금 있는데, 네가 앞으로 어떻게 행복하고 자립적으로 살 생각인지 계획을 갖고 오면 네가 원하는 대로 그 돈을 써도 좋아.'

아시다시피 그녀의 아이들 모두 행복하고, 자립적이며, 잘 지내고 있습니다.

니콜은 사랑이 넘치는 아내였지만 자신의 수필에서 일주일 중 5일 간만 결혼생활을 유지하고 이틀을 떨어져 지내면 모두에게 이로울 것이라는 독특한 아이디어를 주장하기도 했어요. 그녀와 남편은 모아둔 돈으로 작은 콘도를 매입하고는 서로 번갈아 그곳에서 지냈습니다. 이틀의 휴식이 두 사람에게는 잘 맞았던 것 같습니다. 45년간 행복한 결혼생활을 유지했으니까요! 그녀는 모든 일에 '왜 그럴까?'하고 호기심을 가졌습니다.

'왜 사람들은 동물을 그 가족에게서 분리해 자기 집에 가두고는 동물 배변 시간에 맞춰 자신의 스케줄을 조정하는 걸까?'

반려동물을 키우는 사람들의 불합리한 면을 꼬집으며 그녀는 수필에 이렇게 적었습니다. 또 이런 질문도 했어요.

'사람들은 왜 아이를 낳기 전에 결혼을 하는 걸까? 아이를 가질지 결정을 하고 15년에서 18년 정도 아이를 같이 키운 후 남은 인생을 함께 살고 싶은지 생각해보면 되지 않을까?'

그녀의 수필은 그녀가 남긴 훌륭한 유산입니다. 그녀는 그 책을 통해 우리가 당연하게 여기는 일반적인 개념들을 다르게 생각해볼 기회를 마련해주었어요.

니콜은 다른 사람들을 돕고 또 그들이 스스로를 아껴주는 삶을 살도록 도움을 주는 데 자신의 삶을 바쳤습니다. 그녀가 시작한 자선 활동인 '노인들과의 요리 시간 Cooking with Elders'은 수입원이 없는 노인들과 요리를 배우고 싶어 하는 청년들을 연계시켜주는 프로그램이었습니다. 노인들은 자신이 잘 할 줄 아는 요리를 청년들에게 가르치며 돈을 벌 수 있었습니다.

하지만 니콜은 이 프로그램의 긍정적인 영향력이 그 이상의 의미를 지니도록 세심하게 기획했습니다. 노인들이 자신의 집에서 직접 경제 활동을 하며 자부심을 느낄 뿐 아니라, 외로운 노인들이 동료애도 느낄 수 있는 계기를 제공하고자 했습니다. 음식을 매개로 커뮤니티가 형성되었고, 해당 프로그램에 참여한 노인의 절반 이상이 다른 나라에서 태어난 분들이라는 점 또한 우연은 아니었습니다. 다른 민족을 이해하고 인정하자는 의도가 담겨 있었어요. 모두 니콜을 그리워할 테지만 그녀의 유산은 아이들로, 책으로, 노인들과의 요리 시간으로, 그녀가 열심히 가꾼 정원의 꽃과 열매들로 계속 이어질 것입니다. 그녀의 뜻을 기리며, 저는 여러분들이 '그렇게 되는 것이 당연하다'고 여겼던 일에 관해 생각을 달리 해보시길 바랍니다. 아, 그리고 답례품으로 홈메이드 그래놀라가 준비되어 있으니 잊지 말고 챙겨 가세요."

니콜의 삶을 되새기며 우리의 삶을 최대한으로 알차게 살아야 한다는 사실을 다시 한 번 떠올렸다.

하지만 어떻게 해야 하는 걸까? 어떻게 해야 충만한 삶을 살 수 있는 걸까? 어떻게 시간을 써야 의미 있게 그 시간을 경험할 수 있는 걸까? 당신은 어떤 유산을 남기고 싶은가? 어떠한 선택이 궁극적으로 당신에게 행복을 안겨주는 것일까?

이번 장에서 다루게 될 이 심도 있는 질문들은 결국 이 책의 의도와 맞닿아 있다. 당신의 인생 전체를 멀리서 한 눈에 바라본다면 매 시간, 매일을 어떻게 해야 가장 충만하게 보낼 수 있는지 분명하게 깨달을 수 있다.

인생의 큰 그림을 완성하는 법

지금껏 이 책에서는 시간에 집중했다. 어떠한 활동에 시간을 쓰고 또 그 시간을 쓰는 동안 마음을 쏟는 방법에 대해 다뤘다. 또한 우리는 한 주 동안 우리의 시간을 최적의 방식으로 계획을 세우는 방법도 배웠다. 이제는 좀 더 넓은 시각으로 몇 년, 몇십 년을 그려보면서 당신의 삶을 하나의 전체적인 그림으로 바라보도록 만들 예정이다. 목표는 당신이 더욱 행복해지는 것이고, 이렇게 줌 아웃으로 멀리서 바라보는 전략이 행복을 높이는 데 효과가 있다는 데이터도 갖고 있다.

타일러 버그스트롬 Tyler Bergstrom, 조이 리프 Joey Reiff, 핼 허시필드와 나는 수백 명에게 자신의 시간을 어떻게 생각하는지 설문을 진행했다.[2] 그 결과 넓은 시각을 가진 사람들이 더 행복하다는 사실을 발견했다. 이 결과는 연령 등 인구 통계와 무관했으며, 조감하는 시각을 가진 이들은 일상에서 긍정적 감정을 더 많이 느꼈고, 부정적 감정을 덜 느낀다고 답했다. 이들은 삶의 만족도와 의미도 더 크다고 보고했다. 이들은 아래 문장에 매우 동의했다.

- 나는 조감하듯 위에서 내려다보며 내 인생의 모든 순간들을 한눈에 담는다.
- 나는 달력을 내려다보듯 며칠, 몇 주, 몇 달을 포괄적으로 바라본다.
- 나는 몇 시간이 아니라 몇 년의 개념으로 내 시간을 거시적으로 생각하려 한다.
- 내 인생 전체를 고려해 선택을 내린다.

전체 시간을 폭넓게 바라보기

시간을 폭넓게 바라보는 시각을 취할 때 더욱 큰 행복을 느끼는 데는 몇 가지 이유가 있다. 그중 하나는 모자이크의 묘미 덕분이다.

바로 앞 장 말미에 나는 시간이라는 타일 하나의 한계나 색에 얽매이기보다는 시간이라는 타일들의 소합으로 한 주를 바라보는 데 어떠한 이점이 있는지에 대해 이야기했다. 몇 시간, 몇 주보다 더욱 멀리로 줌 아웃을 해 몇 년, 몇십 년을 바라본다면 그 이점을 계속해서 누릴 수 있다. 당신은 지금 더욱 거대한 전체의 한 조각에 머물고 있다는 것을 깨닫게 된다. 힘들었던 한 해는 지나갈 것이고, 힘들었던 일들 또한 마찬가지로 지나갈 것이다. 괴로운 관계, 관계 속 위기, 잘못된 일자리, 사랑하는 사람을 잃은 고통도 모두 지나갈 것이고 당신의 캔버스에는 새로운 시작, 새로운 문양, 더욱 충만한 삶이 자리할 공간이 아직 있다.

넓은 시각을 가지면 캔버스가 커지고, 다양한 색을 담을 공간이 늘어난다. 다양한 관심사와 중요한 일에 쓸 시간도 많아진다. 모든 일을 한 번에 다 할 수는 없지만, 평생에 걸쳐 여러 일을 해낼 수 있다.

넓은 시각으로 바라보면, '무엇을 할 것인가'에서 '언제 할 것인가'로 질문이 바뀌는 데 도움이 된다. 가족, 휴가, 배우자, 배움, 모험, 그리고 자기 자신에게 언제 더 많은 시간을 쓸지 선택할 수 있다. 시간을 거대한 흑백 덩어리로 생각하지 않아도 된다. 창의적으로 접근해 인생의 단계마다 색을 바꾸고, 삶의 요소들을 다양하게 섞으며 앞으로의 인생을 채울 수 있다.

행복은 종류만 바뀔 뿐 언제나 경험할 수 있다

평생에 걸쳐 삶을 들여다본다면 그 안에 자리한 여러 단계를 음미할 수 있게 된다. 오늘 당장 긴급하게 느껴지는 걱정들은 당신이 10대 때 괴로워했던 문제와 다르고, 황혼기에 당신의 밤잠을 설치게 하는 문제들과도 다를 것이다. 일기를 쓴다면 현재와 이전의 상황을 비교하며 삶이 달라지고 있다는 사실을 깨닫게 될 것이고, 아니면 당신과 다른 삶의 단계에서 힘든 시기를 거치고 있는 사랑하는 사람들의 이야기를 들으면서도 비슷한 경험을 하게 될 수 있다.

온라인으로 '디지털 시대의 일기'[3]를 접할 때도 마찬가지이다. 셉 캠바르 Sep Kamvar와 조너선 해리스 Jonathan Harris는 블로그 세상에서 어떠한 감정이 표출될 때 이를 바로 취합하는 컴퓨터 프로그램을 만들었다. '위 필 파인 We Feel Fine'이라는 프로그램은 "나는 …기분을 느낀다" 또는 "나는 …기분을 느끼고 있다"와 같은 글을 누군가 기록하는 순간 바로 이 데이터를 수집한다. 블로그의 프로필 정보와 함께 위 필 파인 프로그램은 누가 어떤 기분을 느끼는지 실시간으로 보여 준다[4].

셉과 조너선은 이렇게 표현된 수백만의 감정을 분석해 나이가 들면서 걱정거리가 어떻게 달라지는지에 관해 대단히 놀라운 사실을 발견했다. 청소년기의 자기 인식과 자기 회의를 둘러싼 걱정들은 20대가 되면 성취에 대한 불안으로 바뀌고, 30대에 접어들면 정착된 삶에 대한 고민과 신체 둔화 및 자녀 양육에 관한 걱정으로 달라지며, 인생의 후반기에는 가족과 지역 사회에 대한 책임감과 더욱 큰 영향력을 발휘하는 문제들로 바뀐다.

이 데이터에 큰 흥미를 느낀 나는 셉과 대화를 나누다 그 데이터가 행복에 관해서는 어떠한 메시지를 전달하는지 물었다. 제니퍼 에이커와 진행한 후속 연구에서 우리는 나이는 걱정만이 아니라 행복에도 중대한 영향을 미친다는 사실을 깨달았다. 셉의 데이터를 통해서는 우리가 느끼는 행복의 정도에 나이가 영향을 미치는지는 명확히 드러나지 않았지만, 이 후속 연구와 우리가 진행한 여러 건의 연구들을 통해 '삶이 진행됨에 따라 우리를 행복하게 만들어주는 것들과 우리가 행복을 느끼는 방식이 모두 달라진다'는 사실이 드러났다.[5]

블로그 데이터는 나이에 따라 우리를 가장 행복하게 만드는 경험이 달라질 뿐만이 아니라 우리가 행복을 경험하는 방식 또한 달라진다는 사실을 보여주었다. 젊을 때는 행복을 흥분에 가까운 감정으로, 더욱 소란스럽고 에너지 넘치는 긍정적인 감정으로 경험한다. 이러한 현상은 행복을 흥분으로 표현하는 경향이 매우 높은 10대와 20대에서 뚜렷하게 나타난다.

"행복하고, 너무 신나고, 진짜 미칠 듯이 행복해!"
"정말 너무 설레고 행복해."
"기쁘고, 날아갈 것만 같고, 너무 들뜨고, 정말 어쩔 줄을 모르겠고, 삶이란 정말 그 자체로도 최고인 것 같아."

한편 나이를 먹을수록 우리는 행복을 고요한 평화로, 좀 더 잔잔하고 평온하며 만족에 가까운 감정으로 경험한다. 30대는 행복을 이 두 가지 버전으로 고르게 표현하는 경향이 높은 반면, 40대와 50대,

그 이후로는 고요한 행복으로 표현하는 경향이 두드러진다.

"행복하고 편안하고 평화로워."
"지금 무척이나 마음이 잔잔하고 행복해."
"주말 동안 아무런 스트레스 없이 푹 쉬었더니 오늘 마음이 평온하고 행복해."

흥분과 침착함 모두 긍정적인 감정이지만 아래의 그래프를 보면 우리가 수십 년을 살아갈수록 두 감정을 경험하는 비율이 달라지는 것을 확인할 수 있다.

이 결과에 따르면, 스무 살과 쉰 살이 모두 행복을 표현하더라도

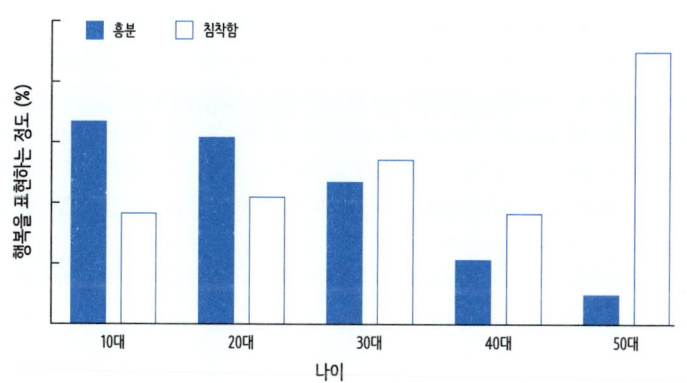

실제로는 서로 다른 감정을 느끼고 있을 수 있다. 이런 차이를 이해하면 다양한 연령대의 감정을 더 깊이 이해할 수 있다. 어린 시절의 시각으로 현재의 자신을 평가하는 일도 멈출 수 있다

남편과 레오와 함께 조용한 주말을 보내며 내가 큰 행복을 느꼈던 일을 기억하는가? 10대 때 내가 주말을 그렇게 보냈다면 나는 어이가 없다는 식으로 눈을 굴렸을 것이다. 그렇다고 지금 내 일상이 지루해졌거나 불행해진 것이 아니다. 그저 내 행복이 달라진 것이다. 중요한 교훈이다. 근사한 토요일 저녁의 기준이 실제로 달라진 것이다.

'행복한 삶'의 기준도 아직 바뀌지 않았다면, 앞으로 바뀔 것이다. 나쁜 일이 아니다. 또한 우리의 기준이 달라졌다는 사실을 깨닫는다면, 앞으로의 삶의 단계와 과도기를 성공적으로 계획하는 데 도움이 된다. 행복은 조금씩 달라 보일 수 있지만, 삶의 모든 단계에서 충분히 경험할 수 있다.

시급한 일보다 중요한 일을 택하라

시간을 더욱 넓은 시각에서 바라봐야 하는 또 다른 이유는 몇 년 단위로 사고하는 것이 자신의 시간을 어떻게 보내야 할지를 깨닫는 데 중요한 역할을 하기 때문이다. 다시 말해, 삶을 전반적으로 생각할 때 자신의 가치를 더욱 분명하게 판단할 수 있고, 이를 기준으로 시

간을 어떻게 보낼 것인지 당장의 선택을 더욱 현명하게 할 수 있다.

테일러와 조이, 핼과 내가 설문 조사를 진행한 사람들 가운데 '조감하는 시각'으로 시간을 바라보는 사람들은 한 주 동안 단지 시급한 사안보다는 자신에게 중요하게 느껴지는 사안에 더욱 많은 시간을 쏟는 것으로 드러났다[6]. 이러한 현상이 중요한 이유는 또 다른 팀의 연구를 통해 우리가 일상에서 조급함을 느낄 때 중요도와 무관하게 시급한 사안에 시간을 쓰는 경향이 많다는 점이 드러났기 때문이다[7].

이러한 연구 결과들은 시간을 더욱 넓은 시각으로 바라봐야 한다는 강력한 메시지를 전하고 있다. 삶을 종합적으로 바라볼 때 시급하게 여겨지는 대상이 아니라 당신에게 중요한 사안에 시간을 써야 한다. 이렇게 시각이 달라지면 시간 부족으로 당신이 경험하는 여러 제약들이 줄어들 수 있다. 급히 처리해야 한다고 머릿속에 저장해놓은 투 두 리스트들이 지속적으로 당신의 집중력을 앗아가는 데 저항할 수 있고, 시간 유리병이 모래로 가득 차는 일을 막을 수 있다.

그뿐 아니라, 넓은 시각은 당신에게 무엇이 중요한지를 판단하는 데 도움을 준다. 앞에서 '기쁨을 전해주는' 활동들과 더불어 당신의 고차원적인 목적을 달성할 수 있도록 해주는 활동들을 파악하는 방법을 알려준 바 있다. 시간을 어떻게 보낼 때 당신의 행복과 목적에 기여하는지를 깨닫는 데 더해 당신이 최고의 삶을 살기 위해서는 당신의 가치와 일치하는 순간들을, 궁극적으로 당신에게 중요한 그 무엇과 일치하는 순간들을 파악해야 한다.

이제부터 등장할 두 가지 훈련이 바로 이에 관한 것이다. 첫 훈련에서는 삶의 마지막 순간에서 인생을 되돌아보는 시간을 가질 것이다. 두 번째 훈련에서는 충만한 인생을 살아온 한 사람이 자신의 삶을 되짚어보는 이야기를 들으며 깨달음을 얻게 될 것이다. 삶을 종합적으로 바라봐야 한다는 강력한 메시지를 전하는 이 두 가지 훈련을 통해 당신에게 의미 있고 중요한 삶이란 어떤 삶인지를 깨닫게 될 것이다.

인생을 되돌아보는 추도사 쓰기 훈련

어떤 사람으로 기억되고 싶은가? 삶의 마지막 순간에서 살아온 길을 되돌아보며 당신은 사람들이 당신에 대해 어떤 말을 하고 또 어떤 이야기를 나누길 바라는가? 간단히 말해 당신은 어떤 유산을 남기고 싶은가?

당신이 이에 대한 답을 생각해보는 시간을 갖도록 학생들에게 내는 과제와 같은 과제를 내주겠다. 본인의 추도사를 직접 작성해보는 것이다. 쉬운 일은 아니다. 자신의 죽음을 생각하는 일이 상당히 불편할 수 있다. 하지만 잠재적인 이점이 대단히 크다. 피할 수 없는 자신의 죽음을 현실적으로 바라보는 것은 삶을 더욱 충만하게 살게 만드는 가장 강력한 동기 중 하나이다.

위 질문들에 답하면서 결국 당신에게 가장 중요한 것이 무엇인지를, 당신의 가치를 분명하게 깨닫게 될 것이다. 이 답변들은 오늘, 내일, 그리고 앞으로의 날들을 어떻게 보내야 할지 방향을 알려준다.

이번 장의 시작을 연 추도사는 내 학생인 니콜이 작성한 것이었다. 또 다른 학생인 저스틴이 작성한 멋진 추도사 예시를 하나 더 소개하겠다.

"아버지는 제가 원하는 것을 항상 주시지는 않았습니다. 대신 제게 필요한 것을 주셨죠. 제가 갖고 싶은 물건들이 있을 때는 좀 괴롭기도 했어요. 이제와 되돌아보니, 그때 제 삶에서 가장 중요한 교훈 몇 가지를 배운 시간이었어요. 정말 가질 만한 가치가 있고, 갖고 싶은 마음이 들고, 바라는 그 물건들은 돈으로 사는 게 아니라, 사랑과 노고, 헌신으로 살 수 있다는 것을요.

아버지는 대단히 헌신적인 남편이자, 아버지였고, 친구였으며, 자녀들이 노력한 결과가 아니라 언제나 노력 그 자체에 칭찬을 해준 분이었습니다. 어렸을 때는 '정말 열심히 하고 있으니, 잘 이겨낼 거야. 이런 난관이 찾아온 이유가 있을 거야.'라는 아버지의 말이 자꾸 귓가에 울리는 게 조금 짜증스럽기도 했어요. 하지만 제가 살아가며 힘든 시기를 이겨낼 수 있는 힘이 되어주었습니다. 그렇게 저는 열심히 노력했고 이겨냈으며, 그럴 때마다 항상 아버지를 떠올렸습니다.

아버지가 집에 계실 때면 밤에는 꼭 저를 침대에 눕히고, 우리가 '특별한 이야기'라고 불렀던 이야기들을 제 귀에 속삭였습니다. 그 이야기가 자녀들마다 달랐지만 저한테는 이런 말씀을 들려줬어요. 제가 특별하고, 따뜻하며, 생각이 깊고, 용감하고, 호기심이 넘치고, 인내심이 강한 소녀라고요. 아버지와 어머니가 나를 얼마나 사랑하고 또 나를 얼마나 자랑스럽게 여기는지 말해주셨습니다. 하지만 이보다 더욱 중요하게는 제가 스스로를 자랑스럽게 생각해야 한다고 하셨어요. 아버지의 특별한 이야기는 항상 자신은 제 아빠가 되어 무척이나 행운이고, 내일 저와 함께 보낼 하루가 정말로 기대된다는 것으로 끝났습니다. 내일은 아버지와 함께 보낼 수 없겠지만, 아버지가 제게 보여주었던 그 따뜻한 마음과 사랑, 격려를 제 아이들에게도 전해주고 싶습니다. 그렇게 매일 밤마다 아이들의 귓가에 너희는 특별한 사람이고, 따뜻하고 멋진 사람이며, 우리가 많이 사랑한다고, 우리가 무척이나 자랑스럽게 여긴다고 말해주고 스스로를 자랑스럽게 생각해야 한다는 특별한 이야기들을 속삭여 주겠습니다.

아빠, 사랑해요. 멋진 아빠이자, 남편이자 친구였던 아빠를 우리 모두 정말 자랑스럽게 생각한다는 점 알아주셨으면 해요. 아빠가 해준 모든 일에서 너무도 큰 기쁨과 행복과 헌신을 느꼈어요. 아빠는 열정과 이해심과 책임감을 보여주었고, 주변 사람들 모두에게 무척이나 똑똑하고 현명하며 친절한 사람이 된 것 같은 기분을 느끼게 해주셨어요. 아빠, 사랑합니다."

무엇보다 당신의 추도사는 당신에 관한 이야기여야 한다. 당신의 삶이 끝난 후 어떤 이야기가 전해지길 바라는가?

니콜과 저스틴의 추도사를 보면 각자가 어떠한 자질을 가치 있게 여기는지를 파악할 수 있다. 이들이 어떠한 삶을 갈망하는지 또한 분명하게 보인다. 실로 이들은 자신이 갈망하는 삶을 이미 살고 있었다. 물론 몇몇 삶의 경험(자녀, 결혼, 집필 등)은 아직 일어나지 않았다. 하지만 생의 끝에서 본인이 어떻게 그려지길 바라는지와 내가 매일같이 보는 두 사람의 모습은 결코 다르지 않다.

니콜은 생각을 자극하는 사람이다. 저스틴은 헌신적인 사람이다. 두 사람 모두 정말 좋은 사람들이고 사랑이 넘치는 사람들이다. 어떤 사람이 되고 싶은지를 보면 지금 어떤 사람인지를 알 수 있다. 어떤 사람으로 기억되고 싶은지 적은 글을 보면 이들의 가치가 무엇이고 또 이들이 무엇을 중요하게 생각하는지가 분명하게 보인다. 니콜은 편견이 없는 사고방식을 가치 있게 여긴다. 저스틴은 노력과 자녀들을 중요하게 여기고, 노력의 가치를 자녀들에게 전하는 것을 중요하게 생각한다.

자신의 추도사를 작성하면 두 사람처럼 많은 사실들을 깨닫게 되고 또 영감을 얻을 수 있게 될 것이다. 당신 안에서 가장 가치 있게 여기는 자질이 무엇인지, 당신에게 가장 중요한 게 무엇인지 명확하게 밝혀질 것이다. 당신이 이 세상을 어떻게 살아가야 하는지, 당신이 무엇에 노력을 들여야 하고 또 어떻게 시간을 써야 하는지를 안내해줄 것이다.

내 강의에서는 본인의 추도사를 쓰는 훈련에서 한 단계 더 나아간다. 모든 학생들의 추도사를 다른 학생이 소리 내어 읽는 시간을 갖는다. 민망할 수는 있지만 이 단계가 중요한 몇 가지 이유가 있다. 먼저, 자신의 추도사와 더불어 다른 사람들의 추도사를 들으며 각자가 갈망하는 것이 다르다는 사실을 깨닫게 된다. 이는 개인의 성공에 대한 기준을 마련하는 데 도움이 된다. 당신은 타인이 아닌 자신의 포부를 기준으로 삶을 어떻게 살아가고 있는지를 평가해야 한다. 당신이 현재 있는 곳과 가고 싶은 곳의 격차를 확인한 경우에는 무언가를 변화시킬 것인지 또는 무언가를 더 할 것인지 그 동기는 오직 당신이 세운 기준에서 탄생해야 한다.

동료들과 당신의 가치가 어떻게 다른지를 파악하는 것 외에도, 이 단계를 통해 모두의 가치가 만나는 지점이 어디인지도 확인할 수 있다. 공동의 가치를 깨닫는다면 더욱 큰 커뮤니티를 형성하고 소속감을 느끼는 데 도움이 된다. 또한 알다시피 이러한 유대감은 행복을 높이는 확실한 방법이기도 하다.

마지막으로 타인의 입으로 자신의 추도사를 들을 때 당신이 다른 사람의 기억과 마음에서 어떻게 존재하고 싶은지를 상기하게 된다. 당신은 현재 어떠한 영향을 미치고 있고, 또 앞으로 어떠한 영향을 미치고 싶은가? 이 질문에 대한 답변은 어떻게 행동해야 할지에 대한 좋은 기준이 된다.

> **HAPPIER HOUR**
>
> ### 추도사 작성 훈련
>
> 당신은 어떤 사람으로 기억되고 싶은가? 이 세상에, 당신이 사랑하는 사람들에게 어떠한 영향을 남길 것 같은가? 어떠한 목표를 이루었는가? 무엇을 만들어 냈는가? 어떻게 기여했는가? 당신을 묘사할 때 어떤 표현들이 쓰일 것 같은가?
>
> 추도사는 당신이 사망한 후 누군가 당신을 기리며 작성한 글이다. 이번 훈련은 자신의 추도사를 직접 써보는 것이다. 추도사를 작성할 때는 다른 사람의 입장에서 작성하고(그 상대는 자녀, 배우자, 친구, 동료 등 당신이 고를 수 있다), 당신이 90세 이상까지 살았던 것으로 가정하길 바란다.

존경하는 사람으로부터 지혜를 배우는 훈련

자신의 추도사를 작성해보는 것은 삶의 끝을 떠올리고 지난 삶을 돌아보는 소중한 기회다. 이 훈련을 통해 우리는 삶의 끝에 가까워진

이들의 인생을 들여다볼 수 있고, 그들이 자신의 삶을 성찰할 기회도 제공할 수 있다. 우리의 시간이 가장 귀중한 자원이듯, 타인이 지나온 시간 역시 소중하다. 존경하는 사람에게 경험과 느낀 점을 공유해달라고 요청하면, 그들 역시 그 과정에서 배움을 얻는 소중한 기회를 맞이할 수 있다.

내가 무척이나 존경하고 삶을 제대로 살았다고 생각되는 사람을 인터뷰한 적이 있다. 제인은 시대를 앞선 여성으로 1964년, 대학 출판부라는 남성 중심 업계에서 일을 시작했다. 40년의 커리어 동안 그녀는 자랑스럽게 여길 업적이 많다. 현역으로 일할 당시 그녀는 에디터이자 출판사 중역 자리에 있었다. 그것으로도 부족했는지 그녀는 은퇴 후 저자로서의 새로운 커리어를 시작해 네 권의 책을 출간했다. 그럼에도 82년의 인생을 되돌아봤을 때 가장 자부심을 느끼는 게 무엇인지 제인에게 묻자 그녀는 주저 없이 이렇게 답했다.

"내 아이들이요. 아이들의 성정이죠."

그런 뒤 그녀는 설명을 이었다.

"아들이 둘 있는데, 둘 다 무척이나 성공했어요. 하지만 가장 중요한 것은 제가 어떤 사람이냐죠. 엄마로서의, 그리고 이제는 할머니로서의 역할 중 하나는 아이들의 도덕성을 잘 길러주는 것이지요. 우리 가족은 재주가 뛰어난 사람들이 많아요. 내 부모님은 뉴욕 남동부 지역에서 사는 가난한 이민자의 자녀들이었지만 큰 성공을 이루셨어요. 그렇기 때문에 성취가 중요합니다. 하지만 무엇보다 어떤 사람인지, 다른 사람을 어떻게 대하는지, 어떻게 행동하는지, 이게 다예요. 내 유산과 내 내력이 아이들과 손자손녀들에게 전해지길 바랍니다."

나는 학생들에게 내가 한 것처럼, 자신이 존경하는 삶을 산 사람을 인터뷰하라는 과제를 내준다. 그런 뒤 이후 강의에서 학생들이 인터뷰한 내용을 공유한다.

존경받는 인생 선배로 꼽힌 사람들 대부분은 가족이나 집안끼리 알고 지내는 가족, 직업적 멘토였다. 학생들이 인터뷰한 대상의 성별 비율은 비슷했고, 다양한 국적과 다양한 직업을 아우르고 있었다.

다양한 배경에도 불구하고 인터뷰 대상자들이 삶에서 가장 자부심을 느끼는 일로 꼽은 것에는 놀라울 정도의 일관성이 발견되었다. 제인과 마찬가지로 가장 많이 나온 답변은 가족이었다(67%). 이 존경받는 노인들은 가족들과 탄탄한 관계를 가진 데 가장 큰 자부심을 느꼈고, 자녀들이 훌륭하게 성장하고, 자신이 좋은 부모 또는 조부모가 되었다는 것을 자랑스럽게 여겼으며, 언제나 가족과의 관계를 가장 중요하게 생각했다. 9%는 자녀를 양육하며 커리어도 함께 유지했다는 것을 자랑스럽게 생각했다. 따라서 모두 더해 가장 자랑스러운 일로 가족을 꼽은 사람들은 전체 인터뷰 대상자의 76%였다.

가족이 가장 많이 언급되었지만, 자부심을 느끼는 다른 요소들로는 개인적 성취(교육적(2.5%), 직업적(6%), 재정적(2.5%))가 있었고, 자신만의 길을 갔다는 점이 자랑스럽다는 응답(7.5%)과 멘토십(2.5%), 자선활동(2.5%)이 있었다.

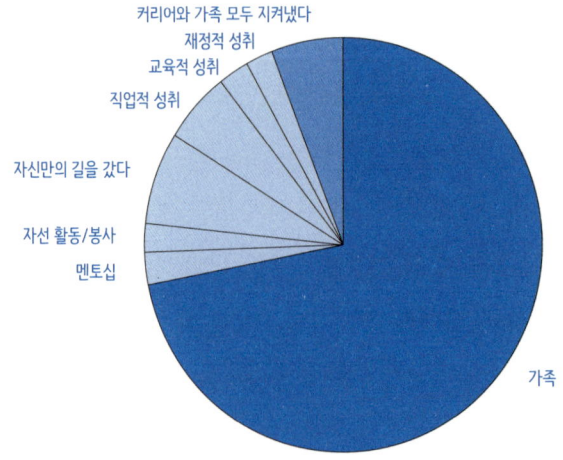

가장 큰 자랑거리

　　MBA 학생들에게 존경을 받는 행복한 사람들이라는 편향된 표본을 바탕으로 한 원 그래프이지만 역사상 가장 포괄적인 종적 연구 중 하나로 꼽히는 연구의 결과와 놀라울 정도로 유사했다. 하버드 성인 발달 연구 *Harvard Study of Adult Development*에서 연구진은 젊은 청년들로 구성된 집단을 75년간 추적했다. 이 가운데 하버드 대학의 학생도 있었고, 보스턴 인근 지역의 노동자들도 있었다.

　　몇 년에 한 번씩 연구진은 이들이 어디에 있고, 무엇을 하는지 또 어떻게 지내는지 설문 조사와 인터뷰를 진행했다. 이 연구의 현재 책임자인 로버트 월딩거 *Robert Waldinger*는 '무엇이 행복한 삶을 결정하는가?'라는 제목의 테드 토크에서 연구 결과를 소개했다[8]. 삶 속 진정한 행복과 만족을 예측하는 가장 강력한 인자는 부나 명예가 아니었다. 힘이 되는 끈끈한 관계의 유무였다. 가족(또는 가족처럼 느낄 정도로 가까운 친구)이었다.

후회는 어떨까? 인터뷰 대상자들이 꼽은 가장 크게 후회하는 점 또한 같은 답변을 얻었다. 아래 원 그래프를 보면 후회하는 점으로 가장 많이 등장한 사안은 가족들과 충분한 시간을 함께 하지 못한 것이었다(38%). 결혼 생활의 종결이나 자녀 또는 형제자매와의 관계 단절과 같이 관계의 실패를 언급한 사람들도 있었다(7%). 또 다른 이

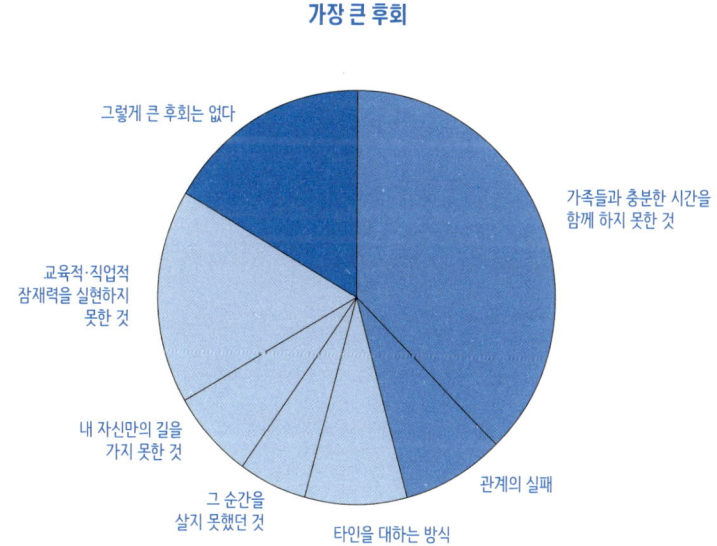

가장 큰 후회

들은 교육적 또는 직업적 잠재력을 실현하지 못한 아쉬움에 대해 이야기했다(18%). 앞에 등장한 원 그래프와 개인적인 관심사를 좇느라 가족을 선택하지 않은 것을 후회한다는 답변은 모두 돈독한 관계를 함양하는 일이 명확한 우선순위라는 사실을 보여준다.

어떻게 살아야 좋은 삶인가에 대한 결론은 지금껏 우리가 이 책에서 여러 차례 본 내용과 동일하다. 당신이 사랑하는 사람들을 위한 시간을 마련하고 사수하라는 것이다. 그리고 그 시간 동안은 온전히 집중하고 충실해야 한다. 휴대전화를 치워야 한다. 관계는 시간이 필요하고 그러한 투자를 할 만한 가치가 충분하다.

후회를 삶의 가능성으로 바꾸는 법

삶의 여정에서 후회는 유용한 길잡이가 된다. 실수를 알리고 더 나은 선택을 하도록 이끈다. 하지만 단 한 번뿐인 삶을 거대한 후회와 함께 마무리하고 싶은 사람은 없다. 그래서 다른 이들의 깨달음을 배우는 것이 중요하다.

제인은 인생에서 가장 큰 후회가 없다고 했다. 처음에는 그녀의 말을 믿지 않았다. 물론 그녀가 훌륭한 사람이라고 생각했지만, 결코 실수를 하지 않는 사람은 아니었다. 그런 사람은 없으니까. 하지만 학생들이 인터뷰한 사람들 중 제인과 같은 답변을 이들이 많다는 것

HAPPIER HOUR

존경하는 인생 선배에게서
가르침을 얻는 훈련

행복한 삶을 어떻게 살아야 할지 그 방법을 찾아가는 시간인 만큼, 이미 행복한 삶을 산 사람에게서 배울 것이 무척 많을 것이다. 당신이 존경하는 삶을 산 사람을 떠올리고, 그를 인터뷰하며 삶의 경험을 들어본다. 그가 이룬 업적과 실수, 그 과정에서 내린 선택에 대해 이야기를 듣고, 앞으로 당신이 마주할 인생의 선택에 대해 깨달음을 얻는다. 특히 그가 자부심과 후회를 느끼는 일이 무엇인지 묻는다면, 당신이 삶을 되돌아봤을 때 만족을 느끼려면 지금 어떻게 시간을 써야 할지 좋은 지침을 얻을 수 있다.

다음의 질문 두 가지는 꼭 하도록 하자.

✦ 지난 삶을 전체적으로 되돌아봤을 때 가장 자부심을 느끼는 일은 무엇인가?
✦ 지난 삶을 전체적으로 되돌아봤을 때 가장 후회하는 일은 무엇인가?

시간 여유가 있다면 (물론 상대의 시간을 뜻하는 것이다) 다음의 질문들도 해볼 수 있겠다.

✦ 살면서 내린 가장 중요한 결정들은 무엇인가?
✦ 삶과 커리어 사이에서 갈등이 있었던 적이 있는가? 있다면 언제이고, 어떤 일이 있었는가?
✦ 중요하다고 믿었지만 생각했던 것보다 덜 중요했던 사안은 무엇이었는가?

(18%)을 확인하고 난 후, 여기에 무언가가 있다는 생각이 들었다. 제인은 다른 사람들의 행동을 유감스럽게 생각한 적은 있다고 답했다.

"학술 출판 업계에 있을 때 당시 대다수의 여성들처럼 2류 시민 같은 취급을 받았던 일을 유감스럽게 여기냐고요? 물론입니다. 하지만 그건 제가 어찌할 수 없는 일이었어요. 제가 당시 할 수 있었던 일과 지금 할 수 있는 일은 제 실수에 대응하고 반응하는 것이죠. 제가 진지하게 생각하는 일이고요."

그녀는 자신이 전혀 실수를 저지르지 않았다고 말하지 않았다. 그녀도 실수를 저질렀다. 하지만 실수를 했을 때는 이를 바로 잡기 위해 노력했다. 그녀에게 남은 후회가 없는 이유는 후회하는 일들을 이미 바로 잡았기 때문이었다. 제인이 후회를 대하는 방식은 심리학 연구를 통해 후회를 피하고자 하는 모든 이들에게 유익하다고 입증된 방법과 같았다.

후회란 과거 다른 결정을 했다면 실제로 벌어진 결과보다 더욱 나은 결과를 불러왔을 수도 있다는 사실을 깨달으며 느끼는 부정적인 감정이다. 연구진은 사람들에게 현재 후회하는 일을 물었을 때 대체로 두 가지 유형[9]의 답변이 나온다는 것을 발견했다. 한 가지는 '행동 후회 *regrets of action*'이다. 어떠한 일을 해서는 안 되었다는 후회 말이다("그 말을 해서는 안 되었는데", "그 일자리를 받아들여서는 안 되었는데" 등). 그리고 '비행동 후회 *regrets of inaction*'가 있다. 어떠한 일을 했어야 한다는 후회이다("무슨 말이라도 했어야 했는데", "그 일자리에 지원했어야 했는데" 등).

이 두 가지 유형의 후회가 만연한 정도는 비슷하지만, 시간의 궤적을 두고 보면 확연한 차이가 있다. 단기적으로는 행동을 할 때 더 많은 후회가 생기지만, 장기적으로는 행동을 하지 않을 때 후회가 더욱 커진다. 이러한 패턴이 생기는 이유는 행동 후회가 좀 더 심각하게 전개되는 경향이 있기 때문이다. 그래서 사람들은 자신이 한 행동을 바로 잡으려고 한다. 가령, 해서는 안 되는 말을 했을 경우 당신은 곧장 이를 알아차린다. 그리고 상황을 바로 잡기 위해 사과를 하는 것이다. 또는 어떠한 일자리를 수락한 것이 누가 봐도 잘못된 결정이었을 때는 가능한 상황이라면 일을 그만 둔다. 무언가 극심하게 잘못되었을 때 이를 바로 잡고자 하는 우리의 성향은 다행스럽게도 행동 후회가 지속되는 기간이 짧은 이유를 설명해준다.

반면, 비행동 후회는 좀 더 무해하다. 바로잡을 무언가가 없을 때가 많다. 그렇기 때문에 안타깝게도 이 후회는 아무도 모르게 자리해 더욱 오래 지속된다. 당신이 직업적 기회를 놓쳤다면, 무언가를 시도해봐야겠다는 생각이 들게 하는 어떠한 계기 자체가 없다. 아무 말도 하지 않고 모든 일을 묻어두고 지내기가 너무도 쉽다.

자주 말하지 않고 넘어가지만 정말 중요한 말은 바로 "고맙다"는 인사이다. 당신이 고마움을 느끼는 상대에게 감사함을 표현하지 못해 후회를 남기는 일만은 반드시 피해야 한다. 학생들에게 필요한 동기를 부여하기 위해 나는 그들의 삶에서 고마운 사람에게 감사 편지를 써서 보낼 것을 요청한다. 이 과제를 하며 학생들이 어떤 경험을 했는지 그 이야기를 듣고, 또 스스로도 여러 차례 감사 편지를 써본 경험에 비추어 이 훈련이 편지를 쓰는 사람에게도 또 받는 사람에게도 굉장한 영향을 미친다는 사실을 입증할 수 있다. 이제 당신도 이 훈련을 해보길 바란다.

> **HAPPIER HOUR**
>
> ### 감사 편지 쓰기 훈련
>
> 제대로 감사 인사를 전하지 못한 누군가에게 감사 편지를 써본다. 이 편지를 어떻게 전달할 것인지는 당신에게 달렸다. 전화를 걸어 편지글을 읽어줄 수도 있고, 이메일이나 고전적인 방식으로 우편을 통해 발송할 수도 있다.

다시 연구로 돌아가서, 후회가 지속되는 기간을 고려하면 가장 큰 후회 원 그래프의 결과를 이해하는 데 도움이 된다. 후회되는 행동은 이후 이를 바로 잡는 조치를 취하고 후회되는 비행동은 존속한다는 역학은 왜 수많은 인터뷰 대상자들이 비행동을 가장 큰 후회로 꼽았는지 그 이유를 설명해준다. 가족들과 시간을 보내지 않았던 일, 교육적 또는 직업적 잠재력을 발휘하지 않았던 일, 자신의 길을 걷지 않았던 일, 그 순간에 충실하지 않았던 일 말이다.

다만 이는 내 학생들이 대화한 존경 받는 노인들에게만 해당되는 이야기가 아니다. 요양원 거주자들을 대상으로 설문 조사를 진행한 연구진도 이와 유사한 결과를 발견했다. 삶의 끝에 이르러 지난 인생을 되돌아 본 사람들의 가장 큰 후회는 대체로 '자신이 하지 못한 일들을 했어야 한다'는 것이었다.[10]

- 가족 및 친구와 충분한 시간을 보내지 못했던 것
- 교육의 기회를 놓친 것
- 그 순간을 온전히 누리지 못했던 것
- 사랑하는 사람을 놓친 것

노인들의 삶에서 배우고 이들의 경험을 가슴에 새겨야 한다. 이들을 통해 우리는 삶의 가장 큰 후회는 행동을 취하지 않은 것이라는 점을, 중요한 데 시간을 쓰지 않은 것이라는 사실을 깨달을 수 있다. 무언가를 하지 않아서 벌어진 실수는 이를 바로 잡을 계기가 주어지지 않는다는 사실을 앞서 확인했다.

이번 장에서 내가 당신에게 삶이라는 여정의 결말을 생각해보길 강력하게 촉구했던 것도 바로 이런 이유 때문이었다. 인정하건대 쉽지 않은 과제들을 당신에게 준 의도는 자신의 선택에 수동적으로 임할 때 맞이하게 될 결과를 당신이 깨닫길 바라서였다. 그 결과는 혹독하다. 잃어버린 순간들, 잃어버린 기쁨, 그리고 그 끝에 찾아오는 후회이다. 이러한 불행을 피하기 위해서는 지금 행동해야 한다.

당신의 삶을 멋지게 만들어주는 사람들에게 감사 인사를 전하고, 이들과 함께할 시간이 얼마나 남았는지 세어본다면 함께하는 시간을 더욱 뜻깊게 만들 수 있다. 당신이 사람들에게 기억되고 싶은 삶을 살기에, 후회 없는 삶을 살기에 결코 늦지 않았다.

삶은 선택으로 이루어져 있다

후회 없는 삶이 모두 긍정적인 시간으로만 채워진 것은 아니다. 삶의 매순간이 모두 행복한 것도 아니고, 그럴 필요도 없다. 삶을 만족스럽고 의미 있다고 평가하는 정도는 당신이 실제로 어떤 일을 하기로 선택했는지 뿐만이 아니라 '무엇에 집중하기로 선택'했는지, 즉 '어떤 것을 취할 것이고 어떤 이야기를 들려줄 것인지'에 따라 결정된다.

위기를 행복의 원동력으로 바꿔라

삶을 종합적으로 돌아볼 때, 우리는 행복을 느끼고 싶어 하고 삶이 의미 있길 바란다. 다행히 행복과 의미는 함께 존재할 수 없는 것이 아니다. 리아 캐터패노 Rhia Catapano, 조르디 쿠어드박 Jordi Quoidbach,

제니퍼 에이커와 나는 123개국에서 50만 명이 넘는 사람들을 대상으로, 행복과 의미가 무엇인지 분석했다. 그 결과 삶에서 행복과 의미는 상관성이 높은 것으로 드러났다.[11]

삶에서 의미를 경험한다고 해서(자신의 삶을 중요하게 여기고 삶에 목적과 가치가 있다고 생각하는 것) 항상 행복을 느끼는 것은 아니다.[12] 실로 부정적인 경험도 삶의 의미를 찾는 데 도움을 줄 수 있다. 다만 그 경험을 극복하고, 경험에서 배우고, 결과적으로 어떻게 더욱 나은 사람이 되었는지를 잘 포착하는[13] 서사를 만들어낸 경우라면 말이다.

힘든 시기를 헤쳐 나온 경험을 두고 시간을 모자이크에 비유한 개념을 다시 떠올린다면 유용할 것 같다. 그러한 위기는 당신의 콜라주를 더욱 풍성하게 채워줄 타일로 삼을 수 있다. 중요한 것은 그 조각들을 패턴에 어떻게 조화롭게 포함시키느냐이다. 부정적인 일들을 당신의 삶이란 거대한 이야기 속의 요소로 잘 엮어야 한다. 인생에서 시험의 순간을 이렇게 바라본다면 진정으로 생존할 수 있고 이를 넘어 번영할 수 있다.

긍정적인 경험과 만족감을 기억하라

노벨상을 받은 대니얼 카너먼은 테드 강연과 《생각에 관한 생각 Thinking, Fast and Slow》(김영사, 2018)에서 스토리텔링이 우리의 행복에 큰 역할을 한다고 설명했다. 우리의 삶에 대한 스토리는 우리의 기억을 바탕으로 한다. 결과적으로 그 스토리들은 후에 다시 우리의 기억이 되고 우리가 결국 경험하게 될 행복에 영향을 미친다.

이렇게 설명해보겠다. 카너먼은 행복을 판단하는 두 가지 요소를 경험과 기억으로 구별했다. 행복의 경험은 삶 속에서 행복을 느끼는 것이다. 삶이란 사는 동안 매 순간순간 긍정적인 기분을 느끼는가에 대한 것이다. 행복의 기억은 삶에 대해 행복을 느끼는 것이다. 일정 시간을 되돌아보고 우리의 기분이 전반적으로 어땠는지를 평가했을 때 느끼는 감정을 말하는 것이다.

그는 '휴가'라는 좀 더 단기간적인 상황을 들어 두 가지 개념의 차이를 설명했다. 여기서 행복의 경험은 휴가 때 매일 경험하는 감정을 가리킨다. 우리 같은 연구자들은 당신에게 현재 어떤 기분을 느끼는지 시간 추적 훈련과 유사한 방식으로 매일 기록하게 해 당신이 느끼는 행복의 경험을 측정할 수 있을 것이다. 반면 행복의 기억은 후에 되돌아 생각해보며 휴가를 전체적으로 평가하는 개념이다.

당신의 경험이 기억을 형성한다. 그리고 시간을 들여 한 활동은 경험과 기억, 행복을 구성하는 두 가지 요소 모두에 기여한다. 예를 들어, 좋은 친구들과의 멋진 저녁 식사는 행복한 경험이자 행복한 기억으로 남는다. 내가 진행한 연구에서도 이런 사실이 드러났다[14]. 나는 한 참가자 집단에게 '목표가 최대한의 행복을 경험하는 것이라면 앞으로 한 시간을 어떻게 사용할 것인지' 물었다. 또 다른 집단에게는 '목표가 최대한의 행복을 기억에 남기는 것이라면 앞으로 한 시간을 어떻게 쓸 것인지' 물었다. 결과적으로 두 집단 모두 가장 많이 언급한 활동이 같았다. 친구와 가족과 시간을 보내고, 맛있는 음식을 먹고, 야외로 나가는 것이었다.

행복의 경험과 기억이 밀접하게 연관되어 있다 하더라도, 이 둘은 분명 다르다. 카너먼은 이를 설명하기 위해 자신의 팀이 다양한 활동에서 사람들이 느끼는 긍정적인 감정과 사람들이 이후에 느끼는 만족감을 각각 측정하도록 했다. 연구 결과, 사람들이 당시를 회상하며 내리는 감정 평가는 매 순간 느낀 감정을 모두 합하거나 평균을 낸 것과는 무관했다. 사람들의 기억은 사건의 절정과 결말에 의해 결정되었다[15]. 다시 말해, 휴가지에서 매 순간 느낀 감정을 단순히 더한다고 해서, 나중에 내리게 될 전체 평가를 완벽하게 예측할 수 없다는 뜻이다.

당신의 기억은 긍정적이든 부정적이든 가장 극적인 순간들과 마지막 순간들에 지나칠 정도로 영향을 받는다. 이 연구 결과는 휴가라는 상황을 훨씬 넘어서 대단히 중요한 의미를 지닌다. 매시간을 합산하는 것은 당신의 삶 전체를 두고 당신이 얼마나 만족하는지를, 또는 만족할 것인지를 결정하지 않는다. 절정과 결말이 당신 자신에게 들려주는 삶에 대한 이야기에 강력한 영향을 미친다.

기쁨의 가능성에 주목하라

이 사실을 이해하는 것은, 기쁘게 경험하고 또 기쁘게 기억할 삶을 설계하는 데 중요한 역할을 한다. 더 행복한 시간을 더 행복한 삶으로 바꾸는 방법을 알려주는 것이다.

특정한 몇몇 순간이 모든 시간이 어떻게 기억될지를 결정한다는 사실을 알았으니, 가장 행복한 순간을 정점으로 경험하고 즐겨야 한다. 특별한 일이 주는 경탄뿐 아니라, 평범한 일이 줄 수 있는 기쁨의 가능성도 놓치지 말아야 한다.

- 기쁨을 경험하는 순간을 주목한다.
- 그 경험을 음미하고 기념한다.
- 그 경험을 리추얼로 삼는다.
- 당신의 일정에서 그 경험을 하는 시간을 확보한다.
- 저녁 식사 자리에서 그 경험에 대해 이야기한다.
- 그 이야기를 하는 동안에는 온전히 집중한다.

사소한 순간들 같아 보여도 삶에 대한 만족도에 굉장한 영향력을 미칠 수 있다. 또 다른 핵심은 결말이 대단히 중요하다는 것이었다. 따라서 당신의 인생에서 무언가의 결말을 더욱 소중하게 여겨야 한다. 세월이 흐르면 삶의 챕터들도 그 끝을 맞이하게 될 것이다.

- 즐거운 순간들을 마지막인 것처럼 대하고, 그 순간들이 얼마나 남았는지 세어보며 정말 마지막이 얼마 남지 않았음을 새긴다.
- 당신이 어떻게 기억되고 싶은지를 떠올린다.
- 감사 인사를 전한다.
- 후회 없는 끝을 맞이한다.

결말의 중요성을 되새기며, 나는 당신에게 새로운 시작을 전하고 싶다. 앞으로 살아갈 수많은 시간이 당신을 기다리고 있다. 그 시간을 당신에게 기쁨을 주고 당신의 목적을 이루는 일에 투자하길 바란다. 그런 일에 시간을 쓰지 않거나, 온전히 집중하지 못해 후회하는 일이 없길 바란다.

내 연구와 이 책은 행복에는 주체성이 있다는 사실을 전한다. 행복은 선택이다. 매일, 매시간이 그러하다. 여기 소개된 전략을 통해 이제 당신은 일반적인 행복이 아니라, 당신만의 행복을 선택하는 방법을 알고 있다.

내게 시간을 내주어 감사드리며, 더 행복한 시간이 당신과 함께하길 기원한다.

주

프롤로그 모든 일을 다 잘해내고 싶은 당신에게

1 Cassie Mogilner, Sepandar D. Kamvar, and Jennifer Aaker, "The Shifting Meaning of Happiness," *Social Psychological and Personality Science* 2, no. 4(July 2011): 395–402, DOI: 10.1177/1948550610393987.

2 Silvia Bellezza, Neeru Paharia, and Anat Keinan, "Conspicuous Consumption of Time: When Busyness and Lack of Leisure Time Become a Status Symbol," *Journal of Consumer Research* 44, no. 1(December 2016): 118–38, DOI: 10.1093/jcr/ucw076; Anat Keinan, Silvia Bellezza, and Neeru Paharia, "The Symbolic Value of Time," *Current Opinion in Psychology* 26(April 2019): 58–61, DOI: 10.1016/j.copsyc.2018.05.001.

3 Maria Trupia, Cassie Mogilner, and Isabelle Engeler, "What's Meant vs. Heard When Communicating Busyness"(working paper, 2021).

4 ATUS는 미국노동통계국에서 수행하며, 데이터는 이 사이트에서 확인할 수 있다. https://www.bls.gov/tus/#database.

5   Marissa A. Sharif, Cassie Mogilner, and Hal E. Hershfield, "Having Too Little or Too Much Time Is Linked to Lower Subjective Well-Being," *Journal of Personality and Social Psychology* 121, no. 4(September 2021): 933–47, DOI: 10.1037/pspp0000391. 우리는 2012년과 2013년 미국인의 시간 사용 조사에 참여한 2만 1,736명을 분석했고, 그 기간의 기본 변수들도 계산했다(나이 47.92세; 44.5% 남성; 79.3% 백인; 47.7% 기혼; 43.5% 자녀를 둠; 33.5% 최저 학사 학위; 57.8% 상근직; 수입 5만 2,597.74달러). 미국인의 시간 사용 조사에서 응답자들은 앞서 24시간을 어떻게 보냈는지 각 활동을 한 시간과 기간을 포함해 자세하게 설명했다. 우리는 이들이 하루에 자유로운 활동으로 보낸 시간이 얼마나 되는지를 계산해 자유롭게 쓸 수 있는 시간을 산출했다.

6   우리는 또 다른 미국인 500명의 표본을 대상으로 어떠한 활동을 자유재량적으로 보는지 물었다. 참가자들에게 139가지의 활동이 적힌 리스트를 제시하며 각각의 활동들이 자유재량적인 시간에 하는 활동들인지, 즉 "여가 활동이나 개인의 즐거움 또는 다른 내재적인 목적을 위해 시간을 쓰는 것이 주된 목표인 다른 활동들"에 해당하는지를 판단해 달라고 요청했다. 참가자 다수가(90% 이상이) 자유재량적이라고 응답한 활동을 전부 수용했다. 자유재량의 기준을 조금 더 관대하게 제시했을 때도 비슷한 패턴이 나타났고, 어떠한 활동이 자유재량적인지를 두고 참가자의 75% 이상이 동의했다. 참가자의 90% 이상이 자유재량적으로 판단한 활동에는 휴식, 여가(아무것도 하지 않기, TV 시청, 라디오 청취, 게임), 다른 사람들과 교류와 소통을 나누기(가족 및 친구와 어울리는 활동), 스포츠가 아닌 예술 활동과 오락 활동(코미디 클럽 방문, 아트 갤러리 방문, 영화 시청), 사람들과 함께 어울리고, 휴식을 취하고, 여가를 하는 여행, 개인적인 활동(성행위, 스킨십), 스포츠 경기/레크리에이션 행사(스포츠 경기 시청), 가족 및 가족이 아닌 아이들과의 스포츠 활동(아이와 자전거 타기, 아이와 산책하기), 스포츠나 운동, 레크리에이션에 참여(오토바이 타기, 농구, 낚시, 달리기, 골프, 요가, 운동)가 있었다. 여러 연구에서 부모의 행복도(또는 불행도)를 조사하기 위해 아이들과 함께 하는 시간은 '육아'로 묶였지만, 우리의 결과가 시간이 어떻게 쓰였는지에 따라 아이와의 시간이 즐겁고 충만했는지 여부

를 더욱 정확하게 가리켰다. 자녀와 스포츠를 하는 시간은 자유재량적인 활동으로 분류되지만 '아이들을 돌보는' 활동은 자유재량적인 활동이 아니다. 아이에게 옷을 입히거나 재우는 활동은 자동차관리국에서 기나긴 줄을 기다려야 하는 일만큼이나 노동이다!

7   Daniel S. Hamermesh and Jungmin Lee, "Stressed Out on Four Continents: Time Crunch or Yuppie Kvetch?", *Review of Economics and Statistics* 89, no. 2(May 2007): 374–83, DOI: 10.1162/rest.89.2.374.

8   Frank Newport, ed., *The Gallup Poll: Public Opinion 2015*(Lanham, MD: Rowman & Littlefield, 2017).

9   John P. Robinson, "Americans Less Rushed but No Happier: 1965–2010 Trends in Subjective Time and Happiness," *Social Indicators Research* 113, no. 3(September 2013): 1091–104, DOI: 10.1007/s11205-012-0133-6.

10 Hielke Buddelmeyer, Daniel S. Hamermesh, and Mark Wooden, "The Stress Cost of Children on Moms and Dads", *European Economic Review* 109(October 2018): 148–61, DOI: 10.1016/j.euroecorev.2016.12.012; Daniel S. Hamermesh, "Time Use–Economic Approaches", *Current Opinion in Psychology* 26(April 2019): 1–4, DOI: 10.1016/j.copsyc.2018.03.010; Melanie Rudd, "Feeling Short on Time: Trends, Consequences, and Possible Remedies", *Current Opinion in Psychology* 26(April 2019): 5–10, DOI: 10.1016/j.copsyc.2018.04.007.

11 Hamermesh, "Time Use," 1–4; Hamermesh and Lee, "Stressed Out on Four Continents," 374–83; Grant Bailey, "Millions of Brits Feel Overwhelmed by Life Pressures, Study Finds," *Independent,* January 19, 2018, Indy/Life, https://www.independent.co.uk/life-style/stress-work-pressures-busy-social-calenders-financial-worries-survey-a8167446.html; Lilian Ribeiro and Emerson Marinho, "Time Poverty in Brazil: Mea-

surement and Analysis of its Determinants," *Estudos Econômicos* 42, no. 2(June 2012): 285–306, DOI: 10.1590/S0101-41612012000200003; Elena Bardasi and Quentin Wodon, "Working Long Hours and Having No Choice: Time Poverty in Guinea," *Feminist Economics* 16, no. 3(September 2010): 45–78, DOI: 10.1080/13545701.2010.508574; Liangshu Qi and Xiao-yuan Dong, "Gender, Low-Paid Status, and Time Poverty in Urban China," *Feminist Economics* 24, no. 2(December 2017): 171–93, DOI: 10.1080/13545701.2017.1404621.

12 Trupia, Mogilner, and Engeler, "What's Meant vs. Heard"; Tim Kasser and Kennon M. Sheldon, "Time Affluence as a Path toward Personal Happiness and Ethical Business Practice: Empirical Evidence from Four Studies," *Journal of Business Ethics* 84, no. 2(January 2009): 243–55, DOI: 10.1007/s10551-008-9696-1; Susan Roxburgh, "'There Just Aren't Enough Hours in the Day': The Mental Health Consequences of Time Pressure," *Journal of Health and Social Behavior* 45, no. 2(June 2004): 115–31, DOI: 10.1177/002214650404500201; Katja Teuchmann, Peter Totterdell, and Sharon K. Parker, "Rushed, Unhappy, and Drained: An Experience Sampling Study of Relations between Time Pressure, Perceived Control, Mood, and Emotional Exhaustion in a Group of Accountants," *Journal of Occupational Health Psychology* 4, no. 1(January 1999): 37–54, DOI: 10.1037/1076-8998.4.1.37.

13 수가석인 분석을 통해 시간이 너무 많아질 때 행복이 저하되는 현상은 그 시간을 의미 있는 자유재량적 활동으로 채웠느냐의 여부에 따라 달라지는 것으로 드러났다. 우리의 연구 결과, 특히나 자유재량적 시간을 사회적 연결감을 높이는 데(친구 또는 가족과 어울리는 시간) 사용했거나, 생산적으로 활용했을 경우(취미 활동, 운동) 자유 시간이 늘어나도 행복이 줄어드는 경험은 하지 않았다.

14 이 연구에서 우리는 무작위로 참가자들을 분류해 평생 동안 매일 같이 자유재량적인 시간이 아주 적게(15분), 적당하게(3시간 30분), 아주 많이(7시간 30분) 주어지는 상황을 상상하도록 했다. 그런 뒤 참가자들에게 얼마나 행복감을 느꼈는지 그리고 얼마나 생산적으로 느꼈는지를 물었다. 앞서 그래프에서 확인했던 뒤집어진 U자형 곡선과 마찬가지로, 시간이 너무 적거나 너무 많을 때는 보통 정도의 시간이 주어졌을 때보다 행복감을 덜 느낀다는 결과가 나왔다. 이 연구는 시간이 너무 많을 때 생산적인 느낌이 부족한 이유를 설명하는 근거가 되었다.

15 Christopher K. Hsee, Adelle X. Yang, and Liao-yuan Wang, "Idleness Aversion and the Need for Justifiable Busyness," *Psychological Science* 21, no. 7(July 2010): 926–30, DOI: 10.1177/0956797610374738; Adelle X. Yang and Christopher K. Hsee, "Idleness versus Busyness," *Current Opinion in Psychology* 26(April 2019): 15–18, DOI: 10.1016/j.copsyc.2018.04.015.

16 Anat Keinan and Ran Kivetz, "Productivity Orientation and the Consumption of Collectable Experiences," *Journal of Consumer Research* 37, no. 6(April 2011): 935–50, DOI: 10.1086/657163.

17 Mihaly Csikszentmihalyi, "The Costs and Benets of Consuming," *Journal of Consumer Research* 27, no. 2(September 2000): 267–72, DOI: 10.1086/314324.

18 자원봉사를 하는 은퇴자들이 그렇지 않은 사람들에 비해 더욱 행복하다는 연구 결과를 설명해준다. Nancy Morrow-Howell, "Volunteering in Later Life: Research Frontiers," *Journals of Gerontology: Series B* 65, no. 4(July 2010): 461–69, DOI: 10.1093/geronb/gbq024.

19 Indira Hirway, Mainstreaming Unpaid Work: Time-Use Data in Developing Policies(New Delhi: Oxford University Press, 2017); Eve Rodsky, Fair Play(New York: G. P. Putnam's Sons, 2019); Christine Alksnis, Serge Desmarais, and James Curtis, "Workforce Segregation and the Gender Wage Gap: Is 'Women's'

Work Valued as Highly as 'Men's'?" *Journal of Applied Social Psychology* 38, no. 6(May 2008): 1416–41, DOI: 10.1111/j.15591816.2008.00354.x.

20 우리는 또 다른 미국인 500명의 표본에게 다른 연구에서 자유재량적 활동으로 밝혀졌던 일들 가운데 생산적인 활동이 무엇인지 물었다. 다시 말해 유용하고, 충만하고, 유익하고, 가치 있고, 목적의식이 담겨 있고, 성취감을 안겨주는 시간으로 쓰였는지 물었다. 응답자들 가운데 90% 이상의 생산적인 자유재량적 활동으로 고른 것은 다음과 같다. 취미, 운동(러닝, 에어로빅, 웨이트리프팅), 혼자 또는 아이들과 함께 하는 스포츠(하키, 축구, 농구, 테니스/라켓볼, 볼링, 배구, 럭비, 승마, 무술, 자전거 타기, 롤러블레이드 타기, 레슬링, 펜싱, 골프).

21 Hal Hershfield, Cassie Mogilner, and Uri Barnea, "People Who Choose Time over Money Are Happier," *Social Psychological and Personality Science* 7, no. 7(September 2016): 697–706, DOI: 10.1177/1948550616649239. 이 프로젝트에서 우리는 수천 명의 성인을 대상으로 "무엇을 더 원합니까, 돈입니까 아니면 시간입니까?"라고 질문했다. 참가자들은 18세에서 82세까지 소득 수준과 직업군이 다양하고, 미혼과 기혼, 자녀 유무 여부도 각각 달랐다. 약 5,000명에 이르는 참가자들 가운데 다수는(64%) 시간보다 돈을 택했다. 돈에 좀 더 관심을 보이는 현상은 우리의 표본에만 해당되는 것이 아니었다. 구글 검색어와 내 학생들의 바람에서도 그런 경향이 드러났다. 하지만 우리는 참가자들에게 한 가지 질문을 더 했다. 행복에 관한 질문을 했고, 그 결과는 놀라웠다. 우리 연구의 참가자들이 어느 정도의 수입을 버는지 또는 일주일에 몇 시간을 일하는지와 무관하게 돈이 아니라 시간을 선택한 사람들의 행복도가 더욱 높은 것으로 드러났다. 더욱 구체적으로는 돈보다 시간을 더욱 가치 있게 여긴다고 응답한 참가자들은 일상에서 더욱 큰 행복을 느꼈고 삶 전반적으로 더욱 큰 만족감을 경험했다. 시간을 선택한 참가자들은 단순히 더 많은 시간을 갖고 싶다는 게 아니었다. 본인에게 행복을 전해주는 경험과 사람들에게 더 많은 시간을 쓸 수 있기를 바라는 것이었다.

22 Cassie Mogilner, "The Pursuit of Happiness: Time, Money, and Social

Connection," *Psychological Science* 21, no. 9(August 2010): 1348-54, DOI: 10.1177/0956797610380696; Cassie Mogilner and Jennifer Aaker, "The 'Time vs. Money Effect': Shifting Product Attitudes and Decisions through Personal Connection," *Journal of Consumer Research* 36, no. 2(August 2009): 277-91, DOI: 10.1086/597161; Francesca Gino and Cassie Mogilner, "Time, Money, and Morality," *Psychological Science* 25, no. 2(February 2014): 414-21, DOI: 10.1177/0956797613506438; Cassie Mogilner, "It's Time for Happiness," *Current Opinion in Psychology* 26 (April 2019): 80-84, DOI: 0.1016/j.copsyc.2018.07.002.

23 Ed Diener et al., "National Differences in Reported Well-Being: Why Do they Occur?" *Social Indicators Research* 34(January 1995), 7-32, DOI: 10.1111/j.0963-7214.2004.00501001.x.

24 Blaise Pascal, *Pascal's Pensées*(New York: E. P. Dutton, 1958), 113.

25 Ed Diener et al., "Findings All Psychologists Should Know from the New Science on Subjective Well-Being," *Canadian Psychology* 58, no. 2(May 2017): 87-104, DOI: 10.1037/cap0000063.

26 Sonja Lyubomirsky, Laura King, and Ed Diener, "The Benefits of Frequent Positive Affect: Does Happiness Lead to Success?" *Psychological Bulletin* 131, no. 6(November 2005): 803-55, DOI: 10.1037/00332909.131.6.803.

27 Cassie Mogilner, "Staying Happy in Unhappy Times," *UCLA Anderson Blog*, March 24, 2020, https://www.anderson.ucla.edu/news-and-events/staying-happy-in-unhappy-times.

28 '심리학과 좋은 삶'은 예일 대학 역사상 가장 인기가 많은 강의로 꼽히고 있다.

29 빌 버넷과 데이브 에번스는 스탠퍼드 디자인 스쿨에서 이 강의를 진행하고 《일의 철학(*Designing Your Life: How to Build a Well-Lived, Joyful Life*)》(갤리온, 2021)을 출간했다.

30 나는 강의를 할 때마다, 첫 수업 전과 마지막 수업 전에 학생들에게 자신의 웰빙을 평

가해 달라고 요청한다. 이 강의를 듣는 모든 학생들이 행복과 의미, 대인 관계에서의 연결감이 통계적으로 크게 향상되는 것을 확인했다.

1장 시간 빈곤에서 탈출하기 위한 워밍업

1 Ullrich Wagner et al., "Sleep Inspires Insight," *Nature* 427, no. 6972(January 2004): 352-55, DOI: 10.1038/nature02223.

2 Brené Brown, *The Power of Vulnerability: Teachings of Authenticity, Connection, and Courage, read by the author*(Louisville, CO: Sounds True, 2012), Audible audio ed., 6 hr., 30min.

3 Sendhil Mullainathan and Eldar Shafir, *Scarcity: Why Having Too Little Means So Much*(New York: Times Books, 2013)

4 Marissa A. Sharif, Cassie Mogilner, and Hal E. Hershfield, "Having Too Little or Too Much Time Is Linked to Lower Subjective Well-Being," *Journal of Personality and Social Psychology* 121, no. 4(September 2021): 933-47, DOI: 10.1037/pspp0000391.

5 Patrick Callaghan, "Exercise: A Neglected Intervention in Mental Health Care?" *Journal of Psychiatric and Mental Health Nursing* 11, no. 4(August 2004): 476-83, DOI: 10.1111/j.1365-2850.2004.00751.x; Michael Babyak et al., "Exercise Treatment for Major Depression: Maintenance of Therapeutic Benet at Ten Months," *Psychosomatic Medicine* 62, no. 5(2000): 633-38, DOI: 10.1097/00006842-200009000-00006; Justy Reed and Deniz S. Ones, "The Effect of Acute Aerobic Exercise on Positive Activated Affect: A Meta-Analysis," *Psychology of Sport and Exercise* 7, no. 5(September 2006): 477-514, DOI: 10.1016/j.psychsport.2005.11.003; Lyndall Strazdins et al., "Time Scarcity: Another Health Inequality?" *Environment and Planning A: Economy and Space* 43, no. 3(March 2011): 545-59, DOI: 10.1068/a4360.

6   Cathy Banwell et al., "Reflections on Expert Consensus: A Case Study of the Social Trends Contributing to Obesity," *European Journal of Public Health* 15, no. 6(September 2005): 564–68, DOI: 10.1093/eurpub/cki034.

7   Lijing L. Yan et al., "Psychosocial Factors and Risk of Hypertension: The Coronary Artery Risk Development in Young Adults (CARDIA) Study," *JAMA* 290, no. 16(October 2003): 2138–48, DOI: 10.1001/jama.290.16.2138.

8   Strazdins et al., "Time Scarcity," 545–59.

9   John M. Darley and C. Daniel Batson, "From Jerusalem to Jericho: A Study of Situational and Dispositional Variables in Helping Behavior," *Journal of Personality and Social Psychology* 27, no. 1(July 1973): 100–108, DOI: 10.1037/H0034449.

10 약 55%는 바쁜 상황에서 도움을 주기로 동의한 반면, 83%는 여가 시간에 도움을 주기로 했다. Zoë Chance, Cassie Mogilner, and Michael I. Norton, "Giving Time Gives You More Time," *Advances in Consumer Research* 39(2011): 263–64.

11 Tom Gilovich, Margaret Kerr, and Victoria Medvec, "Effect of Temporal Perspective on Subjective Confidence," *Journal of Personality and Social Psychology* 64, no. 4(1993): 552–60, DOI: 10.1037/0022-3514.64.4.552.

12 E. Tory Higgins, "Beyond Pleasure and Pain," *American Psychologist* 52, no.12 (December 1997): 1280–300, DOI: 10.1037/0003066X.52.12.1280; Joel Brockner and E. Tory Higgins, "Regulatory Focus theory: Implications for the Study of Emotions at Work," *Organizational Behavior and Human Decision Processes* 86, no. 1(September 2001): 35–66, DOI: 10.1006/obhd.2001.2972.

13 Cassie Mogilner, Jennifer Aaker, and Ginger Pennington, "Time Will Tell: The Distant Appeal of Promotion and Imminent Appeal of Preven-

tion," *Journal of Consumer Research* 34, no. 5(February 2008): 670–81, DOI: 10.1086/521901; Ginger Pennington and Neal Roese, "Regulatory Focus and Temporal Distance," *Journal of Experimental Social Psychology* 39(March 2003): 563–76, DOI: 10.1016/S0022-1031(03)00058-1.

14 Aaron M. Sackett et al., "You're Having Fun When Time Flies: The Hedonic Consequences of Subjective Time Progression," *Psychological Science* 21, no. 1(January 2010): 111–17, DOI: 10.1177/0956797609354832.

15 Erin Vogel et al., "Social Comparison, Social Media, and Self-Esteem," *Psychology of Popular Media Culture* 3, no. 4(October 2014): 206–22, DOI: 10.1037/ppm0000047; Jenna L. Clark, Sara B. Algoe, and Melanie C. Green, "Social Network Sites and Well-Being: The Role of Social Connection," *Current Directions in Psychological Science* 27, no. 1(February 2018): 32–37, DOI: 10.1177/0963721417730833; Hunt Allcott et al., "The Welfare Effects of Social Media," *American Economic Review* 110, no. 3 (March 2020): 629–76, DOI: 10.1257/aer.20190658.

16 Hielke Buddelmeyer, Daniel S. Hamermesh, and Mark Wooden, "The Stress Cost of Children on Moms and Dads," *European Economic Review* 109(October 2018): 148–61, DOI: 10.1016/j.euroecorev.2016.12.012.

17 Albert Bandura, "Self-Efficacy: Toward a Unifying Theory of Behavioral Change," *Psychological Review* 84, no. 2(March 1977): 191, DOI: 10.1037/0033295X.84.2.191.

18 Cassie Mogilner, Zoë Chance, and Michael I. Norton, "Giving Time Gives You Time, *Psychological Science* 23, no. 10(October 2012): 1233–38, DOI: 10.1177/0956797612442551.

19 Callaghan, "Exercise," 476–83.

20 Sonja Lyubomirsky and Kristin Layous, "How Do Simple Positive Activities

Increase Well-Being?" *Current Directions in Psychological Science* 22, no. 1(2013): 57–62, DOI: 10.1177/0963721412469809.

21 Mogilner, Chance, and Norton, "Giving Time Gives You Time," 1233–38.

22 Richard Schulz, Paul Visintainer, and Gail M. Williamson, "Psychiatric and Physical Morbidity Effects of Caregiving," *Journal of Gerontology* 45, no. 5(September 1990): 181–91, DOI: 10.1093/geronj/45.5.P181; Richard Schulz, Connie A. Tompkins, and Marie T. Rau, "A Longitudinal Study of the Psychosocial Impact of Stroke on Primary Support Persons," *Psychology and Aging* 3, no.2(June 1988): 131, DOI: 10.1037/0882-7974.3.2.131; Richard Schulz and Gail M. Williamson, "A Two-Year Longitudinal Study of Depression among Alzheimer's Caregivers," *Psychology and Aging* 6, no. 4(1991): 569–78, DOI: 10.1037/0882-7974.6.4.569.

23 Melanie Rudd, Kathleen Vohs, and Jennifer Aaker, "Awe Expands People's Perception of Time, Alters Decision Making, and Enhances Well-Being," *Psychological Science* 23, no. 10(2012): 1130–36, DOI:10.1177/0956797612438731.

24 Dacher Keltner and Jonathan Haidt, "Approaching Awe, a Moral, Spiritual, and Aesthetic Emotion," *Cognition & Emotion* 17, no. 2(March 2003): 297–314, DOI: 10.1080/02699930302297.

25 George MacKerron and Susana Mourato, "Happiness Is Greater in Natural Environments," *Global Environmental Change* 23, no. 5(October 2013): 992–1000, DOI: 10.1016/j.gloenvcha.2013.03.010.

2장 시간을 현명하게 소비하는 방법

1 Sonja Lyubomirsky, *The How of Happiness: A Scientific Approach to Getting the Life You Want*(New York: Penguin Press, 2007).

2   타고난 성격이 행복에 미치는 영향력에 대한 근거는(유전자 구성을 100% 공유하는) 일란성 쌍둥이와(유전자 구성을 50% 공유하는) 이란성 쌍둥이를 비교한 연구에서 찾을 수 있다. 이 연구에 따르면 일란성 쌍둥이(이란성 쌍둥이는 제외) 한 명이 느끼는 행복으로 다른 한 명의 행복 정도를 대단히 정확하게 예측할 수 있는 것으로 밝혀졌는데, 이는 쌍둥이가 서로 떨어져 자란 경우에도 마찬가지였다. David Lykken and Auke Tellegen, "Happiness Is a Stochastic Phenomenon," Psychological Science 7, no. 3(May 1996): 186-89, DOI: 10.1111/j.14679280.1996.tb00355.x; Auke Tellegen et al., "Personality Similarity in Twins Reared Apart and Together," Journal of Personality and Social Psychology 54, no. 6(June 1988): 1031, DOI: 10.1037/0022-3514.54.6.1031.

3   Lara B. Aknin, Michael I. Norton, and Elizabeth W. Dunn, "From Wealth to Well-Being? Money Maers, but Less than People ink," *Journal of Positive Psychology* 4, no. 6 (November 2009): 523-27, DOI: 10.1080/17439760903271421; Daniel Kahneman and Angus Deaton, "High Income Improves Evaluation of Life but Not Emotional Well-Being," Proceedings of the National Academy of Sciences of the United States of America 107, no. 38(September 2010): 16489-93, DOI: 10.1073/pnas.1011492107; Ed Diener, Brian Wolsic, and Frank Fujita, "Physical Aractiveness and Subjective Well-Being," Journal of Personality and Social Psychology 69, no. 1(1995): 120-71129, DOI: 10.1037/0022-3514.69.1.120; Richard E. Lucas et al., "Reexamining Adaptation and the Set Point Model of Happiness: Reactions to Changes in Marital Status," Journal of Personality and Social Psychology 84, no. 3(March 2003): 527-39, DOI: 10.1037/0022-3514.84.3.527; Maike Luhmann et al., "Subjective Well-Being and Adaptation to Life Events: A Meta-Analysis on Dierences between Cognitive and Aective Well-Being," Journal of Personality and

Social Psychology 102, no. 3(March 2012): 592–615, DOI: 10.1037/a0025948; S. K. Nelson-Coey, "Married... with Children: The Science of Well-Being in Marriage and Family Life," in Handbook of Well-Being, eds. E. Diener, S. Oishi, and L. Tay (Salt Lake City: DEF Publishers, 2018), hps://www.nobascholar.com/chapters/26.

4   Daniel Gilbert, Stumbling on Happiness(New York: Vintage Books, 2007); Daniel T. Gilbert et al., "Immune Neglect: A Source of Durability Bias in Aective Forecasting," Journal of Personality and Social Psychology 75, no. 3(1998): 617–38, DOI: 10.1037/0022-3514.75.3.617.

5   Lyubomirsky, *The How of Happiness.*

6   내 연구를 통해 행복은 흥분과 침착함, 이렇게 두 가지 방식으로 표현된다는 것이 드러났다. Cassie Mogilner, Jennifer Aaker, and Sepandar D. Kamvar, "How Happiness Aects Choice," *Journal of Consumer Research* 39, no. 2(August 2012): 429–43, DOI: 10.1086/663774; Cassie Mogilner, Sepandar D. Kamvar, and Jennifer Aaker, "The Shifting Meaning of Happiness," *Social Psychological and Personality Science* 2, no. 4(July 2011): 395–402, DOI: 10.1177/1948550610393987.

7   긍정심리학의 아버지 마틴 셀리그먼은 진정한 행복의 구성 요소로 긍정적인 감정, 몰입, 관계, 의미, 성취감을 꼽았다. Martin Seligman, Authentic Happiness: Using the New Positive Psychology to Realize Your Potential for Lasting Fulllment(New York: Atria Books, 2002); Martin Seligman, Flourish: A Visionary New Understanding of Happiness and Well-Being(New York: Simon & Schuster, 2011).

8   Daniel Kahneman et al., "A Survey Method for Characterizing Daily Life Experience: The Day Reconstruction Method," *Science* 306, no. 5702(December 2004): 1776–80, DOI: 10.1126/science.1103572.

9   Richard E. Lucas et al., "A Direct Comparison of the Day Reconstruction Method(DRM) and the Experience Sampling Method(ESM)," *Journal of Personality and Social Psychology* 120, no. 3(March 2021): 816-35, DOI: 10.1177/23780231211064009.

10 George Loewenstein, "Because It Is There: The Challenge of Mountaineering... for Utility Theory," *KYKLOS* 52, no. 3(August 1999): 315-44, DOI: 10.1111/j.1467-6435.1999.tb00221.x.

11 자기결정성 이론에 따르면 웰빙을 위해서는 자율성, 관계성, 유능감이라는 기본적인 심리적 욕구가 충족되어야 한다. 생산성과 성취감을 느끼고 싶은 욕구는 유능감을 높이는 데 기여한다. Kennon M. Sheldon, Robert Cummins, and Shanmukh Kamble, "Life Balance and Well-Being: Testing a Novel Conceptual and Measurement Approach," *Journal of Personality* 78, no. 4(August 2010): 1093-134, DOI: 10.1111/j.1467-6494.2010.00644.x; Kennon M. Sheldon and Christopher P. Niemiec, "It's Not Just the Amount that Counts: Balanced Need Satisfaction Also Aects Well-Being," *Journal of Personality and Social Psychology* 91, no. 2(August 2006): 331-41, DOI: 10.1037/0022-3514.91.2.331.

12 우리 팀이 전 세계 수만 명의 자가 보고를 분석한 결과, 행복과 의미는 높은 상관관계에 있다는 것이 드러났다. Rhia Catapano et al., "Financial Resources Impact the Relationship between Meaning and Happiness," *Emotion* 22(forthcoming). 의미와 행복의 관계를 들여다보는 또 다른 연구 분야가 있다. 의미는 있지만 행복은 없는 경험도 있고, 행복은 안겨주지만 의미는 없는 경험도 있는 한편, 행복을 안겨주는 경험은 대부분 의미도 선사한다. Roy F. Baumeister et al., "Some Key Differences between a Happy Life and a Meaningful Life," *Journal of Positive Psychology* 8, no. 6 (August 2013): 505-16, DOI: 10.1080/17439760.2013.830764; Ryan Dwyer, Elizabeth Dunn, and Hal

Hershfield, "Cousins or Conjoined Twins: How Different Are Meaning and Happiness in Everyday Life?" Comprehensive Results in Social Psychology 2, no. 2-3(October 2017): 199-215, DOI:10.1080/23743603.2017.1376580; Laura A. King, Samantha J. Heintzelman, and Sarah J. Ward, "Beyond the Search for Meaning: A Contemporary Science of the Experience of Meaning in Life," Current Directions in *Psychological Science* 25, no. 4(August 2016): 211-16, DOI: 10.1177/0963721416656354.

13 즐거움은 긍정적인 감정들(행복, 편안함)의 평균에서 부정적인 감정들(불안, 슬픔, 좌절, 조바심)의 평균을 차감한 값으로 평가했다. 의미는 다음 여섯 가지 항목의 평균으로 평가했다. 집중한다는 느낌, 몰입한다는 느낌, 유능하다는 느낌, 할 수 있다는 느낌, 그리고 다음의 문장에 동의하는 정도였다. "나는 이 상황에서 그 행동이 가치 있고 의미 있다고, 타인에게 도움이 된다고, 내가 중요한 목표를 달성하는 데 도움이 되었다고 느꼈다." Mathew P. White and Paul Dolan, "Accounting for the Richness of Daily Activities," *Psychological Science* 20, no. 8(August 2009): 1000-1008, DOI: 10.1111/j.1467-9280.2009.02392.x.

14 Erin Vogel et al., "Social Comparison, Social Media, and Self-Esteem," *Psychology of Popular Media Culture* 3, no. 4(October 2014): 206-22, DOI: 10.1037/ppm0000047; Jenna L. Clark, Sara B. Algoe, and Melanie C. Green, "Social Network Sites and Well-Being: e Role of Social Connection," Current Directions in *Psychological Science* 27, no. 1(February 2018): 32-37, DOI: 10.1177/0963721417730833; Hunt Allco et al., "The Welfare Effects of Social Media," *American Economic Review* 110, no. 3(March 2020): 629-76, DOI: 10.1257/aer.20190658.

15 Lucas et al., "Direct Comparison," 816-35.

16 Ed Diener and Martin E. P. Seligman, "Very Happy People," Psychological Science 13, no. 1(January 2002): 81-84, DOI: 10.1111/1467-9280.00415.

17 Abraham H. Maslow, "A Theory of Human Motivation," *Psychological Review* 50, no. 4 (1943): 370–96, DOI: 10.1037/h0054346. 테라피스트로 개인 고객들과 일한 경력을 바탕으로 에이브러햄 매슬로는 사람들이 행복과 충만함을 느끼기 위해 반드시 충족해야 하는 욕구에 근거해 동기 이론을 개발했다. 생리적 욕구에서(음식, 물, 온기, 휴식) 안전의 욕구(보안, 안전), 소속감과 애정의 욕구(친밀한 관계, 친구들), 자존의 욕구(명예, 성취감), 자아실현의 욕구(잠재력과 목적의 완전한 달성)에 이르는 피라미드로 그는 욕구의 계층을 설명했다. 그는 더 높은 수준의 욕구로 나아가기 전에 반드시 낮은 수준의 욕구가 먼저 충족되어야 한다고 주장했다. 이 피라미드는 행복에 필요한 다양한 요인을 우선순위에 따라 나열하고 있어 웰빙의 기초를 이루는 이론으로 유용하다. 이 이론에 따르면 기본적인 신체적 욕구들이(음식, 물, 건강, 수면, 쉼터) 충족되고 나면, 대인 관계 또는 소속감이 가장 기본적인 욕구가 된다. 또한 사랑하고 사랑받는다는 강한 사회적 연결성이 형성되고 난 후에야 개인적인 성취와 자아실현을 위해 노력을 기울일 수 있다. 다만 여기서 사랑이란 이성간의 애정이라는 맥락일 필요는 없다는 점을 참고하길 바란다. 우정과 가족 간의 사랑도 해당 욕구를 충족시킬 수 있다.

18 David G. Myers, "e Funds, Friends, and Faith of Happy People," *American Psychologist* 55, no. 1(January 2000): 56, DOI: 10.1037/0003-066X.55.1.56; Julianne Holt-Lunstad, Timothy B. Smith, and J. Bradley Layton, "Social Relationships and Mortality Risk: A Meta-Analytic Review," *PLoS Medicine* 7, no. 7(July 2010): DOI: 10.1371/journal.pmed.1000316; James S. House, Karl R. Landis, and Debra Umberson, "Social Relationships and Health," *Science* 24, no. 4865(July 1988): 540–45, DOI: 10.1126/science.3399889; Gregor Gonza and Anže Burger, "Subjective Well-Being during the 2008 Economic Crisis: Identication of Mediating and Moderating Factors," *Journal of Happiness Studies* 18, no. 6(December 2017): 1763–97, DOI: 10.1007/s10902-016-9797-y.

19 Matthew Lieberman, *Social: Why Our Brains Are Wired to Connect*(New York:

Crown, 2013).

20 B. Bradford Brown, "A Life-Span Approach to Friendship: Age-Related Dimensions of an Ageless Relationship," *Research in the Interweave of Social Roles* 2(1981): 23–50, DOI: 10.15288/jsad.2012.73.99; Vasudha Gupta and Charles Korte, "The Effects of a Condant and a Peer Group on the Well-Being of Single Elders," *International Journal of Aging and Human Development* 39, no. 4(December 1994): 293–302, DOI: 10.2190/4YYH-9XAU-WQF9-APVT; Reed Larson, "Thirty Years of Research on the Subjective Well-Being of Older Americans," *Journals of Gerontology* 33, no. 1(January 1978): 109–25, DOI: 10.1093/geronj/33.1.109; Catherine L. Bagwell, Andrew F. Newcomb, and William M. Bukowski, "Preadolescent Friendship and Peer Rejection as Predictors of Adult Adjustment," *Child Development* 69, no. 1(February 1998): 140–53, DOI: 10.1111/j.1467-8624.1998.tb06139.x.

21 Kahneman et al., "Survey Method," 1776–80.

22 Constantine Sedikides et al., "The Relationship Closeness Induction Task," *Representative Research in Social Psychology* 23(January 1999): 1–4. George MacKerron and Susana Mourato, "Happiness Is Greater in Natural Environments," *Global Environmental Change* 23, no. 5(October 2013): 992–1000, DOI: 10.1016/j.gloenvcha.2013.03.010.

23 George MacKerron and Susana Mourato, "Happiness Is Greater in Natural Environments," *Global Environmental Change* 23, no. 5(October 2013): 992–1000, DOI: 10.1016/j.gloenvcha.2013.03.010.

24 자기 결정성 이론(Self-determination Theory(SDT))은 에드워드 데시(Edward Deci)와 리처드 라이언(Richard Ryan)가 제안한, 인간의 동기와 성격에 관한 거시적 이론으로, 인간의 내재적 성장 경향과 심리적 욕구를 설명한다. 이 이론에서 두 사람은 웰빙과 건강을 높이기 위해 반드시 충족되어야 하는 세 가지 기본적·보편적인(개인과 상황에 관계

없이 적용된다) 심리 욕구를 제안했다.

- 자율성: 대체로 심리적 자유와 내적 의지력에서 자유를 느끼는 감각이다. 자율적인 동기에 따른 사람은 지시를 받은(다른 말로 통제 동기라고 한다) 사람에 비해 성과와 웰니스(신체적, 정신적, 사회적 건강이 조화를 이룬 상태-옮긴이), 몰입도가 더욱 높다.
- 유능성: 결과를 통제하고 장악력을 발휘할 수 있는 능력이다. 자신이 한 일로 긍정적인 피드백을 받는 것을 좋아한다.
- 관계성: 소속감, 타인과 연결되어 있다는 기분과 타인을 향한 호감이다.

Richard M. Ryan and Edward L. Deci, "Self-Determination Theory and the Facilitation of Intrinsic Motivation, Social Development, and Well-Being," *American Psychologist* 55, no. 1 (January 2000): 68–78, DOI: 10.1037/0003-066X.55.1.68; Maarten Vansteenkiste, Richard M. Ryan, and Bart Soenens, "Basic Psychological Need Theory: Advancements, Critical Themes, and Future Directions," *Motivation and Emotion* 44, no. 1(January 2020): 1–31, DOI: 10.1007/s11031-019-09818-1; Kennon M. Sheldon, "Integrating Behavioral-Motive and Experiential-Requirement Perspectives on Psychological Needs: A Two Process Model," *Psychological Review* 118, no. 4 (October 2011): 552–69, DOI: 10.1037/a0024758.

25 내 학생 중 한 명은 시간 추적 데이터에서 가장 불행한 활동을 설명하며 다음과 같이 적었다. "가장 부정적인 활동은 혼자 해야 하는 지루한 문서 작업, 수업 준비(이 수업 말고), 혼자서 처리하는 잡다한 일들. 모두 다 혼자 하는 일들이다."

26 John T. Cacioppo and William Patrick, *Loneliness: Human Nature and the Need for Social Connection*(New York: W. W. Norton, 2008).

27 Nicholas Epley and Juliana Schroeder, "Mistakenly Seeking Solitude," *Journal of Experimental Psychology* 143, no. 5(October 2014): 1980–99, DOI: 10.1037/a0037323.

28 Kahneman et al., "Survey Method," 1776–80.

29 France Leclerc, Bernd H. Schmi, and Lauree Dube, "Waiting Time and Decision Making: Is Time Like Money?" *Journal of Consumer Research* 22, no. 1(June 1995): 110–19, DOI: 10.1086/209439.

30 Justy Reed and Deniz S. Ones, "The Effect of Acute Aerobic Exercise on Positive Activated Affect: A Meta-Analysis," *Psychology of Sport and Exercise* 7, no. 5(September 2006): 477–514, DOI: 10.1016/j.psychsport.2005.11.003; Patrick Callaghan, "Exercise: A Neglected Intervention in Mental Health Care?" *Journal of Psychiatric and Mental Health Nursing* 11, no. 4(July 2004): 476–83, DOI: 10.1111/j.1365-2850.2004.00751.x.

31 Michael Babyak et al., "Exercise Treatment for Major Depression: Maintenance of erapeutic Benet at Ten Months," *Psychosomatic Medicine* 62, no. 5 (September 2000): 633–38, DOI: 10.1097/00006842-200009000-00006. 위의 연구진은 우울증 치료에 운동이 어떠한 효과를 발휘하는지 조사했다. 주요 우울 장애를 앓는 참가자들을 대상으로 4개월 간 세 가지 치료법(운동: 주 3회 30분씩, 약물: 항우울제 졸로프트, 또는 운동+약물) 중 하나를 진행했고, 6개월 후 우울증 정도를 측정했다.

4개월 후 세 집단에서 증상의 유의미한 개선을 보인 참가자들은 (완화된 환자의 비율 즉, 주요우울장애의 진단 기준에 더는 부합하지 않게 된 환자의 비율) 세 가지 치료 조건에서 비슷한 비율로 나타났다. 한편 10개월 후에는 운동 집단에 속한 참가자들은 약물 집단에 비해 재발률이 현저히 낮았다. 우울증 발병률에서 약물 집단 참가자들과 (52%) 병행 집단 참가자들(55%)에 비해 운동 집단 참가자들의 발병률이 더욱 낮았다(30%).

연구진은 다음과 같이 밝혔다. "체계적인 운동의 긍정적인 심리적 효과 중 하나는 개인적 숙달감(personal mastery)과 긍정적인 자존감을 키워주는 것인데, 우리는 운동이 어느 정도 우울증을 감소시키는 효과를 발휘했다고 보고 있다. 약물을 동시에 사용할 경우, 개인의 상태가 나아진 데 본인의 의지가 개입했다는 확신이 떨어지므로 약물의 효과를 더욱 높이 평가하게 될 수 있다. 때문에 환자는 '운동을 열심히 하려고 노력했다. 쉽지 않았지만 우울증을 이겨냈다'는 믿음보다는 '항우울제를 복용하고 나아졌다' 는 믿음을 품기가 쉽다."

32 Charles Hillman, Kirk I. Erickson, and Arthur F. Kramer, "Be Smart, Exercise Your Heart: Exercise Eects on Brain and Cognition," *Nature Reviews Neuroscience* 9, no. 1(January 2008): 58–65, DOI: 10.1038/nrn2298.

33 David F. Dinges et al., "Cumulative Sleepiness, Mood Disturbance, and Psychomotor Vigilance Performance Decrements during a Week of Sleep Restricted to 4–5 Hours per Night," *Sleep: Journal of Sleep Research & Sleep Medicine* 20, no. 4(April 1997): 267–77, DOI: 10.1093/sleep/20.4.267.

34 Mahew P. Walker et al., "Practice with Sleep Makes Perfect: Sleep-Dependent Motor Skill Learning," *Neuron* 35, no. 1(July 2002): 205–11, DOI: 10.1016/S0896-6273(02)00746-8; Ullrich Wagner et al., "Sleep Inspires Insight," *Nature* 427, no. 6972(January 2004): 352–55, DOI: 10.1038/nature02223.

35 Cassie Mogilner, "The Pursuit of Happiness: Time, Money, and Social Connection," *Psychological Science* 21, no. 9 (August 2010): 1348–54, DOI: 10.1177/0956797610380696.

3장 시간을 낭비하지 않는 작은 습관

1 Ashley Whillans et al., "Buying Time Promotes Happiness," *Proceedings of the National Academy of Sciences of the United States of America* 114, no. 32(August 2017): 8523–27, DOI: 10.1073/pnas.1706541114.

2 Leaf Van Boven and omas Gilovich, "To Do or to Have? at Is the Question," *Journal of Personality and Social Psychology* 85, no. 6(January 2004): 1193–202, DOI: 10.1037/0022-3514.85.6.1193; Thomas Gilovich, Amit Kumar, and Lily Jampol, "A Wonderful Life: Experiential Consumption and the

Pursuit of Happiness," *Journal of Consumer Psychology* 25, no. 1(September 2014): 152–65, DOI: 10.1016/j.jcps.2014.08.004.

3 Marissa A. Sharif, Cassie Mogilner, and Hal Hersheld, "Having Too Lile or Too Much Time Is Linked to Lower Subjective Well-Being," *Journal of Personality and Social Psychology* 121, no. 4(September 2021): 933–47, DOI: 10.1037/pspp0000391.

4 Elizabeth Dunn et al., "Prosocial Spending and Buying Time: Money as a Tool for Increasing Subjective Well-Being," *Advances in Experimental Social Psychology* 61(2020): 67–126, DOI: 10.1016/bs.aesp.2019.09.001.

5 Ashley V. Whillans, Elizabeth W. Dunn, and Michael I. Norton, "Overcoming Barriers to Time-Saving: Reminders of Future Busyness Encourage Consumers to Buy Time," *Social Influence* 13, no. 2(March 2018): 117–24, DOI: 10.1080/15534510.2018.1453866.

6 Katherine Milkman, Julia Minson, and Kevin Volpp, "Holding the Hunger Games Hostage at the Gym: An Evaluation of Temptation Bundling," *Management Science* 60, no. 2(February 2014): 283–99, DOI: 10.1287/mnsc.2013.1784.

7 Daniel Kahneman et al., "A Survey Method for Characterizing Daily Life Experience: e Day Reconstruction Method," *Science* 306, no. 5702(December 2004): 1776–80, DOI: 10.1126/science.1103572.

8 Gallup, "State of the American Workplace," 2017, https://www.gallup.com/workplace/238085/state-american-workplace-report-2017.aspx.

9 Kahneman et al., "Survey Method," 1776–80; Gallup, "State of the American Workplace."

10 Karyn Loscocco and Annie R. Roschelle, "Influences on the Quality of Work and Nonwork Life: Two Decades in Review," *Journal of Vocational Be-*

havior 39, no. 2(October 1991): 182–225, DOI: 10.1016/0001-8791(91)90009-B; Amy Wrzesniewski et al., "Jobs, Careers, and Callings: People's Relations to Their Work," *Journal of Research in Personality* 31, no. 1(March 1997): 21–33, DOI: 10.1006/jrpe.1997.2162.

11 Amy Wrzesniewski and Jane Dutton, "Having a Calling and Crafting a Job: The Case of Candice Billups," *WDI Publishing,* April 20, 2012, educational video, 11:48, www.tinyurl.com/CandiceBillups.

12 Amy Wrzesniewski, Justin M. Berg, and Jane E. Dutton, "Managing Yourself: Turn the Job You Have into the Job You Want," Harvard Business Review 88, no. 6(June 2010): 114–17; Justin M. Berg, Adam M. Grant, and Victoria Johnson, "When Callings Are Calling: Craing Work and Leisure in Pursuit of Unanswered Occupational Callings," Organization Science 21, no. 5 (October 2010): 973–94, DOI: 10.1287/orsc.1090.0497.

13 Justin M. Berg, Jane E. Duon, and Amy Wrzesniewski, "Job Crafting Exercise," Center for Positive Organizations, April 29, 2014, https://positive-orgs.bus.umich.edu/cpo-tools/job-craing-exercise/; Justin M. Berg, Jane E. Duon, and Amy Wrzesniewski, What Is Job Crafting and Why Does It Matter?(Ann Arbor: Regents of the University of Michigan, 2008).

14 Wrzesniewski et al., "Jobs, Careers, and Callings," 21–33.

15 Adam Grant et al., "Impact and the Art of Motivation Maintenance: The Effects of Contact with Beneciaries on Persistence Behavior," *Organizational Behavior and Human Decision Processes* 103, no. 1(May 2007): 53–67, DOI: 10.1016/j.obhdp.2006.05.004; Adam Grant, "Leading with Meaning: Beneciary Contact, Prosocial Impact, and the Performance Effects of Transformational Leadership," *Academy of Management Journal* 55, no. 2 (September 2012): DOI: 10.5465/amj.2010.0588; Christopher Michaelson

et al., "Meaningful Work: Connecting Business Ethics and Organizational Studies," *Journal of Business Ethics* 121(March 2013): 77–90, DOI: 10.1007/s10551-013-1675-5.

16. Tom Rath and Jim Harter, "Your Friends and Your Social Well-Being," *Gallup*, August 19, 2010, https://news.gallup.com/businessjournal/127043/friends-social-wellbeing.aspx; Annamarie Mann, "Why We Need Best Friends at Work," Gallup, January 15, 2018, https://www.gallup.com/workplace/236213/why-need-best-friends-work.aspx.

17. Jennifer Aaker and Naomi Bagdonas, *Humor, Seriously: Why Humor Is a Secret Weapon in Business and Life*(New York: Currency, 2021).

18. Kahneman et al., "Survey Method," 1776–80.

19. Gabriela Saldivia, "Stuck in Traffic? You're Not Alone. New Data Show American Commute Times Are Longer," *NPR*, September 20, 2018, https://www.npr.org/2018/09/20/650061560/stuck-in-traffic-youre-not-alone-new-data-show-american-commute-times-are-longer; Felix Richter, "Cars Still Dominate the American Commute," Statista, May 29, 2019, https://www.statista.com/chart/18208/means-of-transportation-used-by-us-commuters/.

20. "Statistics on Remote Workers that Will Surprise You(2021)," *Apollo Technical LLC*, January 4, 2021, https://www.apollotechnical.com/statistics-on-remote-workers/. 아울랩스(Owl Labs)의 조사에 따르면 코로나19 기간 동안 정규직 근로자의 약 70%가 재택근무를 했다. 원격 근무자들은 출퇴근 시간으로 인해 하루 평균 40분을 절약했다.

21. Courtney Conley, "Why Many Employees Are Hoping to Work from Home Even aer the Pandemic Is Over," *CNBC*, May 4, 2020, https://www.cnbc.com/2020/05/04/why-many-employees-are-hoping-to-work-from-home-

even-aer-the-pandemic-is-over.html.

4장 우리의 삶에 여유가 필요한 이유

1. Leif D. Nelson and Tom Meyvis, "Interrupted Consumption: Adaptation and the Disruption of Hedonic Experience," *Journal of Marketing Research* 45, no. 6(December 2008): 654–64.

2. Peter Suedfeld et al., "Reactions and Attributes of Prisoners in Solitary Confinement," *Criminal Justice and Behavior* 9, no. 3(September 1982): 303–40, DOI: 10.1177/0093854882009003004.

3. Philip Brickman, Dan Coates, and Ronnie Jano-Bulman, "Lottery Winners and Accident Victims: Is Happiness Relative?" *Journal of Personality and Social Psychology* 36, no. 8 (September 1978): 917–27, DOI: 10.1037/0022-3514.36.8.917.

4. Rafael Di Tella, John H. New, and Robert MacCulloch, "Happiness Adaptation to Income and to Status in an Individual Panel," *Journal of Economic Behavior & Organization* 76, no. 3(December 2010): 834–52, DOI: 10.1016/j.jebo.2010.09.016.

5. Richard E. Lucas et al., "Reexamining Adaptation and the Set Point Model of Happiness: Reactions to Changes in Marital Status," *Journal of Personality and Social Psychology* 84, no. 3(March 2003): 527–39, DOI: 10.1037/0022-3514.84.3.527; Maike Luhmann et al., "Subjective Well-Being and Adaptation to Life Events: A Meta-Analysis on Differences between Cognitive and Affective Well-Being," *Journal of Personality and Social Psychology* 102, no. 3(March 2012): 592–615, DOI: 10.1037/a0025948.

6. Daniel T. Gilbert et al., "Immune Neglect: A Source of Durability Bias in Aective Forecasting," *Journal of Personality and Social Psychology* 75, no. 3

(September 1998): 617–38, DOI: 10.1037/0022-3514.75.3.617.

7   Amit Bhattacharjee and Cassie Mogilner, "Happiness from Ordinary and Extraordinary Experiences," *Journal of Consumer Research* 41, no. 1(June 2014): 1–17, DOI: 10.1086/674724.

8   Helene Fung and Laura Carstensen, "Goals Change When Life's Fragility Is Primed: Lessons Learned from Older Adults, the September 11 Aacks, and SARS," *Social Cognition* 24, no. 3(June 2006): 248–78, DOI: 10.1521/soco.2006.24.3.248.

9   Jaime Kurtz, "Looking to the Future to Appreciate the Present: The Benets of Perceived Temporal Scarcity," *Psychological Science* 19, no. 12(December 2008): 1238–41, DOI: 10.1111/j.1467-9280.2008.02231.x.

10 Ed O'Brien and Phoebe Ellsworth, "Saving the Last for Best: A Positivity Bias for End Experiences," *Psychological Science* 23, no. 2(January 2012): 163–65, DOI: 10.1177/0956797611427408.

11 Tim Urban, "The Tail End," Wait but Why(blog), December 11, 2015, https://waitbutwhy.com/2015/12/the-tail-end.html.

12 Ed O'Brien and Robert W. Smith, "Unconventional Consumption Methods and Enjoying ings Consumed: Recapturing the 'First-Time' Experience," *Personality and Social Psychology Bulletin* 45, no. 1(January 2019): 67–80, DOI: 10.1177/0146167218779823.

13 Ximena Garcia-Rada, Ovul Sezer, and Michael I. Norton, "Rituals and Nuptials: The Emotional and Relational Consequences of Relationship Rituals," *Journal of the Association for Consumer Research* 4, no. 2(April 2019): 185–97, DOI: 10.1086/702761.

14 Michael I. Norton and Francesca Gino, "Rituals Alleviate Grieving for Loved Ones, Lovers, and Loeries," *Journal of Experimental Psychology:*

General 143, no. 1(February 2014): 266-72, DOI: 10.1037/a0031772.

15 Ovul Sezer et al., "Family Rituals Improve the Holidays," *Journal of the Association for Consumer Research* 1, no. 4 (September 2016): 509-26, DOI: 10.1086/699674.

16 Nelson and Meyvis, "Interrupted Consumption," 654-64; Leif D. Nelson, Tom Meyvis, and Jeff Galak, "Enhancing the Television-Viewing Experience through Commercial Interruptions," *Journal of Consumer Research* 36, no. 2(August 2009): 160-72, DOI: 10.1086/597030.

17 Jordi Quoidbach and Elizabeth W. Dunn, "Give It Up: A Strategy for Combating Hedonic Adaptation," *Social Psychological and Personality Science* 4, no. 5(September 2013): 563-68, DOI: 10.1177/1948550612473489.

18 Jordan Etkin and Cassie Mogilner, "Does Variety among Activities Increase Happiness?" *Journal of Consumer Research* 43, no. 2(August 2016): 210-29, DOI: 10.1093/jcr/ucw021.

19 Arthur Aron et al., "Couples' Shared Participation in Novel and Arousing Activities and Experienced Relationship Quality," *Journal of Personality and Social Psychology* 78, no. 2(March 2000): 273-84, DOI: 10.1037/0022-3514.78.2.273.

5장 순간에 집중하기 위한 마인드셋

1 Paul Atchley, "Fooling Ourselves: Why Do We Drive Distracted Even Though We Know It's Dangerous?"(academic seminar, Behavioral Decision Making Group Colloquium Series, UCLA Anderson School of Management, Los Angeles, CA, April 7, 2017).

2 Anat Keinan and Ran Kivetz, "Productivity Orientation and the Consumption of Collectable Experiences," *Journal of Consumer Research* 37, no.

6(April 2011): 935–50, DOI: 10.1086/657163.

3   Matthew A. Killingsworth and Daniel T. Gilbert, "A Wandering Mind Is an Unhappy Mind," *Science* 330, no. 6006(November 2010): 932, DOI: 10.1126/science.1192439.

4   Jessica de Bloom, "Making Holidays Work," *Psychologist* 28, no. 8(August 2015): 632–36; Jessica de Bloom et al., "Do We Recover from Vacation? Meta-Analysis of Vacation Eects on Health and Well-Being," *Journal of Occupational Health* 51, no. 1(January 2009): 13–25, DOI: 10.1539/joh.K8004; Jessica de Bloom et al., "Vacation from Work: A 'Ticket to Creativity'?: The Effects of Recreational Travel on Cognitive Flexibility and Originality," *Tourism Management* 44(October 2014): 164–71, DOI: 10.1016/j.tourman.2014.03.013.

5   Colin West, Cassie Mogilner, and Sanford DeVoe, "Happiness from Treating the Weekend Like a Vacation," *Social Psychology and Personality Science* 12, no. 3(April 2021): 346–56, DOI: 10.1177%2F1948550620916080.

6   Alexander E. M. Hess, "On Holiday: Countries with the Most Vacation Days," *USA Today*, June 8, 2013, https://www.usatoday.com/story/money/business/2013/06/08/countries-most-vacation-days/2400193/.

7   Abigail Johnson Hess, "Here's How Many Paid Vacation Days the Typical American Worker Gets," *CNBC*, July 6, 2018, https://www.cnbc.com/2018/07/05/heres-how-many-paid-vacation-days-the-typical-american-worker-gets-.html; US Travel Association, "State of American Vacation 2018," May 8, 2018, https://projecttimeoff.com/reports/state-of-american-vacation-2018/.

8   NPR, Robert Wood Johnson Foundation, and Harvard T. H. Chan School of Public Health, "The Workplace and Health," RWJF, July 11, 2016,

http://www.rwjf.org/content/dam/farm/reports/surveys_and_polls/2016/rwjf430330.

9 West, Mogilner, and DeVoe, "Happiness from Treating the Weekend," 346–56.

10 코로나19 팬데믹이라는 불행한 시기에 내가 행복하게 지내는 방법을 두고 사람들에게 한 조언 중 '주말을 휴가처럼 보내라'는 조언이 가장 유용했다는 사실을 깨달았다. 며칠, 몇 주, 몇 달의 계절이 전부 뒤엉켜 지나가버렸고, 모든 이들이 일터도, 학교도 세상 모든 것에서 멀어진 채 집에 갇혀 있었다. 그 어느 때보다도 휴식이 중요해졌다. 내 기분을 긍정적으로 유지하기 위해 내가 사람들에게 전한 조언을 직접 실천했다. 주말을 금요일처럼 여기기 시작하자 금요일 오후부터 로그오프를 하게 되었고, 덕분에 일하는 날과 주말이 자연스럽게 구분되었다. 하지만 무엇보다 중요한 점은, 이틀간 푹 쉴 수 있었다는 것이다. '잘 버텨내자'고 안절부절못하며 열심히 달리기만 한 스스로에게 휴식의 시간을 만들어준 것이었다. 한숨 돌리고 지금 순간에 집중하도록 강제한 덕분에 팬케이크를 곁들인 일요일 아침 식사 시간을, 서로 함께 하는 시간을 즐길 수 있었다. 항공편이 취소되고, 박물관과 테마파크의 문이 닫혔지만, 우리는 여전히 여름 '휴가'를 즐길 수 있었다. 아이들은 뒷마당에 설치한 텐트에서 잠을 잤고, 바비큐용 그릴에 마시멜로를 구워 스모어(크래커 사이에 구운 마시멜로를 넣은 간식-옮긴이)를 만들고, 음악을 듣고 카드 게임을 하고 한낮에 로제 와인을 마시며 여유로운 시간을 즐겼다. 마치 휴가인 것처럼 말이다.

11 Kirk W. Brown and Richard M. Ryan, "The Benefits of Being Present: Mindfulness and Its Role in Psychological Well-Being," *Journal of Personality and Social Psychology* 84, no. 4 (April 2003): 822, DOI: 10.1037/0022-3514.84.4.822.

12 Kirk W. Brown, Richard M. Ryan, and J. David Creswell, "Mindfulness: Theoretical Foundations and Evidence for its Salutary Effects," *Psychological Inquiry* 18, no. 4(December 2007): 211–37, DOI:10.1080/10478400701598298.

13 Hedy Kober, "How Can Mindfulness Help Us," TEDxTalk, May 13, 2017, YouTube video, 17:48, https://www.youtube.com/watch?v=4hKfXyZGeJY; Judson A. Brewer et al., "Meditation Experience Is Associated with Differences in *Default Mode Network Activity and Connectivity*," Proceedings of the National Academy of Sciences of the United States of America 108, no. 50(October 2011): 20254–59, DOI: 10.1073/pnas.1112029108; Barbara L. Fredrickson et al., "Open Hearts Build Lives: Positive Emotions, Induced through Loving-Kindness Meditation, Build Consequential Personal Resources," *Journal of Personality and Social Psychology* 95, no. 5(November 2008): 1045–62, DOI: 10.1037/a0013262; Michael D. Mrazek et al., "Mindfulness Training Improves Working Memory Capacity and GRE Performance while Reducing Mind Wandering," *Psychological Science* 24, no. 5(May 2013): 776–81, DOI: 10.1177/0956797612459659; Bria K. Hölzel et al., "Mindfulness Practice Leads to Increases in Regional Brain Gray Maer Density," *Psychiatry Research: Neuroimaging* 191, no. 1(January 2011): 36–43, DOI:10.1016/j.pscychresns.2010.08.006; Cendri A. Hutcherson, Emma M. Seppala, and James J. Gross, "Loving-Kindness Meditation Increases Social Connectedness," *Emotion* 8, no. 5(November 2008): 720, DOI: 10.1037/a0013237; Brown, Ryan, and Creswell, "Mindfulness," 211–37.

14 미래에 벌어질 일과 불확실한 결과에 걱정 또는 조바심을 느끼는 감정.

15 지속적으로 경험하는 불안으로 심신이 쇠약해지고 일상을 유지하기가 어려운 장애.

16 National Alliance on Mental Illness, "Mental Health by the Numbers," September 2019, https://www.nami.org/mhstats.

17 Hannah Ritchie and Max Roser, "Mental Health," Our World in Data, April 2018, https://ourworldindata.org/mental-health.

18 Olivia Remes et al., "A Systematic Review of Reviews on the Prevalence of

Anxiety Disorders in Adult Populations," *Brain and Behavior* 6, no. 7(June 2016): 1–33, DOI: 10.1002/brb3.497.

19 Jean M. Twenge and omas E. Joiner, "US Census Bureau–Assessed Prevalence of Anxiety and Depressive Symptoms in 2019 and during the 2020 COVID-19 Pandemic," *Depression and Anxiety* 37, no.10(October 2020): 954–56, DOI: 10.1002/da.23077; Min Luo et al., "e Psychological and Mental Impact of Coronavirus Disease 2019 (COVID-19) on Medical Sta and General Public: A Systematic Review and Meta-Analysis," *Psychiatry Research* 291, no. 113190(September 2020): DOI: 10.1016/j.psychres.2020.113190.

20 UCLA Mindful Awareness Research Center, "Free Guided Meditations," UCLA Health, https://www.uclahealth.org/marc/audio. Diana Winston, director of the center, has videos explaining what mindfulness is and provides guided meditations at https://www.uclahealth.org/marc/ge-ing-started.

21 Mihaly Csikszentmihalyi and Judith LeFevre, "Optimal Experience in Work and Leisure," *Journal of Personality and Social Psychology* 56, no. 5(June 1989): 815–22, DOI: 10.1037/0022-3514.56.5.815. 이 연구는 대부분의 흐름 경험이 여가 시간보다는 업무 중 발생한다고 보고한다.

22 Meng Zhu, Yang Yang, and Christopher Hsee, "The Mere Urgency Effect," *Journal of Consumer Research* 45, no. 3(October 2018): 673–90, DOI: 10.1093/jcr/ucy008.

23 Bradley R. Staats and Francesca Gino, "Specialization and Variety in Repetitive Tasks: Evidence from a Japanese Bank," *Management Science* 58, no. 6(June 2012): 1141–59, DOI: 10.1287/mnsc.1110.1482.

24 이 책의 2장에서 UCLA 수면 장애 센터 소장인 알론 Y. 아비단 박사가 수면의 이점에 대해 공유한 추가적인 통찰을 다룬다.

25 Shalena Srna, Rom Y. Schri, and Gal Zauberman, "The Illusion of Multitasking and Its Positive Effect on Performance," *Psychological Science* 29, no. 12(October 2018): 1942–55, DOI: 10.1177/0956797618801013.

26 Helene Hembrooke and Geri Gay, "The Laptop and the Lecture: The Effects of Multitasking in Learning Environments," *Journal of Computing in Higher Education* 15, no. 1(September 2003): 46–64, DOI: 10.1007/BF02940852; Laura L. Bowman et al., "Can Students Really Multitask? An Experimental Study of Instant Messaging while Reading," *Computers & Education* 54, no. 4(2010): 927–31, DOI: 10.1016/j.compedu.2009.09.024.

27 Asurion, "Americans Check Their Phones 96 Times a Day," November 21, 2019, https://www.asurion.com/about/press-releases/americans-check-their-phones-96-times-a-day/.

28 Harris Interactive, "2013 Mobile Consumer Habits Study," Jumio, 2013, http://pages.jumio.com/rs/jumio/images/Jumio%20-%20Mobile%20Consumer%20Habits%20Study-2.pdf.

29 Ryan Dwyer, Kostadin Kushlev, and Elizabeth Dunn, "Smartphone Use Undermines Enjoyment of Face-to-Face Social Interaction," *Journal of Experimental Social Psychology* 78(September 2018): 233–39, DOI:10.1016/j.jesp.2017.10.007.

30 Nicholas Epley and Juliana Schroeder, "Mistakenly Seeking Solitude," *Journal of Experimental Psychology* 143, no. 5(October 2014): 1980–99, DOI: 10.1037/a0037323.

6장 시간이라는 유리병을 알차게 채우기

1 Meir Kalmanson, "A Valuable Lesson for a Happier Life," May 4, 2016, YouTube video, 3:05, https://youtu.be/SqGRnlXplx0.

2   Sherin Shibu, "Which Generation Is Most Dependent on Smartphones?(Hint: They're Young.)," News and Trends(blog), November 20, 2020, https://www.entrepreneur.com/article/360098.

3   Nielsen Media Research, "Nielsen Total Audience Report: September 2019," September 2019, https://www.nielsen.com/us/en/insights/report/2019/the-nielsen-total-audience-report-september-2019/.

4   Gal Zauberman and John G. Lynch Jr., "Resource Slack and Propensity to Discount Delayed Investments of Time versus Money," *Journal of Experimental Psychology* 134, no. 1(March 2005): 23–37, DOI: 10.1037/0096-3445.134.1.23.

5   Alia E. Dastagir, "The One Word Women Need to Be Saying More Often," USA Today, April 25, 2021, https://www.usatoday.com/story/life/health-wellness/2021/04/20/why-its-so-hard-for-women-to-say-no/7302181002/.

6   Sara McLaughlin Mitchell and Vicki L. Hesli, "Women Don't Ask? Women Don't Say No? Bargaining and Service in the Political Science Profession," *PS: Political Science & Politics* 46, no. 2(April 2013): 355–69, DOI: 10.1017/S1049096513000073. 여성 교직원은 남성 교직원에 비해 학과 수준의 위원회, 학교 수준의 위원회, 자신이 속한 학문 분야의 위원회에 참여하는 경향이 훨씬 높았지만, 위원회의 책임자 자리를 맡아달라는 요청을 받는 가능성은 현저히 낮았다. 반면 남성 교직원은 학과장 또는 학술 프로그램의 책임자를 맡아 수행할 가능성이 훨씬 높았다.

7   Marie Kondo, *The Life-Changing Magic of Tidying Up: The Japanese Art of Decluttering and Organizing*(Berkeley, CA: Ten Speed Press, 2014).

8   Ran Kivetz and Anat Keinan, "Repenting Hyperopia: An Analysis of Self-Control Regrets," *Journal of Consumer Research* 33, no. 2(September

2006): 273-82, DOI: 10.1086/506308.

7장 모자이크처럼 시간을 설계하는 방법

1 Barack Obama and Bruce Springsteen, "Fatherhood," March 29, 2021, in Renegades: Born in the USA, produced by Spotify, podcast audio, https://open.spotify.com/episode/6yFtWJDdwZdUDrH5M0lVZf.

2 Martin Seligman et al., "Positive Psychology Progress: Empirical Validation of Interventions," American Psychologist 60, no. 5(July 2005): 410-21, DOI: 10.1037/0003-066X.60.5.410; Robert A. Emmons and Michael E. McCullough, "Counting Blessings versus Burdens: An Experimental Investigation of Gratitude and Subjective Well-Being in Daily Life," Journal of Personality and Social Psychology 84, no. 2(February 2003): 377, DOI: 10.1037/0022-3514.84.2.377.

3 Sheryl Sandberg, Lean In: Women, Work, and the Will to Lead(New York: Alfred A. Knopf, 2013).

4 Eve Rodsky, Fair Play: A Game-Changing Solution for When You Have Too Much to Do (and More Life to Live) (New York: G. P. Putnam's Sons, 2019). 할 일이 너무 많으면서도 또 더욱 많은 것을 갈망하는 우리 모두에게 이브는 설득력 있는 제안을 건넨다. 그녀는 집안일을 명확하게 분담할 때 관계와 삶 전반에서 개인의 후회는 효과적으로 낮추고 행복은 높일 수 있다고 설명했다. 롭과 나는 현명하게 일정을 조율한다면 이를 충분히 달성할 수 있다는 것을 깨달았다.

5 Leif D. Nelson, Tom Meyvis, and Jeff Galak, "Enhancing the Television-Viewing Experience through Commercial Interruptions," Journal of Consumer Research 36, no. 2(August 2009): 160-72, DOI: 10.1086/597030.

6 Jordan Etkin and Cassie Mogilner, "Does Variety among Activities Increase Happiness?" Journal of Consumer Research 43, no. 2 (August 2016):

210–29, DOI: 10.1093/jcr/ucw021.

7   6장에서 언급했듯, 이메일 회신 업무가 내게는 지겹고 하고 싶지 않은 일이다. 어떠한 요청이 기다리고 있을지 긴장하며 이메일함을 여는 것도, 다른 일에 더욱 잘 쓸 수 있는 몇 시간이 이메일 회신 업무에 묶이게 될 것이라는 사실도 모두 내게는 두려움이다. 하루에 몇 번씩 이메일을 간헐적으로 확인한다면, 메일함을 열기 전의 불안과 메일 처리를 뒤로 미루며 발생하는 불안을 내내 경험하며 일주일을 우울하게 보낼 것이다. 그래서 나는 매일 업무가 끝나기 전 두 시간은 이메일 회신과 이메일로 발생하는 행정적인 업무를 모두 처리하는 시간으로 삼는다.

회의는 모두 특정 요일의 오후로 몰아놓는다. 회의를 싫어하는 것은 아니지만, 회의는 다른 형태의 정신적 에너지를 요하는 일이다. 조용한 사색 모드에서 사회적 상호 작용으로 전환하는 데 시간이 걸리기 때문에 나는 회의를 연이어 잡아서 전환하는 데 낭비되는 시간을 줄이고, 개인 업무 시간을 사수해 생산성을 높인다.

또한 내가 강의를 즐기지 않는 것은 아니지만, 프레젠테이션은(머리를 드라이하고 멋진 옷을 챙겨 입는 데 드는 시간은 물론이고) 상당한 준비가 필요하기 때문에, 청중 앞에서 발표하는 자리는 한 주에 몰아서 일정을 잡는다. 이렇게 하면 리허설 시간을 줄일 수 있고, 사람들 앞에 설 때면 필연적으로 차오르는 아드레날린도 여러 프레젠테이션에 걸쳐 적극 활용할 수 있다.

8   Leaf Van Boven and Thomas Gilovich, "To Do or to Have? That Is the Question," *Journal of Personality and Social Psychology* 85, no. 6(January 2004): 1193–1202, DOI: 10.1037/0022-3514.85.6.1193; Thomas Gilovich, Amit Kumar, and Lily Jampol, "A Wonderful Life: Experiential Consumption and the Pursuit of Happiness," *Journal of Consumer Psychology* 25, no. 1(September 2014): 152–65, DOI: 10.1016/j.jcps.2014.08.004; Cindy Chan and Cassie Mogilner, "Experiential Gifts Foster Stronger Social Relationships than Material Gifts," *Journal of Consumer Research* 43, no. 6(April 2017): 913–31, DOI: 10.1093/jcr/ucw067.

8장 앞으로 살아갈 날들을 위한 시간의 힘

1 Henry van Dyke, "Katrina's Sun-dial," in Music and Other Poems(New York: Charles Scribner's Sons, 1904), 105.

2 Cassie Mogilner, Hal Hersheld, and Jennifer Aaker, "Rethinking Time: Implications for Well-Being," *Consumer Psychology Review* 1, no. 1(January 2018): 41–53, DOI: 10.1002/arcp.1003; Tayler Bergstrom et al.(working paper, 2021). 이 네 문장에 동의할수록 성취감, 삶의 의미, 삶의 만족도, 긍정적인 영향력을 크게 경험하고 부정적인 영향력을 적게 경험하는 것으로 드러났다. 이 결과는 연령, 자녀 유무 등 인구통계학적 변수를 통제해 얻은 것이다.

3 Jennifer Aaker, "Jennifer Aaker: The Happiness Narrative," Future of StoryTelling, August 31, 2015, Vimeo video, 4:59, hps://vimeo.com/137841197.

4 Sep Kamvar and Jonathan Harris, *We Feel Fine: An Almanac of Human Emotion*(New York: Scribner, 2009), http://www.wefeelne.org/.

5 Cassie Mogilner, Sepandar D. Kamvar, and Jennifer Aaker, "The Shifting Meaning of Happiness," *Social Psychological and Personality Science* 2, no. 4(July 2011): 395–402, DOI: 10.1177/1948550610393987; Cassie Mogilner, Jennifer Aaker, and Sepandar D. Kamvar, "How Happiness Aects Choice," *Journal of Consumer Research* 39, no. 2(August 2012): 429–43, DOI: 10.1086/663774.

6 Bergstrom et al.(working paper). 우리는 참가자들에게 이렇게 전했다. "우리에게 중요해서(그 결과가 중대한 사안) 어떤 일을 할 때도 있고, 시급한 문제라(빨리 마쳐야 하는 사안) 어떤 일을 할 때도 있습니다. 중요하고 시급한 일도 있고 중요하지도 시급하지도 않은 일도 있지만, 시급하되 중요하지는 않은 일도 있고 중요하되 시급하지는 않은 일도 있습니다." 그런 뒤 이들에게 1점에서(조금도 시간을 쓰지 않았다) 7점으로(모든 시간을 다 쏟았다) 다음의 질문에 답을 하도록 했다. "지난 한 주간 중요한 일에 어느 정도의

시간을 할애했습니까?", "지난 한 주간 시급한 일에 어느 정도의 시간을 할애했습니까?" 그 결과, 우리는 시급한 일에 소요된 시간을 통제하면 조감하는 시각의 네 가지 문장에 동의하는지 여부에 따라 중요한 일에 소요된 시간을 예측할 수 있다는 사실을 알게 되었다. 다만 중요한 일에 소요되는 시간을 통제했을 때는 시급한 일에 소요되는 시간을 예측할 수 없었다. 즉, BEV(조감하는 시각·옮긴이)가 높은 사람은 시급한 사안이 아니라 중요한 사안에 더욱 많은 시간을 들인다는 의미였다.

7 Meng Zhu, Yang Yang, and Christopher Hsee, "The Mere Urgency Effect," *Journal of Consumer Research* 45, no. 3(October 2018): 673–90, DOI: 10.1093/jcr/ucy008.

8 Robert Waldinger, "What Makes a Good Life? Lessons from the Longest Study on Happiness," TEDxBeaconStreet, November 2015, TED video, 12:38, https://www.ted.com/talks/robert_waldinger_what_makes_a_good_life_lessons_from_the_longest_study_on_happiness?language=en.

9 Mike Morrison and Neale Roese, "Regrets of the Typical American: Findings from a Nationally Representative Sample," *Social Psychological and Personality Science* 2, no. 6(November 2011): 576–83, DOI: 10.1177/1948550611401756.

10 Thomas Gilovich and Victoria Husted Medvec, "The Experience of Regret: What, When, and Why," *Psychological Review* 102, no. 2(May 1995): 379–95, DOI:10.1037/0033-295X.102.2.379.

11 Rhia Catapano et al., "Financial Resources Impact the Relationship between Meaning and Happiness," *Emotion* 22(forthcoming).

12 Laura A. King, Samantha J. Heintzelman, and Sarah J. Ward, "Beyond the Search for Meaning: A Contemporary Science of the Experience of Meaning in Life," *Current Directions in Psychological Science* 25 no. 4(August 2016): 211–16, DOI: 10.1177/0963721416656354.

13　Kathleen Vohs, Jennifer Aaker, and Rhia Catapano, "It's Not Going to Be that Fun: Negative Experiences Can Add Meaning to Life," *Current Opinion in Psychology* 26(April 2019): 11–14, DOI: 10.1016/j.copsyc.2018.04.014.

14　Cassie Mogilner and Michael Norton, "Preferences for Experienced versus Remembered Happiness," *Journal of Positive Psychology* 14, no. 2(April 2018): 244–51, DOI:10.1080/17439760.2018.1460688. 이 프로젝트의 일환으로 진행한 연구에서 나는 성인 600명에게 다음과 같은 질문을 했다. "당신의 목표가 행복을 경험하는 것이거나 1년 후~10년 후에 되돌아봤을 때 행복을 느끼는 것이라면 앞으로 한 시간을 어떻게 보내겠습니까?" 그런 뒤 이들에게 카너먼 등의 하루 재구성 설문조사(Day Reconstruction Survey)에 소개된 스물두 가지 활동을 제시하며 다음의 활동에 시간을 어느 정도 할애할 것인지 7점 척도로 평가하도록 했다. 사람들이 자신의 시간을 어떻게 보낼 것인가에 대한 인자 분석(factor analysis)를 진행한 결과, 행복한 시간을 보내는 여섯 가지 인자가 드러났다. 소극적 여가(TV, 인터넷, 독서), 적극적 여가(운동, 스포츠, 야외 활동), 친구 또는 동료와의 사교 활동, 연인과 함께 하는 시간, 일 vs 휴식(양극적 차원)이었다. 행복의 경험을 고려할 것인지 아니면 행복의 기억의 고려할 것인지에 따라 일과 휴식 중 무엇을 선택할 것인지가 달라졌다. 이 외 다른 모든 요인들은 행복의 경험인지 기억인지에 따라 전혀 달라지지 않았다. 다시 말해, 기억 극대화자(maximizer)는 경험 극대화자보다 일을 선택할 확률이 큰 반면, 경험 극대화자는 휴식을 택할 가능성이 높았다.

15　Ed Diener, Derrick Wirtz, and Shigehiro Oishi, "End Effects of Rated Life Quality: The James Dean Effect," *American Psychological Society* 12, no. 2(March 2001): 124–48, DOI: 10.1111/1467-9280.00321; Barbara L. Fredrickson and Daniel Kahneman, "Duration Neglect in Retrospective Evaluations of Affective Episodes," *Journal of Personality and Social Psychology* 65, no. 1(July 1993): 45–55, DOI: 10.1037/0022-3514.65.1.45; Daniel Kahneman et al., "When More Pain Is Preferred to Less: Adding a Better

End," *Psychological Science* 4, no. 6(November 1993): 401–405, DOI: 10.1111/j.1467-9280.1993.tb00589.x; Donald A. Redelmeier and Daniel Kahneman, "Patients' Memories of Painful Medical Treatments: Real-Time and Retrospective Evaluations of Two Minimally Invasive Procedures," Pain 66, no. 1(July 1996): 3–8, DOI: 10.1016/0304-3959(96)02994-6; Derrick Wirtz et al., "What to Do on Spring Break?: The Role of Predicted, On-Line, and Remembered Experience in Future Choice," *Psychological Science* 14, no. 5(September 2003): 520–24, DOI: 10.1111/1467-9280.03455.

내 시간 설계의 기술

1판 1쇄 발행 2025년 8월 20일
1판 2쇄 발행 2025년 10월 16일

지은이 캐시 홈스
옮긴이 신솔잎
펴낸이 고병욱

펴낸곳 청림출판(주)
등록 제2023-000081호

본사 04799 서울시 성동구 아차산로17길 49 1010호 청림출판(주)
제2사옥 10881 경기도 파주시 회동길 173 청림아트스페이스
전화 02-546-4341 **팩스** 02-546-8053

홈페이지 www.chungrim.com **이메일** cr1@chungrim.com
인스타그램 @chungrimbooks **블로그** blog.naver.com/chungrimpub
페이스북 www.facebook.com/chungrimpub

ISBN 978-89-352-1482-2 03320

※ 이 책은 저작권법에 따라 보호를 받는 저작물이므로 무단 전재와 무단 복제를 금합니다.
※ 책값은 뒤표지에 있습니다. 잘못된 책은 구입하신 서점에서 바꾸어 드립니다.
※ 청림출판은 청림출판(주)의 경제경영 브랜드입니다.